JN096837

桃太郎の発生

世界との比較からみる
日本の昔話、説話

Hanabe Hideo
花部英雄 著

三弥井書店

はしがき

長く昔話の調査研究に関わってきた経験からすると、もうこの国の昔話の伝承は終焉したと言っていいだろう。学生の頃に、いま昔話を採集し記録しておかないと永遠に消えてしまうと意気込んで、採集の旅に出かけたころから、約半世紀近い月日が流れている。都市化を含めた確実な社会の変質が、家庭での昔話伝承を追いやってしまったと言えるかもしれない。しかし、それによって見えてきたものもある。それを説明するには、簡単にでも昔話の歩みに触れておく必要がある。

これまでの昔話伝承を形作ってきたのは、近世の郷村制社会であった。稲作を中心とした地域形成の母胎となる小農の自立によって近世村が構成され、村内の家庭での子どもの情操教育や娯楽の役割として昔話が伝承されていく。囲炉裏や寝床を中心に語られてきた昔話が、世界と比べると「花咲爺」に代表されるように「隣の爺型」の話群を格別に発達させてきたことが、そのことを物語っている。その意味で近世的、民俗社会的体質を多分に抱え込んでいるのが日本の昔話の現状であり特質といえる。

それは近代に入っても、都市部を除いた郷村制の共同体意識が強く残された地域に伝承されてきた。しかし、戦後の新生活運動が広く浸透し定着することによってしだいに翳りが生じ、やがて山間部の僻陬（へきすう）の地や冬場に家に閉じ込められることの多い豪雪地帯にかろうじて残されていたが、その命脈も尽きたということになる。

ところで、それだからといって昔話が消えてしまったわけではない。装いを新たに、幼稚園や小学校の「総合学習」、図書館や地域文庫、観光地、老人施設の語りの場などで細々とながらも活路を見いだしている。子どもの育成のために声の言語による語りが必要とされ、人類が育んできた文化である昔話であるから、簡単に手放すはずはない。消えたのは昔話を温存してきた器であるところの民俗社会であって、昔話は今もこれからもしたたかに生きる力を持っている。昔話の器が代わることによって、古い器である民俗社会の実態（昔話の「民俗性」）が露わに見えてくることにもなる。

先述した「隣の爺型」以外にも、幕藩体制による人の移動の制限や禁止が、昔話の形式的な面の発端句（「とんと昔があったけど」など）や結末句（「いちごさかえた」など）が、地域特有の言い回しとして残り、また、昔話モチーフ、語り口の地域的変差が形勢されてきた。こうした特徴は、これまで民俗学的方法による昔話研究が多く指摘してきたことで、その先駆けとなる柳田國男の昔話研究に顕著に示されている。

柳田の昔話研究は昭和に入ってからであるが、それまでの伝説、世間話研究に続くスタンスで構想されていく。画期的であったのはそれまで古典や記録資料に基づいていた研究に、声の資料を用いたことである。一丁字（いっていじ）を識らない田舎の爺婆の語る声の昔話を研究の対象にしたことは、知識階層の文字というバイアスから口承文芸を解放したことになり意義深い。

ただ柳田は、自ら主宰した雑誌『昔話研究』（昭和10年〜12年）に連載した「昔話覚書」（後に『口承文藝史考』に収録）で、口承文芸のルーツを「神話」に求め、その娯楽化したのが「昔話」であるとした。この理念的な昔話観が柳田の影響を強く受けたその後の研究を束縛し続けることになる。昔話の解釈が伝説と同様に、信仰へと遡及してとらえるために、声の持つ特性が大きく疎外されていくことになる。文字から声へと舵を取った昔話研究であったが、十全とはいかなかった。

その柳田のもとで研究に関わってきた関敬吾は、戦後、柳田から離れて独自に『日本昔話集成』（後に増補改訂し

『日本昔話大成』となる）を完成させるなど、精力的に昔話研究を進めていく。関はドイツ語に堪能でヨーロッパの昔話研究に通暁していたこともあり、その紹介とともに、モチーフに基づく昔話の形態を研究の基軸に据え、昔話の社会性にも注目し、ともすれば信仰に偏りがちな日本の昔話研究界に多様な研究方法を提示した。また、柳田が直接に関心を示さなかった「語り手」にも注目し、「昔話生物学」（「昔話生態学」）を打ち立てて研究の必要性を説いた。こうした流れを図式的に言うなら、戦前の柳田國男の「一国民俗学」による昔話研究を、戦後に関敬吾がそれを継承、カバーしつつ「国際比較」の道を開いていったと整理できるであろう。

　さて、以上の昔話の現況および研究の動向を踏まえた上で、著者の研究のスタンスおよび本書の位置づけを明確にしておく。著者は長くフィールドで昔話の採集に関わり、この国の伝承の最期に立ち会ってきた。電気のまだ点かなかった時代に寝物語に聞いたという話者から昔話を聞いたこともあるが、しかし、本居宣長のいう儒仏以前の「古ざまの雅」（『玉勝間』）や、柳田の「固有信仰」に彩られた昔話には出会わなかった。ただ、資料採集の調査を続けるうちに、資料は比較の一つに過ぎないという基本的な事実に気づかされると同時に、民俗社会の特殊性を相対化しながら、真の昔話の追究を目ざすべき必要を感じていた。

　そんな頃に関敬吾が「昔話の存在は単に一民族的な現象ではなく、超民族的な事実である。従って昔話の研究は特に比較研究を予想するものである」（『日本昔話集成』「第一部　動物昔話」）と述べていることに出会い、警鐘のように受け止めた。それ以後、心がけて国際比較にも注意を払ってきた。本書に載せた論文は、そうした経緯にもとづく結果ということになる。

　昔話は語り手と聞き手との相互通行の中で、多様な展開を見せる融通無碍なところがある。話型やモチーフを基盤に生成変化を繰り返すという視点から、昔話の発生や変容をとらえようとするのが本書の方法の基礎である。極力資料に帰納させるといった慎重な態度で臨んだが、逸脱や先走りの部分もあるかもしれないが、今後の課題としていきたい。

さて、本書の内容紹介に移る。本書は三部立てで、第一部は「桃太郎」、第二部は「異類婚姻譚」、第三部は昔話、説話モチーフを話題に、いずれも「国際比較」をコンセプトにしている。と言って、大上段に世界的規模における比較の成果と言えるほどに研究が進んでいるわけではないが、控えめに言えば世界から見た日本の昔話の特徴を素描したというのが実態である。それぞれの論文の意図と達成度などを確認しながら説明を加えていきたい。

第一部の「「桃太郎」の内と外」の五本の論文は、時々の関心のまま二十年の間に書いたもので、おおよそ新しい順から並べている。「「桃太郎」の発生」は、昔話「桃太郎」がどのように発生したのかを、「鬼ヶ島」の鬼退治に焦点を合わせて、それに近接する話型やモチーフとの比較をもとに追究したものである。「鬼の子小綱」や「酒呑童子」を話題にしながら、「鬼の子小綱」をもとに発生したのではないかと予想した。また、近世および近代における「桃太郎」の肥大化にも言及した。

「「鬼ヶ島」の形成」は、「桃太郎」や「一寸法師」などに出てくる「鬼ヶ島」とはいったい何か、また、どのようにして形成されたのかについて論じたものである。御伽草子「御曹司島渡」にその原形が見られるが、その成立背景には中世期の国境意識、とりわけ「元寇」が深く影響を与えているのではないかという見通しを立てて解釈した。また、「鬼ヶ島」を単に異界とするのではなく、現実との関連から鬼を「死鬼」ととらえ、「鬼ヶ島」を「死鬼の島」とすることで、「鬼ヶ島」の実体や謎が明らかになってくる。

「「桃太郎」の素姓」は、「桃太郎」と「鬼の子小綱」との相同関係を追究する十年前に、「猿蟹合戦」との異同を中心に考察したものである。桃太郎の鬼退治に同行する仲間に臼や栗や牛の糞などのモノたちが加わる例があり、この「仇討ちモチーフ」を日本からアジア近隣へと広げてとらえる。アジアに展開する「猿蟹合戦」は、インドから中国内陸部、朝鮮半島に見られる「援助型討伐」と、東南アジア島嶼部や中国海岸部、台湾などに分布する「単独討伐型」のタイプとに分かれる。さらに北上すると、事例は少ないが沖縄や沖永良部島の「ホーラのマーヤ」は、流れてくる桃の収穫をめぐる争いから援助者による討伐モチーフへと展開するもので、アジアの二つのタイプを合体したような形態であり、本州の「桃太郎」を考える上での興味深い事例である。

「桃太郎」の発生を隣接する話型やモチーフとの構成等からさまざまにとらえようとする試みは、いくぶん節操なくも見えるが、しかし、包囲網を張ることでその中心の正体を解明することができるかもしれないという狙いがあるからである。語り手の記憶を拠り所とする昔話は、話型やモチーフを可変性のものとして、その影響関係からとらえていくことには意味があると考えている。

続く「「桃太郎」、世界へ行く」は、「力太郎」系のバリアントとされる「桃太郎」を、「国際昔話話型カタログ」のAT五一三「並外れた旅の道連れ」と比較対照したものである。「六人組み世界歩き」の日本での類話は、「グリム童話」の翻訳以前から、日本の鹿児島や石川県に伝承されていたことを挙げて、伝播の可能性を指摘したものである。錯綜する「桃太郎」を根気よく解きほぐす努力は、今後も続けていかなければならない。

最後の「「桃太郎」から見る昔話研究史」は、「桃太郎」研究の足跡をたどりながら昔話研究を概括したものである。昔話の研究方法には心学、考証学、国学の三タイプがあり、その流れを江戸後期から近代の連続性の中でとらえようとしたもので、その事例紹介に「桃太郎」を用いた。「桃太郎」は江戸中期以後の「赤本」を初めとして古くには遡れないが、昔話を代表する役割を果たしてきたことは否定できない。

第二部「異類婚姻譚の国際比較」は「異類婚姻譚」をメインとするが、外国との比較には温度差がある。たとえば、「蛇聟入」の国際比較」では、「蛇聟入」の「蛇」は日本では固定しているが、「国際昔話話型カタログ」のAT四二五、四三三では野獣、動物聟と称し一定しない。結末が人間の姿に戻りハッピーエンドになるという安定性が、動物の種類を特定せず重要視しないのかも知れない。ヨーロッパの異類婚姻譚は殻、皮を焼却し「失踪する夫捜し」へと展開する部分が主流であり、日本には見られないが、しかし、御伽草子「天稚彦草子」や一部の「蛇聟入」に、その可能性があることを示唆しておいた。

「異類婚姻譚における殻、皮、衣とはなにか」は、その問題を続けて追究する。日本の「異類婚姻譚」は結婚が破綻することが原則とされるが、「天人女房」のように天上して再度結婚を求める展開をとるものがある。これを地上と異界との「二度結婚」ととらえると、「蛇聟入」「蛙報恩」から「姥皮」への展開が「複合型」ではなく、一連のものという見方ができる。もう一つの問題は、動物との結婚における殻や皮、衣の着脱の意味を追究することである。異類婚姻譚を動物の霊性との結婚ととらえて、結婚による精神性の交流という主題を、動物の「食性」の観点から分析する。動物を捕食する現実と、動物との結婚はどこかで結び合っているという視点から問題を考えてみたのである。

「「一寸法師」と「田螺息子」」は、ともに人間の娘との結婚が重要な関心事となっているが、テーマは怪物退治にあることは、世界の「親指小僧」との比較から理解できる。そのうち「一寸法師」は鬼や魚に呑まれるが、「親指小僧」では牛や狼に呑まれて体外に排出されたあとで嘸下者を退治するという展開をとる。鬼を追いやって打出の小槌を拾い、背丈や財宝を手に入れるのは日本バージョンといえる。一方、「田螺息子」は異類でありながら人間の娘との結婚が成就する違例のものとされるが、それは田螺特有の問題というよりは、田螺が人間の子として生まれたというステータスが、後に人間に転化する契機に結びついていることを明らかにした。結婚のためだけに人間世界にやってくる異類婚姻の動物との違いは、社会的認知の問題と考えられる。

「「嫁の輿に牛」と古典および世界との比較」は、御伽草子「ささやき竹」と同話型の昔話「嫁の輿に牛」(別名「牛の嫁入り」)を取り上げ、古典などと比較した。中世の寺院で破戒僧の好色譚として説教等に利用されてきたこの話は、アジアの仏教国でも昔話として伝承されている。その比較を通して、インドを発生源として、仏教を通じて伝播された可能性を指摘した。これらの仏教国では地域の文化状況に応じた変化が見られるが、日本の昔話では、子牛の行方に関心が向けられるのは、農耕生活が背景にあるからといえる。

第三部「昔話、説話モチーフの国際比較」は、比較の視点から昔話や説話に注目したものである。「「藁しべ長者」の主題と形式」は、昔話「藁しべ長者」が日本では「致富」の話群に属するのに対して、国際的には形式譚の「累積昔話」に分類される。その違いを「交換」に焦点を絞って見ていくと、日本では藁から味噌、刀、長者の婿とハッピーエンドに終わるのに対し、世界では「詐欺的な交換」や、最後に殺されるなどのバッドエンドの結末もある。また、交換に牧畜型や物資交換の旅を背景にしたものなどがあり、日本の農耕型の展開も含め、現実の生産様式がダイレクトに反映されていることがわかる。

「アジアの「猿地蔵」」は、日本の「猿地蔵」から始まり、アジアの伝承へと目を向けたものである。柳田國男が北奥羽の「猿地蔵」で猿を殺害するタイプを座頭の改ざんと説いたが、シベリアやアイヌの伝承にも同様に殺害するものがあり、狩猟民族の生業形態が影響していると解釈できる。日本の「猿地蔵」はすべて「隣の爺型」であるが、アジアでは兄弟譚が多く、また、地蔵と思ってお堂に運ぶが、アジアでは死者供養に洞窟へ運ぶなど、生産・生活環境の違いが見えてくるのは興味深い。

「イソップ寓話と「鳥獣合戦」」は、イソップ寓話における戦争を話題にしたものである。紀元前五、六世紀に生存したイソップが語ったとされる寓話は、その後、地中海から西アジア、ヨーロッパを経て世界に広がる過程で、さまざまな話が吸収され雑種的性格を形成している。日本では鳥と獣を使い分ける展開で評判の悪いコウモリだが、イソップ寓話の「鳥獣合戦」にはいくつかのバージョンがある。ここでは「変節する動物たち」「命乞いする動物たち」という切り口から、危機を乗り切ろうとする動物の寓話を見ていく。ポリスと呼ばれる都市国家が、実は戦争と奴隷の現実を背景としていたことが、こうした動物寓話から読み解けてくる。

中学校の教科書の定番の教材である太宰治の「走れメロス」の淵源は「ギリシャ神話」に遡るが、ピュタゴラス派との確執に由来するなど一定しない。さらにこれと同工異曲の話が十世紀のアラブにもあり、ここでは友情の賛美よりも悪法の廃止、キリスト教への改宗がテーマとなる。続く『千夜一夜物語』にある話は、見知らぬ人がその場で身代りを承知するという独特なもので、イスラームの宗教と結びついた物語構成である。「死刑猶予と人質」といったモチーフが、時代や状況で違う彩りを示す点が興味深い。これをギリシャからの伝播と一元的にとらえてしまう文学史的理解は、時代や環境の中で独自性を発揮する説話の意味を半減させてしまうことへの注意を喚起する。

「「西行発心のおこり」の内と外」における西行は、歴としたれっき日本の中世歌人であるが、その出家をめぐる発心譚に経典の『大智度論』の「述婆伽説話」が用いられる。その動向を求めて内外の資料を探っていく。高貴な身分の女性に恋い焦がれ憔悴するわが子を見兼ねて、魚を献上し一夜の逢引を実現させようとする母の一計が、天帝の妨げに遭う。子を想う母の愛は万国共通で、西行では女官が逢引の橋渡しをする。思い叶った西行は、再びという「阿漕」の意味が解けずに流離さすらうが、古代インドの説話集『鸚鵡七十話』では「不二一元論ふにいちげん」という宗教哲学と結びつける。それが『千夜一夜物語』では、老婆による手練手管の艶笑譚となるなど、説話の国際的な展開が興味深い。

目次

桃太郎の発生

はしがき　i

I　桃太郎の内と外

「桃太郎」の発生　3

はじめに　3／一　二つの『桃太郎の誕生』　4／二　「桃太郎」伝承の趨勢　8
三　「鬼の子小綱」と「桃太郎」　16／四　「桃太郎」の近世、近代　22／おわりに　28

「鬼ヶ島」の形成　32

はじめに　32／一　昔話の「鬼ヶ島」　33／二　「鬼ヶ島」の形成Ⅰ―古代から中世―　35
三　「鬼ヶ島」の形成Ⅱ―元寇から御伽草子、昔話―　38／四　「鬼ヶ島」の二面性　41
おわりに　45

「桃太郎」の素性　48

一　桃太郎研究概観　48／二　口頭伝承の桃太郎　51／三　「猿蟹系桃太郎」と文芸　55
四　仇討モチーフの伝承　59／五　アジアの討伐モチーフ　63

「桃太郎」、世界へ行く 71
一 「桃太郎」の先行研究 71／二 型破りの桃太郎 74
三 「力太郎」と「六人男世界歩き」 78／四 桃太郎とAT513「援助者たち」 84

「桃太郎」から見る昔話研究史 92
一 問題の所在 92／二 江戸期の「桃太郎」研究 93／三 明治期の口演童話 95
四 大正期の童話研究 97／五 昭和の民俗学的研究 99／六 昔話の比較研究法 101

II 異類婚姻譚の国際比較

「蛇婿入」の国際比較 109
一 先行研究概観 109／二 「天稚彦草子」と「グビドーとプシケー」 111
三 世界の異類婚姻譚の比較 117／四 日本の「蛇聟入」の解釈 123

異類婚姻譚における殻・皮・衣とはなにか 128
はじめに 128／一 人間界を訪れる異類 132／二 異類との婚姻と離別 134
三 変身としての殻・皮・衣 138／四 「蛙息子」の霊性 143／おわりに 148

「一寸法師」と「田螺息子」 154
はじめに 154／一 御伽草子「一寸法師」と武家の時代 155
二 昔話「一寸法師」のサブタイプ 158／三 世界の「親指小僧」と「一寸法師」 163
四 「一寸法師」と「田螺息子」 168／おわりに 174

「嫁の輿に牛」の風土性 178
はじめに 178／一 日本の昔話「嫁の輿に牛」と説話・物語 180
二 世界の「嫁の輿に牛」の展開 185／三 昔話「嫁の輿に牛」の国際比較 190／おわりに 194

Ⅲ 昔話、説話モチーフの国際比較

昔話「藁しべ長者」の主題と形式 199
はじめに 199／一「藁しべ長者」の先行研究 200／二 日本の「藁しべ長者」のサブタイプ 204
三 世界の「藁しべ長者」の交換の種類と形態 210／四 日本の「藁しべ長者」の源流と伝播 213
おわりに 217

アジアの「猿地蔵」 220
一 先行研究と問題の所在 220／二 国内における「猿地蔵」の伝承 222
三 アジアの中の「猿地蔵」 232／四 比較から見えてくる「猿地蔵」 235

イソップ寓話と「鳥獣合戦」 239

はじめに 239／一 イソップとイソップ寓話集 240／二 イソップ寓話集の「鳥獣合戦」 243

三 「変節」をめぐる動物たちの話 246／四 イソップ寓話と戦争 250／おわりに 256

「走れメロス」の説話世界 259

はじめに 259／一 「猶予／人質」モチーフとその類話 261

二 ピュタゴラス派とギリシャ神話 265／三 アラブ世界の「猶予／人質」モチーフ 270

四 『千夜一夜物語』とイスラーム世界 274／おわりに 279

「西行発心のおこり」の内と外 282

はじめに 282／一 注釈と口承の「術婆迦説話」 283／二 口承における「西行発心譚」 286

三 『大智度論』「術婆迦説話」の周辺 290／四 「枠物語」と説話の機能 295／おわりに 299

あとがき 303

初出一覧 307

索　引 001

Ⅰ　桃太郎の内と外

「桃太郎」の発生

はじめに

「桃太郎」は素姓のよく分からない昔話である。日本の昔話を代表するキャラクターではあるが、浦島太郎などのように歴史的文献に登場することなく、僅かに江戸の絵本等に顔を出す程度で、その来歴は定かではない。早く柳田國男が過大に評価したこともあって、確たる存在ではあるが、その全貌は杳として不明なところが多い。

一方で、桃太郎は各地に歴史的事実として地名や関係物等が保存され顕彰されたりしているが、それは昔話の伝説化に過ぎず、ここではそうした伝説は検討しない。昔話の「桃太郎」に限定し、その桃太郎の履歴を明らかにしようとするのが本稿のテーマである。

そのための方法として、「桃太郎」の伝承を、関係の深い説話や話型、モチーフなどと比較対照し、その交流等による複合や影響の問題から解きほぐしていく、いわゆる形態論的方法にもとづいて追究していくことになる。個々の昔話は、語り手や語りの環境の中にあって生成するもので、他の昔話との接触や語り手の文化環境等において形成され、独立した話型になると考えられる。それに従って、ここでは生成の段階を跡づけて解明していくことにする。

その順序として、初めにこれまで「桃太郎」に関する重要な研究である柳田國男と野村純一の著述を取り上げる。二人の研究の要点を整理し、問題の所在を確認する。続いて、現在報告されている昔話資料を取り上げ、その全体から「桃太郎」の特徴を探り、昔話「鬼の子小綱」と比較し、その関係を探る。両者はストーリー展開に共通性があり、また、御伽草子「酒呑童子」とも関連が深く、三者の異同を明確にする。

次に、一般的な「桃太郎」の陰に隠れるように伝承されてきた、いわゆる異端の「桃太郎」に注目する。これらが正統とされる「桃太郎」とどのように関わるのか、それを江戸の絵本や近代の検定教科書の「桃太郎」との関係をとらえながら検討する。その結果、伝承の「桃太郎」が大きく変質して、国家的英雄像の「桃太郎」が形成されていく過程をも明らかにする。

一　二つの『桃太郎の誕生』

柳田國男の昔話研究は昭和五年の「桃太郎の誕生[1]」に始まる。大正十一年にイタリアのフィレンツェでボティチェリの「ヴィーナスの誕生」の絵を前に、「桃太郎の誕生」を「眞晝の夢」に見たことを、昭和八年刊行の『桃太郎の誕生』の「自序」で記している。ギリシャ神話の愛と美の女神アプロディーテーの誕生の絵の向こうに、「桃太郎」を神の子として夢想する柳田の日本の昔話の原像は、この時すでに胚胎していたと考えていいだろう。しかし、ここから発想する昔話研究にはいくぶん偏りがあって、その後の日本の昔話研究を呪縛していくことになる。

巻頭論文「桃太郎の誕生」は、比較する昔話事例が不十分な状況もあり、研究の枠組みを示すことが中心となるが、柳田は二つの論点を示している。その一つは「小さ子」物語という骨子である。フィレンツェで夢想した神の子としての桃太郎が、「最初異常に小さかつたといふことが、其神を尊く又霊ありとした理由であつた」ととらえる。「小さ子」が尊い神の子である根拠を、倭姫、丹塗矢、日光感精、小男神などの例を挙げるが、しかし、これらはみな神の出現の事例であり、昔話の桃太郎を同等のものとするには根拠が乏しい。

柳田は昔話がゲルマン神話の残滓(ざんし)であると主張するドイツのグリム兄弟に倣って、日本の昔話も神話から派生したものと考えたのである。「…至つて賤しい爺と婆との拾ひ上げた瓜や桃の實の中からでも、鬼を退治するやうな優れた現人神は出現し得るものと信ずる人ばかりの住んでいた居た世界に於て、この桃太郎の昔話も誕生したのであつた」と述べる。神話を昔話の起源とする柳田の昔話研究は、事例から帰納させる民俗学的な方法と矛盾するが、書かれた神話をもとに構想されているように受け止められる。

もう一つは「妻もとめ」である。「奥州民間の桃の子太郎といふものには、地獄から手紙を持つて烏が来たので、此遠征を思ひ立つたといふのがある。さうして黍團子携へて行つて地獄の門番の鬼を懐柔し、地獄のお姫様を連れて逃げて来る。それを大鬼が火の車で追うて来るといふなどは、頗(すこぶ)る亦御伽の御曹子島渡りとも似て居る」と述べている。姫を救出して結婚するというハッピーエンドの「妻もとめ」は、しかし、『紫波郡昔話』ほか僅かしか見られない。柳田もそれを承知していて、近世に起こった「童話化」の影響ととらえ、「近代の桃太郎は子供を主人公にしたといふよりも、寧ろ子供にのみ聴かせる話であつた為に、計畫(かく)を以てこの重要なる妻覔(ま)ぎの一條を省いたためであつた」とする。

昔話の「婚姻」の話群には異類や人間同士の結婚の話型が多数あるのに、なぜ「桃太郎」の話からだけ「妻もとめ」が削除されなければならないのか、説得力に欠ける。それより、先述した「御伽の御曹子島渡り」の内容は、昔話「鬼の子小綱」との複合を思わせるが、これについては次章以下で追究していく。

この柳田國男の「桃太郎」研究に深くこだわってきたのが、野村純一である。野村は『新・桃太郎の誕生』[2]という秀逸の書で、柳田の桃太郎についての理非を論じている。同書で野村は、まず「桃太郎」の文化史的な位置づけをした後、柳田の昔話観に触れて「昔話に憧憬、仮託された」「父祖の想い」を「完結した昔話の小宇宙」の中心に、「民俗または民族の原点、あるいはその源流に「桃太郎」ならびに「桃太郎話」を見出した」と指摘する。その証例として、柳田と関敬吾が作った『昔話採集手帖』[3]の第一話に「桃太郎」を配置したことを挙げる。

その第一話「桃太郎」の要約に用いた『紫波郡昔話』[4]の「桃ノ子太郎」に、なぜ柳田が着目したのかについて、西洋の昔話の主人公が旅行を通して財宝の獲得だけでなく「よき配偶者」を得ることに倣い、「妻覓ぎの桃太郎」が必要だったのだと解いたのは慧眼(けいがん)であった。柳田の昔話の研究の基礎には、ヨーロッパの先行研究があることは十分に認知されていない。

ところで、野村は『昔話採集手帖』の第一話「桃太郎」に『紫波郡昔話』を引いたのは間違いであったと述べる。桃太郎は「地獄の鬼どもに立ち向かう勇者」としての「記号」にすぎないと素っ気ない。実は「妻覓ぎの桃太郎」はこの一例ぐらいしかなく、他の伝承事例に登場しないからである。ただ、柳田が「桃太郎」を取り上げた時点では採集例が少なく致し方ない点もあるが、しかし、実態と離れて昔話に理想を持ち出し理念的にとらえる方法に、野村は否定的である。長くこの国の昔話を訪ね聞き歩いた野村は、語り手の声の昔話に耳を傾け、その地平に立ち昔話の具象的な姿から考察を深めるのである。それはともかく、門番の鬼を懐柔し逃げてくる桃太郎については後述する。

「桃太郎の誕生」という同じ書名を掲げながらも、柳田と野村の方法、内容は対照的である。野村は同書の「あとがき」で、当初の書名を「もう一人の桃太郎たち」と予定していたというが、出版社からの提案で現題に変えたと述べている。野村の原題は本書の内容を的確に表していた。後半の四章以降に相当する内容は、全国各地の「伝承の桃太郎」を取り上げており、柳田の理念的な「桃太郎」に対して、もう一人のイレギュラーな「桃太郎」たちである。

野村は北から南へと、標準的な「桃太郎」とは異なるイレギュラーな「桃太郎」を、伝承資料から博捜する。その最初ともいえるのが、福島県東白川郡に見られる「便所の屋根葺き」を発端に持つ桃太郎で、爺が便所の屋根を葺いていて便所に落ち、その衣服を洗うために婆が川へ行き、桃を拾う。この発端が「花咲爺」、「豆こ話」などにも見られるという。これと似た内容が能登半島の富来(とぎ)町にも見られ、「閑所の屋根葺き」と呼ばれ、屋根で三本見つけた穂の取り合いで便所に突き落とされ、同じく洗いに行くことから始まり、桃の代りに犬を拾う「花咲爺」も同様という。離れた地域における一致には人の移動が背景に想像される。

石川県江沼郡では「桃太郎」の鬼退治の仲間に柿太郎、からすけ太郎という異人物が加わり、鬼の牙を取ってくるが、陸に着いたところで山姥に奪われてしまうというのが二例報告されている。中国地方の広島県や岡山県には寝太郎のような怠け者が、ついには怪力で大木を引抜き、家を潰し爺婆を死なせてしまうという、とんでもない桃太郎がいる。「山行き型」と呼ばれ、山陰の島根県にも見られるし、また、四国の香川県、徳島県にもその「桃太郎」の事例が報告されている。

全国的に「鬼退治」の模範の「桃太郎」が伝えられる一方で、この「桃太郎」たちをどのようにとらえるか、野村はこれらを「桃太郎の原型」と見立てて、「山中の異童子、桃太郎力持ち」と意味づけている。神の子として日本の昔話の中心的な役割を与えてきた柳田の桃太郎に対し、まともに推奨できない型破りな桃太郎の伝承に肩入れする野村は、昔話「力太郎」や金太郎とも通じるこの伝承を「桃太郎の祝儀性」と評価する。

さて、二人の対照的な「桃太郎」の書物を話題にしてきた。ここでは両者の是非について論じ、整合性を付けようとするものではないが、ただ「桃太郎」という昔話がどのように誕生し、形成したのかについては関心を持っている。理念としての「桃太郎」か、伝承の実態としての桃太郎か、それとも他に別の見方があるとすれば、昔話の枠組み、構造における「桃太郎」の形成が考えられないだろうか。つまりは話型としての桃太郎の発生である。

二 「桃太郎」伝承の趨勢

桃太郎という話型の形成をとらえるにあたって、まずは伝承の実態を押さえておきたい。野村が「桃太郎」の昔話から標準型ではないイレギュラーなものを集めて問題提起したが、ここではこれまでの報告事例をもとに、語り手による「桃太郎話」の総体的なイメージを抽出していきたい。次の表1「「桃太郎の鬼退治」一覧表」は「鬼退治」をどのようとらえているかを「鬼の居住地」「渡島の目的」の構成要素に基づいて作成したが、その際、参考となる特徴を備考欄に取り上げた。誕生モチーフではなく、鬼退治モチーフに限定したのは「戦闘」からこそ桃太郎イメージが抽出できると考えているからである。

まず、「鬼の居住地」の要素を見ると、「鬼が島」と表現しているもの（これを○）を中心に、それ以外の表現については使用されている場合は、その用語を記した。「渡島の目的」についても鬼の宝物の奪取（これを○）を中心に、それ以外はその用語を記した。この一覧表をもとに、構成要素ごとの集計表を、その後に示した。まずは、数値上から伝承の傾向を把握していきたい。

さて、十五ページの集計表によると「鬼の居住地」の項目の中で「鬼が島」は九十三例で六十一パーセントになる。また、鬼が島の語がなく、単に鬼のもとへ行く「鬼退治」「鬼征伐」は三十二例二十一パーセントある。次に、地続きに鬼の居場所へ行くことになる「山・岩・家・城」は十九例で十二パーセントである。赤本や明治の検定教科書等で「鬼が島の鬼退治」と出てくるにもかかわらず、海を越えない山中の鬼の居場所とは何を示しているのであろうか、後に検討する。

表1「桃太郎の鬼退治」一覧表

	伝承地	鬼の居住地（○鬼が島）	渡島の目的（○宝物）	備考	資料名・発行年
1	青森県下北郡①	○	○		下北稿本　一七九七
2	下北郡②	鬼征伐	○		〃
3	下北郡③	鬼征伐	○		〃
4	三戸郡五戸町	○	○		手っきり姉さま—五戸の昔話　一九五八
5	西津軽郡鰺ヶ沢町	○	○		津軽口碑集
6	西津軽郡稲垣村	鬼退治	○		西北のむがしコ　一九六〇
7	岩手県下閉伊郡岩泉町	○	○	犬・雉・猿・針・牛糞・蟹・臼	まわりまわりのめんどすこ　続岩泉昔ばなし　一九七八
8	紫波郡紫波町	鬼退治	殺害（鬼の目玉）	笹の子・雉の子。目玉は川。桃太郎死す	心のふるさと　赤沢の民話　一九七三
9	紫波郡矢巾町	地獄	娘救出	烏から手紙、鬼が黍団子食う間に逃走	紫波郡昔話　一九二五
10	遠野市	島	殺害（○）		岩手県南昔話集　一九六八
11	花巻市	○	○	鳶が鬼退治に行けと命令	すねこたんぱこ　一九四三
12	東磐井郡大東町①	鬼の家	飲酒殺害		旧中川村の民話　一九七三
13	東磐井郡大東町②	○	—	鬼は999人を呑む鬼子母神	〃
14	東磐井郡	○	飲酒殺害（○）娘救出		岩手県南昔話集　一九六八
15	宮城県名取郡秋保町	○	飲酒殺害（○）		陸前の昔話　一九七九
16	栗原郡	○	○		譚　一九六七
17	秋田県角館市①	鬼の城	—		羽後角館地方鳥虫草木の民俗学的資料　一九七三
18	角館市②	○	殺害	桃内小太郎　竹ナリ子・葭ナリ子	角館昔話集　一九七五
19	北秋田郡阿仁町①	鬼山	殺害（○）		阿仁の民話　一九八〇
20	北秋田郡阿仁町②	○	○		〃
21	平賀郡増田町①	鬼征伐	○		益田稿本　一九七九

22	平賀郡増田町②	○	○		〃
23	平賀郡増田町③	鬼征伐	○		〃
24	平賀郡山内村①	○	○		とっぴんぱらりのぷん　一九八〇
25	平賀郡山内村②	○	―		〃
26	本荘市	○	殺害（鬼の肝）		鳥海山麓のむかし話　佐藤タミの語り　二〇〇九
27	山形県最上郡真室川町	山鬼の城	―		高橋義雄さんの及位の昔話　一九八〇
28	最上郡	○	殺害（○）	鬼一匹残す	笛吹き聟―最上の昔話―　一九七二
29	上山市	○	○		佐藤家の昔話
30	南陽市①	○	○	鬼の褌を洗う女が行くなと忠告	飯豊山麓の昔話　一九七三
31	南陽市②	○	飲酒殺害		〃
32	西置賜郡	○	○		〃
33	西置賜郡飯豊町	―	○		〃
34	福島県双葉郡川内村	―	娘救出	桃太郎の嫁	相馬の民俗
35	双葉郡	○	○		相馬地方昔話集　一九六四
36	相馬郡①	○	○	化け物（鼠）屋敷	〃
37	相馬郡②	○	○		〃
38	耶麻郡	大江山	飲酒殺害（○）		会津百話　一九七四
39	南会津郡	鬼退治	○		会津舘岩村民俗誌　一九七四
40	大沼郡金山町	○	○		金山稿本　一九八一
41	群馬県利根郡水上町	―	飲酒殺害	鬼の血は虱、蚤、蚊、虻	下野の昔話　一九七八
42	伊勢崎市	○	○		三和町の民俗　一九八一
43	埼玉県川越市①	鬼の岩屋	○		川越地方昔話集　一九七五
44	川越市②	浅間山	―		〃
45	東京都東小金井市	○	○	蟹・卵・蜂・糞・立臼・水桶	昔話研究　一九三六
46	大田区	○	―		大田区の文化財第二十二集　一九八六

47	市原市	―	○		市原郡誌　一九一六
48	富津市	鬼退治	○		房総の昔話　一九八〇
49	長生郡長柄町	鬼退治	―		〃
50	新潟県栃尾市①	○	○		新潟県栃尾の昔話
51	新潟県栃尾市②	山奥	○		吹谷松兵衛昔話集　一九七五
52	西蒲原郡	丹波の山	鬼退治	17人のお供	巻町叢書　一九七三
53	南蒲原郡下田村	鬼退治	○	山行き型	越後下田郷の昔話　一九七六
54	長岡市	○	○	雉の子太郎　岩の子太郎　石の子太郎　よしの子太郎	いきがポーンとさけた　一九五八
55	富山県下新川郡入善町	鬼ヶ山	○		富山県明治期口承文芸資料集成　一九八〇
56	射水郡小杉町①	○	○		越中射水の昔話　一九七一
57	射水郡小杉町②	○	○		〃
58	射水郡小杉町③	鬼征伐	殺害（○）	渡辺綱、金時を部下に	〃
59	小矢部市	爺と京見物	―	川に落ち桃となって流れる	日本の民話　一九七八
60	石川県珠洲市	○	○		石川県珠洲の昔話と伝説（一）　一九七三
61	羽咋郡志賀町①	鬼退治	―		徳田稿本　一九七八
62	羽咋郡志賀町②	○	○		〃
63	江沼郡山中町	○	殺害（鬼の牙）	柿太郎・からすけ太郎。牙は山姥が盗る	加賀江沼郡昔話集　一九三五
64	福井県武生市①	○	○		武生稿本　一九七九
65	武生市②	○	○		〃
66	長野県下水内郡栄村①	○	○		信濃二八―七
67	下水内郡栄村②	○	○		信濃の昔話　第三集　一九七八
68	北安曇郡小川村	鬼退治	○		信州小川村の昔話　一九八〇
69	北安曇郡中条村	○	○		信濃・上水内の昔話　一九七七
70	小県郡武石村	○	○		小県郡昔話集　一九三三

71	上伊那郡大鹿村	山	○		鹿塩の民俗　一九七三
72	下伊那郡阿南村	○	○		長野県下伊那郡阿南町新野民俗誌稿　一九七三
73	山梨県北巨摩郡白洲町①	○	―		白州の民俗　一九七八
74	北巨摩郡白洲町②	○	○	鬼の酒盛り	〃
75	北巨摩郡白洲町③	鬼退治	○		〃
76	西八代郡市川大門町①	○	○		市川大門町の口伝え　一九七八
77	西八代郡市川大門町②	○	○		〃
78	西八代郡市川大門町③	鬼退治	飲酒殺害		〃
79	西八代郡市川大門町④	○	○		〃
80	西八代郡市川大門町⑤	○	○		〃
81	西八代郡市川大門町⑥	○	○		〃
82	西八代郡市川大門町⑦	鬼の岩屋	○		〃
83	西八代郡市川大門町⑧	鬼退治	○		〃
84	西八代郡下部町	鬼退治	殺害（○）	鬼が人を食う	〃
85	静岡県磐田郡水窪町	山へ鬼退治	殺害	鬼が人里に出没	日本の民話⑥　東海・北陸　一九七八
86	加茂郡松崎町	○	○		伊豆昔話集　一九七九
87	田方郡中伊豆町	○	○		〃
88	愛知県北設楽郡設楽町	○	○		設楽稿本　一九七七
89	北設楽郡東栄町①	○	○		東栄稿本　一九七八
90	北設楽郡東栄町②	○	○		〃
91	岐阜県恵那郡明智町	鬼征伐	○		旧静波村の民俗　一九七一
92	恵那郡上矢作町	鬼征伐	殺害（○）		恵那昔話集　一九七七
93	郡上郡和良村	○	○		和良の民俗　一九七九
94	中津川市	鬼退治	○		恵那昔話集　一九七七
95	山県郡高富町	○	○		〃

No.	地域				
96	吉城郡上宝村	○	○		しゃみしゃっきり　一九七五
97	京都府船井郡和知町	○	○		和知稿本　一九七一
98	北桑田郡京北町	鬼退治	○		京北稿本　一九七五
99	北桑田郡美山町	○	殺害（○）	鰯の頭、豆撒き	丹波地方昔話集　一九七三
100	三重県志摩郡志摩町	○	○	雉子・兎や萬のもの	鳥羽志摩の民俗　一九七〇
101	兵庫県美方郡美方町①	○	○		近畿民俗　五四
102	美方郡美方町②	○	旗で凱旋	援助に熊も	美方稿本　一九七六
103	美方郡美方町③	○	○		〃
104	美方郡温泉町①	○	殺害（○）	山行き型　犬・雉・猿・栗・臼・きね	温泉町の昔話　一九七二
105	美方郡温泉町②	○	杓子と釜	蜂・栗　穴に鬼があらめの杓子で飯炊く	〃
106	鳥取県八頭郡若桜町①	○	○		若狭稿本　一九七三
107	八頭郡若桜町②	鬼退治	○		むかしばなし若さ町　一九七三
108	東伯郡関金町	鬼退治	○	山行き型	鳥取県関金町の昔話　一九七二
109	東伯郡	○	○		東伯郡赤碕町昔話集上　一九六七
110	島根県大田市富山町	○	○		石見大田昔話集　一九七四
111	大田市三瓶町	鬼の家	―	蜂・栗・臼	〃
112	邑智郡大和村	○	殺害	雉・猿・栗・臼・針・蟹	大和村昔話集稿本巻二　一九七五
113	八束郡八束町	鬼征伐	殺害（生き肝）	山行き型　婆の腰痛に生き肝	鼻きき甚兵衛　一九七四
114	隠岐郡①	○	○		とんとんむかし―藤原千代子の昔話―　一九七三
115	隠岐郡②	○	○	悪戯者	島前の伝承　一九七五
116	隠岐郡③	○	仇討ち		〃
117	岡山県川上郡成羽町	鬼退治	殺害（○）	山行き型　雉・蟹・唐臼・団栗	なんと昔があったげな上　一九六四
118	真庭郡美甘村	○	○		〃
119	阿哲郡神郷町	鬼退治	○	山行き型	三室むかしこっぷり　一九六九
120	阿哲郡	○	○		〃

121	阿哲郡神郷町	○	飲酒殺害	酒呑童子が大将で赤鬼青鬼	〃
122	倉敷市	○　仇討ち	○	鉄砲玉・蟹・ひき臼・牛糞・蜂	稲田稿本　一九六九—七八
123	広島県庄原市	○	○		庄原稿本　一九七六—七八
124	比婆郡高野町	鬼退治	○	犬・雉・猿・針・団栗・搗き臼・腐れ縄・蜂・蟹	下高野昔話集　一九六九
125	御調郡向島町	鬼退治	—	臼・栗・蟹	芸備昔話集　一九七五
126	山口県大津郡油谷町	朝鮮征伐	—		油谷稿本　一九六九・七三
127	徳島県美馬郡一宇村	○	○		一宇村の昔話　一九七一
128	美馬郡一宇村	鬼退治	○		一宇村史　一九七二
129	三好郡井川町	○	—	山行き型	徳島県井内谷昔話集　一九七三
130	香川県香川郡香川町	鬼のいる山	殺害（○）	鬼が人里を荒らす	高松地方昔話集—母から子への民話　一九七六
131	仲多度津郡多度津町	○	飲酒殺害	山中の爺が酒一升と鬼の豆	讃岐佐柳島・志々島昔話集　一九四四
132	仲多度津郡多度津町	大江山	飲酒殺害	山行き型　爺から酒と豆　大江山の鬼退治	候えばくばく—讃岐・塩飽の昔話　一九四四
133	三豊郡高瀬町	○	殺害（○）	山行き型　盥で島へ　鬼の相撲　鬼を海に沈める	西讃岐昔話集　一九四一
134	愛媛県越智郡大三島町	鬼退治	○		伊予大三島の昔話　一九七六
135	上浮穴郡柳谷村	○	○		柳谷の民俗　一九七六
136	宇和島市	鬼の家	殺害	針・むくろじ・石臼・馬の糞・百足	三間稿本　一九七二
137	北宇和郡	○	鬼退治	針・むくろじ・石臼・馬の糞・百足	昔話研究二
138	高知県高知市	○	○		土佐昔話集　一九四八
139	福岡県北九州市	○	○		福岡昔話集　一九七五
140	佐賀県鳥栖市	鬼征伐	○		鳥栖稿本　一九七八
141	杵島郡白石町	○	○		杵島山周辺の民俗　一九七三
142	東松浦郡①	○	○		佐賀百話　一九七二
143	東松浦郡②	○	○		〃
144	東松浦郡③	鬼が山	鬼退治	大鷹に弁当をやる	〃
145	三養基郡	大江山	○		〃

146	唐津市	○	○		〃
147	大分県東国東郡国東町	○	○		国東半島の昔話　一九六九
148	東国東郡安岐町	○	—	三歳の時、庭から金や宝物を掘る	〃
149	長崎県対馬	○	殺害（○）		対馬の昔話　一九七六
150	上県郡上県町	○	○		対馬稿本　一九七五—七六
151	下県郡豊玉町	鬼退治	○		〃
152	鹿児島県大島郡和泊村	龍宮の鬼の島	殺害（○）	龍宮では爺一人生存　鬼一人残す	沖永良部島昔話集　一九四〇
153	大島郡沖永良部島	鬼の島	○	にらの島人食われ爺一人　穴の中に鬼の島	〃

集計①　鬼の居場所

行き先	事例数	備考
鬼が島	93	
鬼退治	32	「鬼征伐」を含む
山・岩・家	19	
その他	5	京、朝鮮、龍宮
不明	4	

集計②　渡島の目的

戦利品	事例数	備考
宝物	100	
殺害	29	「鬼退治」含む
その他	15	

集計③　殺害

殺害法	事例数	備考
飲酒殺害	10	
猿蟹加勢	17	
酒呑童子	3	

続いて、「渡島の目的」の要素を見ると、「宝物」の奪取が百例六十五パーセントあり、鬼を威圧屈服させて宝物を頂戴してくるのであろう。それに対し、「殺害」は極悪非道の鬼を殺害するというもので二十九例十九パーセントとある。そのうち殺害後に宝物も奪ってくるのが十六例、「その他」に鬼の体の部位（目、牙、肝）を取ってくるのが四例ある。体の部位を爺婆の病気治療に用いるとあるのは理由として成り立つが、殺害および宝物奪取は巌谷小波のい

う「皇国の少年」の桃太郎には似つかわしくない。これについては後で触れる。

「鬼退治」に犬・雉・猿以外の加勢者が登場するのは十七例あり、小動物や道具類という点から見て、これは昔話「猿蟹合戦」と関係している。集計③の「殺害」に酒を呑ませて殺す「飲酒殺害」が十例あり、37・52・58・121・132・145の事例に大江山の地名や酒呑童子、渡辺の綱などとあることから、御伽草子「酒呑童子」との関係が深い。実は、殺害という残酷な仕打ちや、海を渡らないで山中の鬼の住処に行くのも、大江山の酒呑童子退治と関りが深いといえる。これについては次に詳しく取り上げる。

ところで、「桃太郎」は独立した純粋な昔話という一般的なイメージがあるが、一覧表から見えてくる「桃太郎」はいろいろな夾雑物を抱え込んだものとしてある。これが日本の語り手の総体的なイメージとすれば、一般的な「桃太郎」との差はどこからくるものであろうか。筆者が見るには、「桃太郎」は純粋培養のように誕生したのではなく、いろいろなものと混ざり合いながら育ってきたもので、その生い立ちには変化や揺れが大きい。野村純一が紹介した標準から大きく外れたイレギュラーな「桃太郎」をも勘案し、常識的なこれまでの桃太郎像およびストーリー展開には、十分注意する必要がある。この見方が奇矯と思われる方には、ぜひともこのあともお付き合いを願いたい。

三　「鬼の子小綱」と「桃太郎」

「鬼の子小綱」は『日本昔話大成』[5]では「逃竄譚(とうざんたん)」に分類されるが、世界の『国際昔話話型カタログ』[6]ではATU756B「強盗マーデイ」に登録され、広く世界に分布している。日本では古く『古事記』に、イザナギが妻のイザナミが死んだ後を追って黄泉国を訪問するが、変わり果てた姿を目撃し逃げて帰ってくるという「黄泉国訪問譚」がある。

また昔話「三枚のお札」はお札を用いた呪的逃走の話で、「鬼の子小綱」と共通する部分がある。
関敬吾はこの「鬼の子小綱」を『日本昔話大成』では二つのサブタイプに分け、主人公が鬼のもとから妻（娘）を連れて逃げるAタイプと、鬼を殺害するBタイプとに分けている。伝承の違いを明らかにするために表2「「鬼の子小綱」一覧（A型）」と表3「「鬼の子小綱」一覧（B型）」を参考にしたい。二つを概観すると、伝承地がAタイプは東日本に多く、逆にBタイプは西日本に多い。東西の文化の違いが、話の世界においても同様なのかもしれない。ところで、Aタイプの具体的な昔話の内容を紹介する。表2の事例13は新潟県村上市の昭和十四年生まれの島田志津さんの語る「片子」[7]で、平成二十九年に直接自宅で伺ったものである。紙数の都合があり要約で示す。

　むかしあってんがの。夫と嬶(かかあ)が柴刈りをして薪を売って暮らしていた。ある天気のいい日、夫は今日は妻を休ませ、一人で弁当を持って山に行った。お昼になると鬼が来て、餡(あん)ころ餅が好きかと言うので、「餡ころ餅なんだ、嬶と取替えでもらうほど好きだ」と言って、鬼がくれたのを食べていると姿を消す。仕事を終えて帰ると、家は荒れ放題で嬶はいない。鬼に騙されたと知ってあちこち捜すが見つからない。七、八年も捜すが見つからず、自分の軽はずみを後悔し死を考えながら、目を開くと遠くに島が見えた。あの島に鬼がいるかもしれないと筏(いかだ)で海を渡る。

　岸に着くと鬼と人の相の子の片子(かたご)が一人で遊んでいる。嬶を訊(たず)ねて島に来たことを言うと、片子は自分の家に連れていく。すると嬶がいて、二人は喜んだが、鬼のことが心配で、押し入れに隠れる。鬼は人臭いと騒ぐがまぬがれる。翌日、三人は相談して鬼に薪割り、餡ころ餅食い、酒飲みの競争を挑む。いずれも片子の機転で夫が勝つ。鬼が酔い潰れている隙に、三人は筏で沖に漕ぎだす。目を覚まし逃げたことを知った鬼が、岸で海の水を飲むと、船は岸に吸い寄せられる。片子の指示で嬶が裾を捲(まく)ると、鬼は笑って呑みこんだ水を吐き出したので、

表2 「鬼の子小綱」一覧（A型） 競争〔a 豆（筍）食い、b 縄綯い（木伐り）、c 飯（餅、団子）食い、d 酒呑み〕

	伝承地	鬼	関係人物		援助者	侵入の標し	葛藤		逃走		備考
			被強奪者	救助者			競争	殺害	舟	救助法	
1	鹿児島県名瀬市	○	殿の妻	殿	鬼の子	―	―	―	○	―	子は入水し鯨
2	〃喜界島	○	姉	弟	鬼の子	―	―	―	○	（死に鞭）	子は入水
3	岡山県岡山市	○	婆	―	―	―	―	―	川	杓子、屁	前半、地蔵浄土
4	島根県太田市	○	婆	―	―	―	―	―	椀	尻叩き	前半、団子浄土
5	長野県南安曇野市	○	娘	爺	鬼の子	人臭い	―	―	○	尻杓子	
6	富山県中新川郡	○	末娘	爺	鬼の子	―	―	―	○	―	子は神、酒顛童子
7	新潟県南蒲原郡	○	末娘	爺	鬼の子	―	c	―	○	尻杓子	前半、猿聟入
8	〃見附市	○	娘	母	―	三つ花	―	泥酔に逃走	○	娘尼尻まくり	石塔に花
9	〃新発田市	○	末娘	爺	片角子	―	a b c	―	川	尻まくり	畑打型、節分の豆
10	〃栃尾市	○	娘	爺	鬼の子	―	a	―	○	子の尻まくり	木伐型、子は消える
11	〃古志郡	○	末娘	爺	鬼の子	―	a b	―	○	三人尻まくり	畑打型
12	〃北蒲原郡	○	末娘	爺	片角子	人臭い	a b	―	車	子が赤腰巻	畑打型
13	〃村上市	○	妻	夫	片子	―	b c d	―	○	妻尻たぐり	鬼弁当型
14	福島県南会津郡	○	末娘	爺	できぼし	―	―	―	○	ぼぼ叩き	水乞型、節分焼き頭
15	〃南会津郡	○	娘	爺	片次郎	―	c	―	車	山火事	節分の豆
16	〃南会津郡	○	娘	爺	デキボシ	人臭い	―	―	川	ぼぼ叩き	節分の焼き案山子
17	〃田村郡	○	姉	弟	ワラシ鬼	ハスの露落ち	―	釜茹でを阻止	○	川泥を投げる	鬼打ち木
18	山形県新庄市	○	妻	夫	片鬼子	―	b	―	―	―	節分のやきこがし
19	〃最上郡	○	娘	爺	鬼の子	人臭い	a b	―	車	―	軒に串刺し
20	宮城県仙台市	○	妻	夫	片子	―	b c d	泥酔後に逃走	○	片子が笑わす	節分に串刺し、豆撒き
21	〃伊具郡	○	娘	爺	首が鬼の子	―	―	―	○	爺が尻出し	鬼打ち木で角を取る
22	〃伊具郡	○	母	子	鬼子	―	b	―	車	尻はたき	戸におどし頭、豆撒き
23	〃登米郡	○	妹	姉	片	―	a d	泥酔後逃走	○	姉妹尻叩き	片は鬼の所へ戻る
24	〃本吉郡	○	おしの	父	幸助	―		―	○	幸助裸踊り	幸助三年後に銭になる
25	岩手県遠野市	○	娘	爺婆	小綱	菊一輪	―	―	○	母の尻へら	小綱は虻蚊になる
26	〃花巻市	赤○	三番娘	父	鬼子	―	a b		○	娘尻へラ	水乞型、蓬と菖蒲
27	青森県八戸市	○	女房	夫と白犬	―	花咲く	―	泥酔後逃走	川	腹を金のヘラ	

1 奄美諸島の昔話 一九七四 2 鹿児島県喜界島昔話集 一九七四 3 大森昔話集 一九三七 4 岡山県御津郡昔話集 一九七四 5 旅と伝説 四―四 一九三四 6 ひだ人・八 7 新潟県南蒲原郡昔話集 一九七四 8 〃 9 絵姿女房―越後の昔話― 一九七三 10 吹谷松兵衛昔話集 一九七五 11 とんと昔があったけど一 一九五七 22 越後の昔話 一九七四 13 昔話―研究と資料― 二〇一九 14 あしなか七〇 一九六〇 15 会津舘岩民俗民俗誌 一九七四 16 河童火やろう 17 鬼の子小綱―福島の昔話― 一九七四 18 雀の仇討ち 一九七六 19 関沢幸右衛門昔話集 一九七二 20 むがすむがすあっとごぬ 一九六九 21 伊具昔話集 一九六四 22 〃 23 ひろば(6)―ふるさとのむかしばなし 24 夢買い長者―宮城の昔話― 一九七二 25 老媼夜譚 一九二七 26 すねこたんぱこ 一九四三 27 村の話 一九三六

表3「鬼の子」小綱一覧（B型） 競争〔a 豆（筍）食い、b 縄綯い（木伐り）、c 飯（餅、団子）食い、d 酒呑み〕

	伝承地	関係人物 鬼	被強奪者	救助者	援助者	侵入の標し	葛藤 競争	殺害	逃走 舟	救助法	備考
1	鹿児島県名瀬市	盗賊	女房	夫	門番の老婆	男花が咲く		泥酔崖落下	｜	｜	
2	〃名瀬市	盗人	妻	夫	白髪の老人	｜	｜	泥酔後退治	｜	｜	
3	〃喜界島	盗人	妻	夫	白髪の翁	男花	｜	泥酔後殺害	｜	｜	アサナローの花
4	〃徳之島	山賊	豆腐屋娘	問屋の息子	山の麓の翁	男花が咲く	｜	泥酔天井落下	｜	｜	
5	〃沖永良部島	○	殿の娘	つきなうしな	白髪の翁	人臭い	｜	追う鬼を殺す	｜	｜	父を助ける
6	長崎県下県郡	○	女房	新四郎	｜	人臭い	｜	泥酔後退治	｜	｜	尾張名古屋
7	香川県仲多度津郡	山賊	お梅	甚四郎	仲間乞食	花咲く	｜	泥酔後殺害	｜	｜	盗み金で尾張城建造
8	広島県比婆郡	○	妻	夫	｜	白い花	｜	泥酔後に殺害	｜	｜	
9	鳥取県東伯郡	山賊	女房	しんしろう	｜	白い花	｜	泥酔後に殺害	｜	｜	一目千両の女
10	兵庫県氷上郡	山賊	女房	夫	｜	蓬に露	｜	泥酔後殺害	｜	｜	築城
11	〃飯石市	盗賊	長者の娘	許婚者豊松	門番の爺	男の花	｜	泥酔後殺害	｜	｜	
12	岐阜県吉城郡	○	娘	薬屋	｜	椿花一つ	｜	泥酔後殺害	｜	｜	薬屋は娘と結婚
13	山梨県西八代郡	○	娘	爺	｜	｜	｜	｜	｜	｜	釜見せ
14	〃西八代郡	○	兄弟	｜	婆	人臭い	｜	睡眠中逃走	｜	｜	兄弟を遺棄
15	石川県江沼郡	○	嬶	親父	｜	白い花	｜	酒で毒殺	｜	｜	
16	新潟県佐渡市	盗賊	妻	夫	｜	三つ浮き草	｜	泥酔後殺害	｜	｜	
17	〃南会津郡	○	母	太郎	｜	花一つ咲く	｜	泥酔後殺害	｜	｜	
18	秋田県鹿角郡	○	女	悪戯小僧	｜	桜咲く	｜	｜	｜	下界に落ちる	夢
19	秋田県仙北郡	○	娘	爺	｜	人臭い	｜	｜	｜	｜	
20	〃花巻市	怪物	お鶴	祐介	山姥の妹	野菊咲く	｜	泥酔後逃走	｜	｜	毒、木槌、風呂敷
21	〃八戸付近	○	娘	爺	坊様	花咲く	｜	餅と三味で油断	車	｜	猿聟入・畑打ち

1 福島ナオマツの昔話 一九七三 2 久永ナオマツ媼の昔話 一九七三 3 鹿児島県喜界島昔話集 一九七四 4 徳之島の昔話 一九七二 5 沖永良部島昔話集 一九四〇 6 対馬稿本 一九七五―七六 7 香川県佐柳島・志々島昔話集 一九七三 8 下高野昔話集 一九六九 9 鳥取県関金町の昔話 一九七二 10 旅と伝説十 一九三七 11 島根県飯石郡掛合町波多昔話集 一九七一 12 ひだ人五 一九三五 13 甲斐昔話集 一九三〇 14 続甲斐昔話集 一九三六 15 加賀江沼郡昔話集 一九三五 16 鶴女房―佐渡の昔話― 一九七六 17 赤い聴耳ずきん 一九六九 18 南郷むかし第二集 南郷村・伊南村の民話 一九七四 19 秋田むがしこ第二集 一九六八 20 わがふるさとの歴史 一九七九 21 すねこたんぱこ 一九四四 21 村の話 一九三六

無事に家に帰ってくる。しかし、片子は人間の生活になじめず、このあと必ず鬼が襲ってくるので、自分の肉を串刺しにして戸口に置いておくよう言って死ぬ。その通りにすると、鬼は人間はひどいことをすると言って退散する。夫と嬶は幸せに暮らしたという。終わりそうろう、豆そうろう。

志津さんの語りは、ドラマチックで迫真に満ちているがどこか切ない。鬼に攫(さら)われた妻を鬼の子の協力で取り戻すが、その底流に鬼の子の自己犠牲があるからであろうか。それはそうとして、柳田國男が取り上げた表1「「桃太郎鬼退治」一覧表」の事例9の岩手県紫波郡矢巾町の「桃ノ子太郎」が、「地獄のお姫様を連れて逃げて来る」とあるのは、「鬼の子小綱」A型における攫われた妻や娘の救出が関係していると思われる。そのことは、同じ一覧の14の東磐井郡、33の福島県双葉郡も同じで、「桃太郎」の娘救出の趣向を構成しているといえる。この問題はこの後でも取り上げるが、なお、矢巾町の例で、水の車で逃げるのを大鬼が火の車で追いかける「車」での脱出は、表2「「鬼の子小綱」一覧（A型）」に四例（12、15、19、22）あり特異なものではない。

ところで、「鬼の子小綱」のA型に近い形の「桃太郎」で、海水を呑みこむ鬼から逃げて帰る話がある。江戸中期に仙台藩伊達郡に生まれた儒者の熊坂台州が著した『含錫紀事(がんとうきじ)』（寛政四／一七九二）の「紀桃奴事」[8]である。この『含錫紀事』は、子ども向けの漢文の勉強のために、郷里の「花咲爺」「猿蟹合戦」「桃太郎」を漢文に直して教材に利用したもので、そのうち「桃太郎」を、私(わたくし)に訓読したものの要約を示す。

子のない爺婆が、子を授けるという神のお告げを聞いて目を覚ますと、枕もとに小箱がある。婆が川で桃を拾い持ち帰って食べると、二人は若返りやがて男の子が生まれ、桃太郎（原文は「桃奴」）と名づけた。成長した桃太郎が、爺から鬼が島の宝物のことを聞き、黍団子を持って出かける。途中で雉、犬、猿が家来となって鬼が島へ渡り、海岸にいた鬼たちと相撲を取って負かす。桃太郎は三歳の鬼の子と仲良くなり、宝物（隠れ蓑・笠、打出の木槌）の隠し場所を聞きだす。それを舟に積んで逃げる。気づいた鬼の王や家来たちが、海岸に並んで海水を呑み込むと、舟が引寄せられる。そこで、桃太郎は爺から渡された小箱からヘラを取り出して、衣を捲って尻を叩くと、鬼どもは笑って水を吐き出す。そして、無事に戻って、爺婆に宝物を渡し幸せに暮らしたという。

桃を食べて若返って子を産むという「回春型」の桃太郎は、江戸の赤本に早くから登場する。この漢訳された回春型「桃奴」の教育的効果を上げるためにも、学習者が知っている伝承の昔話を用いるのが順当であり、著者自身が創作を加えるとは考えにくい。瀬田貞二も『含餳紀事』の「花咲爺」「猿蟹合戦」をも含めて、「伝承の語り口に忠実」[9]であると述べている。いうなら一八世紀後半の仙台藩伊達郡周辺では、本話のような「鬼の子小綱」との相の子「桃太郎」が伝えられていたと考えていいであろう。この話では宝物の隠し場所を探すのに鬼の子を登場させ、また、尻叩きヘラを導入部分の神のお告げで用意するなど工夫されているが、先行する「鬼の子小綱」の「鬼の子」や、その鬼の子の機転による「妻の尻叩き」を踏まえてのことと思われる。「鬼の子小綱」Aタイプと「桃太郎」との関係は緊密である[10]。

次に、Bタイプについて見ていきたい。Bタイプの特徴は鬼の殺害にある。事例9の広島県比婆郡の話では、百姓の嫁が鬼に攫われる。夫が捜しに出て二人は会うが、鬼が帰ってきて人臭いし白い花が咲いているので、人間の男がいると騒ぎ出す。嫁が男の子を身籠ったからだと言うと、鬼は喜んで酒宴を始める。酔い潰れて寝た鬼を退治して、二人は逃げ帰るというものである。

人が獣の匂いを嗅ぎ分けるように、鬼も人の匂いを嗅ぎ分け、さらには、紅白の「人影花（ひとかげばな）」の開花で男女を確認するという趣向は、人に警戒心を抱く動物的本能の持ち主である鬼を示している。鬼の属性が人間の文化である酒に酔い潰れて殺されるのは、逆に人間に近づきすぎた鬼の運命といえるかもしれない。B型の表の「強奪者」が、鬼と山賊・盗賊とが半々であり、取り立てて地域差がないのは、鬼から賊へのなだらかな移行ととらえることができる。昔話が現実性を帯びてくると怪異性も薄れていき、娘を強奪するのは凶悪な山賊、盗賊のしわざだととらえる段階になったことを示している。鬼のエリアから逃げてくるAタイプに対し、鬼の殺害に立ち向かうBタイプの主人公は、自分の力量に自信を持って鬼のエリアに出かけていく。いわば人間力を強調する点において、AからBへの変化は自然なのかもしれない。それは敢然と鬼退治に決行する桃太郎にも共通する。

このBタイプの「鬼の子小綱」は、御伽草子「酒呑童子」[11]とも類似する。「酒呑童子」の概要は、都で貴族の婦女子の誘拐が続き、帝は源頼光を呼んで鬼退治を命じる。頼光は綱や金時など五人の部下を集め、大江山に向かう。山中に三人の翁（実は住吉、八幡、熊野の神）がいて「神便鬼毒酒（じんべんきどくしゅ）」を賜る。鬼の岩屋に着いて、鬼どもとの酒宴が始まる。持ち込んだ神便鬼毒酒に酔い潰れた鬼どもを退治し、姫たちを解放する。

時代を平安時代に設定し、都の姫を強奪して大江山に潜伏する鬼を、武将の頼光らが酔い潰して殺害するというストーリーは、Bタイプの「鬼の子小綱」と一致する。両者は物語基盤を同一にするもので、民間説話の研究の立場からすると昔話が先行するととらえられる。前の表1「「桃太郎の鬼退治」一覧表」の「渡島の目的」の鬼殺害の中に「飲酒殺害」が見られ、そこに酒呑童子に関る用語が出ていることなどから、桃太郎に御伽草子「酒呑童子」が影響を与えていることが確認できる。「鬼の子小綱」から「酒呑童子」に、そして「桃太郎」へと時系列に連なる系譜を示すことができるのではないだろうか。

四　「桃太郎」の近世、近代

前章では「桃太郎」と類縁の昔話、草子との比較を試みて、「鬼の子小綱」の昔話を母胎にして「桃太郎」が形成されたのではないかと跡づけた。そこで、そのことをさらに論証するために、「桃太郎」の話型を横断的にとらえながらその特徴を押さえ、生成の過程を明らかにしていきたい。

1 「桃太郎」の伝承モチーフ

「桃太郎」の昔話は、地域的にさまざま変化を見せながら伝承されている。表1「桃太郎の鬼退治」一覧表で取り上げた例を再確認しながら、その全体像を把握しておきたい。まず発端部において便所の屋根から落ちる、あるいは屋根で見つけた穂の取り合いから便所に落ちる「閑所の屋根葺き型」が、福島県の南部、石川県の羽咋郡富来町に見られる。続いて、桃太郎の性格が「三年寝太郎」のような怠け者でありながら怪力の持ち主である「山行き型」が、中国地方の岡山、広島県、山陰の島根県、四国の香川、徳島県など比較的広範囲に見られる。

続いて、鬼退治の援助者に「猿蟹合戦」にも登場する蟹、臼、牛の糞などが出てくるのが岩手県、東京都に一例ずつ、他に兵庫、広島、岡山、島根、愛媛などの西日本に散見される。また、擬人化された援助者で「○○太郎」「○○子」といった名前の登場者が岩手、秋田県や新潟、石川県に見られる。鬼退治の目的の「姫救出」が岩手県、福島県に見られ、鬼の体の部位（目、牙、肝など）の略奪が、岩手、秋田県、石川、島根県等に見える。

これらの地域分布を総合すると、九州を除く、関東・中部・関西圏の周縁部分に多様な形の「桃太郎」がモザイク模様のように散在している。これらの地域は一般的に昔話が多く報告されているところでもある。個々の例を見ると、比較的広域に見られるものもあるが、孤立伝承のようなものもある。ストーリー展開が単一線からなる単純な「桃太郎」において、他の話型との複合や先行するモチーフを取り込むなど、多様な形態や変化を示す「桃太郎」の伝承様態をどのように理解したらいいのだろうか。

ヨーロッパにおける民間伝承を伝播の視点からとらえる研究に「歴史地理学的方法」がある。個々の伝承を地理的条件によって繋いでその変化を跡づけ、また、文献があればそれを用いて歴史的補正をかけ、それによって本来の姿、変化の形、伝播ルートを明らかにする方法で、さまざまな民族、国家が連続、近接するヨーロッパ大陸では有効な手段とされる方法である。その理論的先駆者であるアンティ・アールネによると、「一般的にあらわれる形は、比較的少なくあらわれる形よりも本来のものであることが多い」、また、「比較的広い範囲にあらわれる形式は、一般に比較的狭い範囲に見られる形式よりも優れている」[12]と述べる。

この理論からすると、先述の「桃太郎」の伝承様態は、「比較的少なくあらわれる形」「比較的狭い範囲に見られる形式」に相当する。ということは、本来的ではなく、かつ優勢でもない、言い換えれば正統とは異なるもので後の変化であるということになる。あのイレギュラーの「桃太郎」たちは新しい変化ととらえるべきである。ところで、正統である本来の「桃太郎」とは何かという問題になると、いくぶん複雑になってくる。それは、この昔話の特殊な歴史とも関係しているからである。

2 「桃太郎」の歴史

桃太郎は説話や御伽草子等にもまったく出てこないで、現在のところ一番古いとされるのが享保八年刊の豆本（五・二×四・〇センチ）の「もゝ太郎」である。児童文学者の瀬田貞二は、金平浄瑠璃の隆盛と桃太郎との関係を取り上げ、「江戸初期の金時（または金太郎）愛好が、急に公平（きんぴら）という英雄の劇化に至った時期に、在来の伝承モチーフと結びついて（瓜には桃、大江山には鬼が島）、新しい英雄（金太郎にかえる桃太郎）が生れたのではありますまいか」[13]と述べている。この産声を上げた「桃太郎」が、江戸期に黄表紙も含めて四十もの異なる版の「桃太郎」が出た[14]ということから、江戸の子どもたちの絵本における桃太郎は、超人気のキャラクターだったといえる。

ところで、桃太郎が坂田金時の子とされる公平（金平）がモデルであったのではないかという瀬田の指摘は、酒呑童子から桃太郎へという本稿の主張と一致する。文字の世界における桃太郎が一八世紀初めに登場したことと、「鬼の子小綱」「酒呑童子」から伝承の「桃太郎」が発生したことと、およそ軌を一にしているといえる。当然ながらさまざまな話型やモチーフを取り込んだイレギュラーな「桃太郎」もこれ以後のことで、限られた地域の寡少例の伝承は、比較的新しいものであることを示している。総じていえば、「桃太郎」は古くから地域に浸透、定着していた昔話ではなく、江戸中期以後からさまざまに変化、複合しつつ形成されてきたと考えていいのかも知れない。

しかし、「桃太郎」は現在だれもが知っている、威勢ゆるぎないものであるのはどうしてなのかという問題がある。それには「赤本」以降の江戸期の出版事情に加え、近代の検定教科書の「桃太郎」という台頭が大きい。明治二十年に「小學校教科用書　尋常小學讀本」に「桃太郎」が登場し、また二十五年の山県悌三郎著「小學國文讀本」にも「桃太郎」が載る。その「小學校教科用書　尋常小學讀本」の「桃太郎」で鬼の頭領の名を「あかんどうじ」と記すが、大酒呑みの赤ら顔の酒呑童子の意とすれば、御伽草子「酒呑童子」の名残といえるし、「鬼の子小綱」の系譜を引いていることになる。それはともかく、この「桃太郎」を全国の小学生児童が一斉に学ぶ教科書の影響は甚大である。画一的な「桃太郎」が学校という権威を盾に全国区として全国制覇に乗り出し、地方区の「桃太郎」を排除していくことは目に見えている。しかし、その嵐を越えて残ったのがイレギュラーな「桃太郎」たちだとすれば、伝承の力は侮れない。

3　「桃太郎」の生態と肥大化

ところで、「桃太郎」の実態に向けたこんな発言がある。考古学、民俗学に明るい藤原相之助は、秋田県田沢湖町に慶応三年に生れるが、「一體私の生れた地方には昔から桃太郎の昔話はなかつた」と述べ、しかし、「北陸から出羽の沿岸方面にかけては、もう桃太郎が出現して、猿の本據たる猿ヶ島に向つて膺懲の師を向けて居る。[15]」という。「膺懲の師」とは征伐する英雄の意で、ここでは桃太郎の猿が島の猿退治のことを指す。藤原少年の成長期には、鬼ではなく猿退治の「桃太郎」ということになろうか。

　これと同じことを、秋田から遠く離れた徳島県小松島市に明治四年に生まれた歴史学者の喜田貞吉も述べている。桃太郎について「…小生の子供の時分には、少なくとも阿波国などでは、一向知らなかつた事に候。その代り桃太郎話の話の中の筋は、猿蟹合戦の話と混同して語り伝へられて居り候。小生らは之を「猿が島の敵討」と教へられたものにて、蟹の子が桃太郎もどきに天下一の吉備団子を腰に付け、栗（卵にあらず）や、剪刀（はさみ）や、挽臼（立臼にあらず）が犬、雉、猿の代りにそれを半分づゝ貰つて家来になるといふ筋に出来て居り候。[16]」と言う。猿蟹合戦の登場物が援助者として活躍するモチーフの話であった。なお、「猿が島の敵討」は、沢井耐三架蔵の「敵討猿ヶ嶋」[17]（文久年間刊行）に近い内容で、渋柿で殺された蟹の子・蟹太郎が、黍団子を石臼、鋏、丹波栗に与え、鬼が島へ渡り無事本懐を遂げる。江戸の後期から猿蟹合戦との複合した「桃太郎」が知られていたことになる。

　江戸から明治にかけて、「桃太郎」の地域伝承はさまざまなモチーフがまだら模様のように存在していたと推定される。しかし、これがどのようにして誰もが知る標準的な「桃太郎」へと収束していくのかである。もちろんこれには、検定教科書に見られる「桃太郎」が学校教育を通して、全国の児童に画一化された形で受容されたことによると指摘したが、それは外面上の要因であり、当然ながらその内面的形成についても問題にしなければならない。

　「酒呑童子」の鬼は都の姫をかどわかす悪行をしていたが、赤本の「桃太郎昔話」では、桃太郎は「俺は鬼が島の宝取りに行く」と言って渡島し、その理由は示されない。ここでは鬼＝悪の図式が前提にあり、鬼征伐の正当性は説かれない。この鬼の宝物に関して、中澤道二の心学『道二翁童話続編』（天保一四年／一八一三）におもしろい記事がある。「桃太郎」の鬼の宝物は「鬼が取つたではなく、皆こちらから鬼の方へ持つてやつたもの。それはなぜなれば、見ては取られ、聞いては取られ、何がほしいかゞほしい、……段々と此宝物を鬼に取られてしまうたのじや[18]」と明快に語る。この鬼はいわば悪徳商人に見立てられ、消費者の飽くなき欲望が原因していることを諌めている。江戸の消費社会の実態が垣間見えると同時に、鬼が社会悪的な存在として肥大化されていることがわかる。伝承の鬼は大江山や鬼が島にいて、地域に住む人々と等身大か、その少し上の存在であったのが、社会の全体性の中の反社会的な存在にまで拡大してきている。

江戸の桃太郎の鬼は、社会正義から外れた巨悪な存在に形象されてきたが、それは近代に入っても同様で、明治二七年に巌谷小波が叢書「日本昔噺」の第一冊目に取り上げた「桃太郎[19]」では、鬼たちを裁きに賭けるために捕縛し宝を没収する理由を、「我皇神の皇化」に従わぬゆえと説く。人々の日常に恐怖を与える鬼から、社会に害悪を与える存在となっている。この皇化主義の思想は小波と一緒に「口演童話」の活動をした久来島武彦にも見られ、「桃太郎主義は進撃主義」であり、「強い個性の建設と、固い共同一致の訓練[20]」が目標として掲げられる。かれらが小学校の講堂に児童を集め、こうした「桃太郎」を鼓舞喧伝していたのが、明治という時代性であった。鬼も桃太郎も地域の伝承世界から遠のき、社会的存在としての役割を与えられてしまったといえる。

こうした桃太郎像は、そもそも江戸の出版物の底流にあったもので、鎖国政策の幕藩体制が潜在的に内在していたが、近代に入ると列強に追いつくための国家主義が、国境の外にいる「鬼」を意識して外敵に向かう「英雄桃太郎」に仕立て上げ顕在化していった。鬼が島に勝手に乗り込み殺害や宝物を掠奪するのは、法治国家としてはありえないことではあるが、桃太郎主義は果敢にそれを実行する。それはやがて、満州事変へとつながる軍国主義の風潮の中で「鬼畜米英」の先頭に立つ桃太郎を準備していたといえる。しかし、こうした国家的、政治的な桃太郎は「国民国家」

が待望する桃太郎であったとしても、民衆が伝えてきたイレギュラーな桃太郎と同一ではないことは明白である。聞き手の想像力の中にあった桃太郎は、いつのまにか現実世界の国家イデオロギーの中で新たな桃太郎として再生されてしまったのである。

おわりに

「桃太郎」がどのように生成したのかを明らかにするのが本稿のテーマであり、そのルーツをたどる作業であった。「桃太郎」はわが国の固有信仰から誕生したとする解釈が、早くに柳田國男によって提示され、通説のように受け入れられてきたが、柳田の「神話起源説」に基づく昔話観には違和感がある。従って、柳田の理念的な「桃太郎」の解釈から離れて、野村純一の資料に基づく帰納的な方法に沿いながら、昔話の実態に即した追究を試みた。野村は『新・桃太郎の誕生』で、意図して標準的な桃太郎ではない、いわばイレギュラーな「桃太郎」に注目し、それが標準型桃太郎の原型という認識を示したが、その実証に至るまではいたっていないようである。

本稿は「桃太郎」の実態を探るために、現在までに報告された「桃太郎」の鬼退治の昔話を一五〇例余り集めて比較した。それによると鬼が島に宝物を奪いに、あるいは鬼征伐にというのが八割を超えるのに対し、鬼殺害が二割で、そのうち酔い潰しての殺害が十例ある。この事例には「酒呑童子」を例に引いているものがあり、その影響と考えられる。なぜ「酒呑童子」かというと、両者は物語構造が一致しているからである。

一方、「酒呑童子」は昔話「鬼の子小綱」B型と物語構成が類似している。すなわち、鬼にかどわかされた妻（娘）を、鬼の住処を訪ね酒を呑ませて酔い潰し、殺害して連れ帰る。「鬼の子小綱」のA型は、鬼の住処から妻（娘）を連れて舟で逃げる際、海水を呑み込む鬼に尻をヘラで叩いて吐き出させて逃げる。A・B型とも「桃太郎」の鬼退治と関係が深い。「酒呑童子」を介して「鬼の子小綱」と「桃太郎」は繋がっている。

ところで、「酒呑童子」型の桃太郎は、江戸の中期の赤本の前の「豆小本」と呼ばれるものに初めて現れる。伝承の「桃太郎」もこの時期の前後とすると、さまざまなイレギュラーの桃太郎も比較的新しいものといえる。比較的狭い範囲の固有の伝承が、あちこちに見られるという実態は、地理歴史学的方法による伝承の理論によれば本来的なものとはいえないからである。さらには、明治前後に生れた藤原相之助や喜田貞吉は「桃太郎」を聞いたことがないと言うことからすれば、「桃太郎」は古く全国に浸透した昔話とはいえないことになる。それではなぜ、標準的な「桃太郎」が現在広く伝承されているのかというと、明治二十年以降「検定教科書」に「桃太郎」が登場し、全国一律に学校教育で使われたことに原因している。その画一化の波を越えて、イレギュラーの「桃太郎」が生き残っていたのは伝承の力といえる。

さて、江戸の赤本や明治の検定教科書の「桃太郎」と、伝承の「桃太郎」とを比べた場合、鬼や桃太郎の人物像に大きな変化が表れている。大江山や鬼が島に妻や娘をかどわかした鬼は、それを救出に行く主人公と等身大で、知恵の差でやり込められる存在であったが、赤本や検定教科書の「桃太郎」では、人物形象が社会悪の鬼や、完全無欠の正義の桃太郎などに肥大化されている。桃太郎が鬼退治や宝物を掠奪するのに明確な理由が要らなくなり、伝承の「桃太郎」が持っていた人間としての矜持（きょうじ）を失ったスーパーヒーローに仕立て上げられてしまった。早晩「鬼畜米英」の先頭に立つ前身の人物像ができあがっていたといえる。言い換えれば江戸の幕藩体制の「国民国家」的思考が形成した強い桃太郎が、近代の国家主義が再編した完全無欠の「桃太郎」に変身してしまったのである。

本稿では「桃太郎」の誕生の部分には一切触れていない。それは成人後の桃太郎の行動から、この昔話の生成を理解することができると考えたからである。しかし、それでは一面的に過ぎないという批判があるかもしれない。現在その準備はできていないが、いずれ機会があれば取り上げてみたい。

注

［1］「桃太郎の誕生」（昭和五年一月、桃太郎の話をきく會講演）は、昭和八年『桃太郎の誕生』（三省堂）に収録される。『定本柳田國男集』第八巻による。
［2］『新・桃太郎の誕生　日本の「桃ノ子太郎」たち』（吉川弘文館、二〇〇〇）
［3］『昔話採集手帖』（柳田國男・関敬吾共編、民間傳承の會、一九三六）
［4］『紫波郡昔話』（爐邊叢書、郷土研究社、一九二六）
［5］『日本昔話大成』（角川書店、一九七八）
［6］『国際昔話話型カタログ』（加藤耕義訳、小澤昔ばなし研究所、二〇一六）
［7］『昔話―研究と資料―』（日本昔話学会、二〇一九）
［8］『含餳紀事』（『萬物滑稽合戦記』所収、博文館、一九〇一）
［9］『落穂ひろい―日本の子どもの文化をめぐる人びと―』〈上巻〉（福音館書店、一九八二）
［10］朋誠堂喜三二の黄表紙『桃太郎後日譚』（恋川春町画、安永六年／一九七八）によると、鬼を退治した桃太郎が鬼が島から連れてきた鬼の子を、鬼七と名付けて元服させる。その後、鬼七の色恋沙汰へと展開するが、この導入部分は明らかに昔話「鬼の子小綱」に基づいている。
［11］「酒呑童子」（『御伽草子』岩波文庫、一九八六）
［12］アンティ・アールネ『昔話の比較研究』（関敬吾訳、岩崎美術社、一九六九）
［13］注（9）に同じ
［14］金田芳水「桃太郎の研究」（上笙一郎編『江戸期の童話研究』九山社、一九九二）。滑川道夫『桃太郎像の変容』（東京書籍、一九八一）によると、一八〇年間に八十二点を越えるという。

〔15〕「昔話の思ひ出」（『昔話研究』第二巻第二号　復刻版、岩崎美術社、一九八〇）
〔16〕「桃太郎猿蟹合戦混淆」（『郷土研究』大正二年七月号）
〔17〕「『猿蟹合戦』の異伝と流布――『猿ヶ嶋敵討』考――」（『近世文藝』九三、二〇一一）
〔18〕『道二翁道話』（岩波文庫、一九三五）
〔19〕『日本昔噺』（平凡社、二〇〇一）
〔20〕「桃太郎主義」（『早蕨報』一九二三）

「鬼ヶ島」の形成

はじめに

昔話によく出てくる「鬼ヶ島」は、主人公が島に渡ることでその存在を示すことになるが、いったいそこはどのようなところなのか。日本は周囲を海に囲まれ島々が多いが、鬼たちはいつもそこにひっそり隠れていて、人間が上陸すると表われてくるが、ふだんは何をしているのだろうか。

また、鬼たちは人間世界にはない宝物を所持している。江戸の心学の啓蒙家の中沢道二(どうに)は、鬼ヶ島の宝物は、購買欲に突き動かされて人々の失ったものが、鬼の宝物になっているのだ（『道二翁童話続編』）[1]と、商業主義的な解釈をするユニークなものもあるが、果たしてどうであろうか。なぜ、鬼はさまざまな宝物を持っているのか。

鬼は、歴史的には都大路に「百鬼夜行」として現われ、山中や夜間に出没したり、また「心の鬼」として人間が抱え込んでしまった鬼などもいる。こうした鬼の本質を追究しようとするのではなく、ここでは昔話に登場する「鬼ヶ島」が問題であり、上記にあげた鬼と「鬼ヶ島」の鬼は同じものなのか、百鬼夜行などの鬼とどのように関係するのかなどについて、次に考えていきたい。「鬼ヶ島」の考察が、それが出てくる昔話の理解に深くつながると予想するからである。

一　昔話の「鬼ヶ島」

「鬼ヶ島」が登場する昔話に「桃太郎」や「一寸法師」があるのは広く知られているが、他にも「鬼の子小綱」や「夢見小僧」もある。それぞれの昔話における鬼ヶ島に渡る理由や、鬼ヶ島で何が起こったのかについては違いがあり、まずはその概要を確認しておきたい。

「桃太郎」の場合は、家来を連れて鬼の住処を襲撃し、退治・降参させて財宝を取り上げてくるが、渡島の大義名分は明確にされない。大体は悪物退治を理由とするが、中には殺害や鬼の体の部位（胆、牙、目）の獲得も少数例ある。

「一寸法師」の場合、御伽草子では風に流されて漂着するが、昔話の「鬼征伐型」では島へ渡るのは鬼征伐が目的で、「桃太郎」と合致する。ただ、打出の小槌を手に入れて小槌で米や倉を出す部分は異なる。また、それを真似た隣の男が小盲（こめくら）を出すという、「隣の爺」型の笑いを強調したものも見られるので、笑話化の方向にあるといえよう。「聟入型」は奪った打出の小槌で一人前の姿になるのは御伽草子と一致するが、鬼ヶ島へ渡る例はほとんどなく、姫の社寺参拝の護衛の途中で鬼が襲うのを排除し、持っていた打出の小槌を手に入れることになる。どちらの型においても打出の小槌の取得という点では、「桃太郎」と異なっている。

鬼の持つ宝物のうち「生き針死に針」（あるいは「生き鞭死に鞭」）と「千里車」を盗んで逃げてくるのが「夢見小僧」である。小僧が正月に見た良い夢は人に話してはならないと信じて、親にも親方にも話さないため、海に流され鬼ヶ島に漂着する。夢の中身と宝物の拝見を理由に、鬼を欺いて宝物を手に入れ、千里走る車で逃げてくる。そして、

「生き針死に針」を用いて東と西の長者の娘の病気を治し、二人と結婚するという結末になる。
「鬼の子小綱」には二つのタイプがあり、「逃走型」は鬼に攫われた妻（娘）を、鬼の子の援助で救出し、鬼ヶ島から舟で一緒に逃げ出す。鬼が海水を呑んで舟を引き寄せようとするのを、妻がお尻をめくり篦（へら）で叩いて鬼どもを笑わせ、海水を吐き出させて無事に逃げ帰る。「殺害型」は鬼を泥酔させて殺害するもので、こちらは御伽草子「酒呑童子」と一致する。

これらの昔話から見えてくる鬼ヶ島の状況を明らかにするために、「昔話の「鬼ヶ島」一覧表」をもとに鬼ヶ島への「渡島の理由・目的」、鬼ヶ島での「行動・略奪品」を整理してみる。

昔話の「鬼ヶ島」一覧表

		渡島の理由・目的	行動・略奪品	備考
桃太郎		鬼征伐	宝物、体の部位	
一寸法師	鬼征伐型	鬼征伐	打出の小槌	御伽草子「一寸法師」
	聟入型	（都で社寺参詣）	打出の小槌	
夢見小僧		海に放逐される	生針死針、千里車	千里車は「御曹子島渡」にもある
鬼の子小綱	逃走型	妻（娘）の救出	妻・鬼の子と生還	
	殺害型	妻（娘）の救出	鬼の殺害	御伽草子「酒呑童子」

鬼ヶ島への「渡島の理由・目的」からすると「鬼の子小綱」は妻救出といった明確な目的があり、また「一寸法師・鬼征伐型」および「夢見小僧」は、渡島の理由と渡島後の行動との一貫性はないが、いずれも鬼のもつ呪具（打出の小槌、生針死針、千里車）を取得していることからすれば、間接的な目的はここにあったと考えるべきである。そ

れに対して「桃太郎」の鬼征伐は、それを実施する必然性に乏しい理念的な征伐であり、他との違いがある。

次に、「鬼の子小綱」「夢見小僧」における妻の救出や呪具の取得に対して、見逃し欺かれる鬼は、桃太郎が対決するところの強悪な鬼とは違い、どこか間の抜けた、いわば「鬼的人間」といえるかもしれない。それは鬼の追跡に際して妻が尻を箆で叩いて笑わせて海水を吐きださせるところにも見られる。この「鬼の笑い」は何を表しているのか、「鬼ヶ島」の形成と関連づけて後で考えてみたい。

さて、昔話における「鬼ヶ島」は一様ではなく錯綜している。このような「鬼ヶ島」の背景にどのような事実、あるいは形成の要因があるのか。次に「鬼ヶ島」イメージの形成を歴史社会的文脈に位置づけてとらえていきたい。

二 「鬼ヶ島」の形成I――古代から中世――

昔話における「鬼ヶ島」がどのように形成されてきたのかを追究するために、ここでは昔話と類縁の深い文字記録の説話や物語等を参考にしながら検討していくことにする。次に関連する事項を時系列に並べてみた「「鬼ヶ島」関係記事」を参考にする。

「鬼ヶ島」関係記事

〈古代〉

1 日本書紀 欽明五年 粛慎人（みしはせのひと）
佐渡嶋の北の御名部の碕岸に、粛慎人（みしはせのひと）有りて、一船舶に乗りて滞留（とどま）る。春夏捕食（すなどり）して、食（くらひもの）に充（あ）つ。彼の嶋の人、人に非ずと言す。亦鬼魅なりと言して、敢て近づかず。

2　延喜式巻十六（延喜五／九〇五）儺の祭の詞（別紙）

……事別きて詔りたまはく「穢悪はしき疫の鬼の、処処村村に蔵り隠らふるをば、千里のほか、四方の堺、東の方は陸奥、西の方は遠つ値嘉、南の方は土佐、北の方は佐渡より彼方の処を、汝等疫の鬼の住処と定めたまひ行けたまひて、五色の宝物、海山の種種の味物を給ひて、罷けたまひ移したまふ処処方方に、急に罷き往ねと追ひたまふ詔るに……

3　今昔物語巻二十七　鬼の話多くあるが略す

〈中世〉

4　宇治拾遺物語「鬼に瘤取らるる事」（一二一三―一九）

やうやうさまざまなるものども、あかきいろには青き物をき、くろきいろには赤き物をたふさぎにかき、大かた、目一つある者あり、口なき者など、大かた、いかにも言ふべきにあらぬ者ども、百人ばかりひしめきあつまりて……

5　元寇　文永の役（一二七四）弘安の役（一二八一）

6　融通念仏縁起絵巻（正和三／一三一四）

7　倭寇（鎌倉時代末～室町時代）

8　幸若舞「百合若大臣」（室町末期）

9　御伽草子「御曹司島渡」

融通念仏縁起絵巻の鬼

10　〃「一寸法師」
11　〃「酒呑童子」
〈近世〉
12　保元物語（古活字本）
13　麻呂子親王鬼退治（「丹後七仏薬師幷斎宮略縁起」）
14　南島志（新井白石、一七一九）
15　蝦夷志（新井白石、一七二〇）
16　含餳紀事「紀桃奴事」（寛政四／一七九二）
〈昔話〉
17　一寸法師
18　鬼の子小綱
19　夢見小僧
20　桃太郎

1の「粛慎人（みしはせのひと）」は、佐渡に一時逗留した異民族（ツングース族？）の記事とされる。海を隔てた異国からきたものであろうか。この異国人を「鬼魅」と書き「おに」とルビを付したのは、後人（記述者あるいは、編集者？）による追記であろう。山口建治によると、鬼をオニと訓読みするのは平安時代に入った『和名抄』以後のこととされる。[2] 中国の「瘧鬼」「瘟鬼」の漢字が日本に入ってきて、その漢音のオニの発音が、やがて訓読みのように表記されるように

御曹司島渡りの鬼

なったのだという。その実体は疫鬼である。したがってそれ以前は、鬼はモノあるいはキと呼んで、ミタマ、幽霊の意とされる。「粛慎人」の「鬼魅」はモノと読み、ここでは異国人を指していると思われる。

2の「疫の鬼」が「瘟鬼」のことである。この2は「追儺（ついな）」あるいは「鬼やらい」の儀式で、朝廷の大晦日の行事である。ここで注目したいのは、「疫の鬼」を追祓う先の東が陸奥、西が値嘉（ちか）、南が土佐、北が佐渡の地とされていることである。これらの東西南北の地を直線で結んだ内側が、当時朝廷が支配する日本国と考えられていたことがわかる。この範囲が時代とともに拡大していくことは言うまでもない。

3の『今昔物語集』の記事には、さまざまな鬼の奇怪な行動が記されているが、ここでは「鬼ヶ島」の形成に直接関わらないので割愛する。4の「瘤取爺」の鬼は、いろいろな姿かたちの鬼たちが「百人ばかりひしめきあつまりて」とあることから、平安時代の「百鬼夜行」を暗示させる。百鬼夜行の鬼たちの姿を描いたのが、6の「融通念仏縁起絵巻」[3]である。前ページの絵を見ると、一般に「瘤取爺」の鬼が頭に角が生えて虎の皮のパンツを穿き、金棒を持った獄卒系の鬼とするイメージと大きく違っていることがわかる。鎌倉時代ころの鬼は、こうした疫鬼を指していたものと思われる。獄卒系の鬼が登場するのは、もう少し時代が下った室町時代に入ってからで、御伽草子に図示される。

三　「鬼ヶ島」の形成Ⅱ―元寇から御伽草子、昔話―

ところで、御伽草子の鬼に入る前に取り上げなければならないのは、5の「元寇」である。突如として元の大軍が、それも二度に亘り北九州辺に押し寄せた事件である。誰がこの事態を予想しえたであろうか。この空前絶後の事件の衝撃が、防人（さきもり）以来の北九州防備の必要性を認識させ、その後の日本の国境意識を高揚させたことは十分に予想される。

この事件の直接的な余波を室町時代中期以後の8の幸若舞「百合若大臣」[4]に見ることができるであろう。

蒙古の襲来に、仏法護持の国を守るべく百合若大臣は石清水八幡宮に祈願してから出陣し、引き上げる蒙古軍を追って「ちくらが沖」で、麒麟(きりん)国王の青息による霧を神々の援護で吹き払い、両蔵、火水、飛ぶ雲、走る雲を討ち取る。両蔵を除く敵将は海上における自然の猛威を形象したような名称である。撃退後の百合若は家来の裏切りで島に一人残されるが、この展開はギリシア神話のオデュセイアによるもので、日本にはキリシタンを通じて伝えられたとされる。オデュセイアの影響は中東の『千夜一夜物語』の「シンドバードの冒険」にも見られるなど、十五世紀末ごろから始まる大航海時代と歩調を合わせるように、ヨーロッパ各国による交易や植民地化へ向けての動向が、この種の海洋文学の刺激となっているのであろうか。

ところで、日本の「百合若大臣」は、9の御伽草子「御曹司島渡」[5]に影響を与えている。「御曹司島渡」は義経がえぞが島王のもつ「大日の法」という巻物の取得を目ざして北海へと漕ぎ出だす。島々を通過しながら最初に上陸する「きょうがる島」(10御伽草子「一寸法師」が漂着する島名と一致)には、腰から上は馬、下は人で胸に太鼓を持つモノたちがいる。続く「かしま」は裸(はだか)島、そして、女だけの住む「女護の島」で、窮地に立たされる。そこで、島の女に我が日本の葦原国が「むくり退治のそのために、十万騎のつはものを揃えて」海を渡った。ここで我々を斬るより、その「男一人づつ夫と定めてもち給え。十万騎の人数は、われらのままにて候へば急ぎ帰り渡さん」と欺き逃れる。外寇を平定した兵で女護ヶ島の活性を図らせようとする策略に、元寇の記憶を「百合若大臣」を引きながら蘇らせるところに、影響の深さを見ることができる。

義経は続いて「小人島」「菩薩島」を経て、目的地の「ゑぞが島」の喜見城(きけんじょう)に到る。門前でかねひら大王の守衛の「牛頭馬頭阿傍羅刹」につかまる。その部分の絵(三十七ページ)には、角が二本生え、剥き出しの筋骨に虎の皮の褌をつけ、鬼の金棒を持った三匹の獄卒系の鬼が描かれる。いわゆる一般的な鬼のイメージといえる。義経は鬼の姫の「あさひ天女」と親しくなり、その導きにより内緒で大日の法を披見し、どうしても出島を断わる姫を置き、授けられた「塩山の法」「早風の法」を用いて逃げ帰る。

室町後期ごろの成立とされる「御曹司島渡」と『義経記』（室町中期には成立）とを比べると、都の陰陽師「鬼一法眼」から兵法書の六韜（りくとう）を盗むのが、「御曹司島渡」では北海域のゑぞが島の鬼の住む喜見城に侵入し、鬼の姫の導きで披見することになる。兵法書および鬼一法眼が、都から海上の島へ移行するのを時代の変化ととらえると、ここに「鬼ヶ島」の誕生を見ることができるのではないだろうか。鬼の居場所を国境の外の島へ設定するところに、新たな国家意識、後世にいうところの「国民国家論」に基づいているのではないだろうか。この後の御伽草子や説話・昔話は、この「鬼ヶ島」がベースとなっていく。

御伽草子「一寸法師」では、難波の浦へ向かう舟が風に流され、鬼のいる「きやうがるしま」へ漂着する。「浦島太郎」でも、亀の化身である女が釣りをする浦島の舟に近づいてくるので尋ねると、風雨に遭って、この「はし舟」に乗せられたが「鬼の島へや行かん」と恐怖の思いを語る。海の向こうは鬼ヶ島へと続くイメージに彩られて、物語や昔話の中に位置づけられていく。

たとえば、12古活字版『保元物語』では、八丈島のさらに外の「わきしま」へ渡った為朝は、鬼ヶ島の者どもを従わせ、宝を出せと脅すと、昔は「かくれみの、かくれがさ、うかびぐつ・しづみぐつ・劔などいふ宝」はあったが、「今は果報つきて、たからもうせ、かたちも人になりて」と告げる。鬼から人間化への移行を伝える。この帰順のもつ歴史社会的意味については後で取り上げるとして、ここで確認しておくべきは、鬼が持つ宝物についてである。

為朝が糺した鬼の宝物の「うかびぐつ・しづみぐつ」は、「御曹司島渡」に出てくる「塩山の法」「早風の法」に相当するもので、鬼ヶ島から鬼に追いかけられる際に逃げるための呪的道具であり、19「夢見小僧」の「千里車」も同様である。人力を遥かに超えた存在の鬼が持つ必携品を掠め取って、海上という物理的障害を逃げて来るのである。鬼との対立に勝利する「人間の英知」という物語の仕掛けが、ここに隠されている。昔話「隠れ蓑傘」や「鼻高扇」で天狗から奪う「かくれみの」「かくれがさ」や「打出の小槌」などの呪的道具は、異界の存在と対峙した時のアイテムとして昔話ではなじみのものであり、それが説話・物語にも登場することを確認しておきたい。

さて、「鬼ヶ島」「鬼の宝物」など、鬼の外枠に触れてきたが、続いてその外枠を形作るところの内部の要因について考えていきたい。

四　「鬼ヶ島」の二面性

前章では物語、説話にあらわれる「鬼ヶ島」を取り上げてきた。そこでは、疫病神であり統治の域外に追い祓うべき「鬼神」あるいは「百鬼夜行」が問題であった。しかし、中世に入っての元寇は、武家社会を震撼させる衝撃を与えた。国境の周辺に敵対する外部勢力が現実にいることを再認識させるのに十分であった。四周を海に囲まれていることの不安を痛感させられたといえる。

世界史の上では、十五世紀の大航海時代以後、西欧諸国の海外進出が盛んになる一方、国内の社会状況は内乱状態に陥り、統一権力の弱体化により不安定要素が高まり、戦国時代へと突入する。やがてアジアにもしだいに植民地化の波が押し寄せ、キリシタンに手を悩ませた幕府はついに鎖国へと舵を切らざるを得なくなった。しかし、鎖国は当面の窮余の策ではあったが、国境意識にもとづく対外政策は、常に政権中枢においては必須の課題であった。開国への情勢は他人事ではなかったといえよう。

ところで、近世の幕藩体制の外交政策の基本に領土の画定があった。日本の南と北の境をどうするかは、幕府の存在理由と深く関わる問題であった。自らの支配の正当性を鎌倉幕府、すなわち源氏の存在にシンクロナイズさせる思想が幕府にはあった。これを前面的に推し進めたのが、江戸中期の儒学者で幕府の中枢にいた新井白石である。白石は庶民にわかりやすい発想で、南の琉球に為朝、北の蝦夷地に義経を配置して、日本領土の策定を図っていった。晩年近くに相次いで書き著した14『南島志』15『蝦夷志』は、それまで異域とされていた琉球と蝦夷地に、為朝と義経の足跡を示すことで、日本の国境内であることを強引に証拠づけるものであった。

こうした白石の支配の思惑、論理は、少なくとも文芸における物語や説話、昔話の世界では功を奏したといえる。滝沢馬琴の『椿説弓張月』や馬場信意『義経勲功記』、藤英勝『通俗義経蝦夷軍談』などの作品にお墨付きを与える形で、幕藩体制の領土は可視化されていった。また、これまで見てきたように「百合若大臣」の影響を受けた「御曹司島渡」や古活字版『保元物語』、さらには御伽草子「一寸法師」「浦島太郎」などの「鬼ヶ島」に国境が設定されたのである。いわば「鬼ヶ島」は、国境の最前線として昔話の主人公たちはその場所で夷狄である鬼と対峙し、鬼の宝物を策略で奪ってくるのである。

さて、ここまで述べてきた「鬼ヶ島」を現実的な地理的、空間的な概念でいうところの「鬼ヶ島」とすれば、もう一方には物語上の「鬼ヶ島」がある。心理的、精神面において形象されるところの「鬼ヶ島」の概念である。次にそうした「鬼ヶ島」を見ていこう。

「御曹司島渡」の喜見城で護衛にあたる鬼は、地獄の獄卒であったことは既に触れた。獄卒がいる「ゑぞが島」というのは、言い換えればそこが地獄すなわち死の世界を意味することになる。鬼は死鬼や疫鬼、百鬼夜行ということについても述べた。義経が渡る「ゑぞが島」が死の国であるというのは、いわゆる黄泉国を訪問するイザナギの神話と共通する。

死んだイザナミを慕い逢いに行くが、死穢（しえ）の妻を見て怖れて逃げ帰ってくる。ギリシア神話で竪琴を弾くオルフェウスが、亡き妻エウリデスのいる冥界を訪れるのも同様である。義経が死の世界へ行くのは兵法書の披見であるが、そこで親しくなった「あさひ天女」の導きで目的を果たす。しかし、その後「あさひ天女」を人間世界に誘うが、天女は拒絶して父の大王に殺される。死の世界からの脱出は失敗に終わる。ところが、妻の救出に向かう「鬼の子小綱」では、鬼との間の子どもの小綱まで連れて戻ってくる。

成功失敗はそれぞれの話によって異なるが、黄泉国や冥界、「鬼ヶ島」が生と死が交錯する場所であり、そこを訪問するという構造は一致している。しかし、イザナミやエリウデス、あさひ天女は成功しないが、18「鬼の子小綱」の妻はなぜ成功するのかという問題がある。これを解く鍵がある。鬼に攫（さら）われた妻は鬼との間に小綱という子を儲ける。その小綱の協力で三人は鬼ヶ島から無事に脱出して人間世界に戻るが、これでめでたしにはならない。小綱は、鬼の父が襲撃してくるので自分の体を串刺しにして鬼除（よ）けのまじないにしてといって自ら犠牲になる。節分行事の「ヤイカガシ（焼臭）」の由来につながっている。

小綱の人間社会不適応症は、鬼の世界で生まれた子は人間世界では生きられないという見えない原理に支配されているからであろう。それに対して小綱の母は、一時期鬼の社会にはいたが、意志とは別に拉致されて鬼の世界にいるのであり、本性は人間であるということで帰還して元の生活に戻ることができる。この論理は、異類婚姻譚を考えれば明らかになる。異類が人間社会の男女と結婚しても、本性が異類であると発覚した時点で、異類の世界に戻ってしまうのに対応している。

小綱の母が帰還の舟で、尻をめくって鬼を笑わせて呑み込んだ海水を吐き出させるのも、鬼と人間世界との対比が示されている。「夢見小僧」で鬼ヶ島脱出の際に「千里車」とともに「生き針死に針（生鞭死鞭）」を奪ってくるのは、その「生き針死に針」で長者の娘の病気を治し、小僧は結婚する。この「生き針死に針」は人間世界では「生」の機能を持つが、鬼ヶ島では「死」の機能を持つと考えられる。人間世界に来ると生の働き、鬼ヶ島では死の働きというのは、生死が逆転していることを意味するものであろう。小綱の母が尻をめくって鬼どもを喜ばせるが、人間社会ではしてはならないことの裏返しといえる。「鬼ヶ島」と人間社会は反対世界といえる。

そのことは4の『宇治拾遺物語』「鬼に瘤取らるる事」において、人の住む昼の世界の帳（とばり）が下りてやってきた鬼（百鬼夜行）どもが、爺の踊りに喜び次の機会の保証の為に、爺の瘤を「福の物」と称して担保に持ち帰るのと関係する。長年、瘤の為に人と交わることもできず樵を生業（なりわい）としなければならなかった爺の辛苦とは逆である。瘤の評価をめぐって、鬼の世界と人間世界は真逆に構想されているといえる。

少し視点を変えると、民俗世界に「福助」「福子（ふくご）」といった意味の語彙があり、尋常とは異なる体躯や心身の障害をもって生まれた子を、福や富をもたらす存在ととらえる。劇作家の別役（べつやく）実は、障害を持ったレプラ（癩病）、梅毒、不具者などは「傷を天から受けた」[6]者たちで、この被害者を「全宇宙的な問題」であると提起し、地上での治癒の必要を訴える。障害を天からの授かりものであるとみなす考えは、この世とあの世は連関したものとしてとらえる意味で、発想は「鬼ヶ島」にも通底する。

そこから見えてくる鬼の宝物は、実は人間世界にはないものばかりで、「一寸法師」の「打出の小槌」は金品や背丈の伸長まで可能になる呪具であった。他にも鬼や天狗が持つ「隠れ蓑」「隠れ傘」なども人間世界にはないアイテムで、「反対概念」の構想といえる。「竜宮童子」の昔話で竜宮からくる汚い童子も、また「沼神の手紙」で手に入れる宝の臼なども、この世と異郷とが通底した反対概念の世界で、そこからくる呪宝は異界が富の源泉でもあることを暗示しているのであろう。

昔話などの物語世界に見える「鬼ヶ島」の実体は「死の世界」であり、人間世界とは反対概念から構成され、富の宝庫の存在であるととらえることができよう。

おわりに

「鬼ヶ島」が「死の国」であるという結論はあまりに現実的すぎる解釈で、夢を与える絵空事の昔話にはなじまないという考え方もあるだろうが、しかし、そのようにとらえることで「鬼ヶ島」が見えてくる部分も多い。申し子で授かった一寸ほどの背丈が神の計らいであるなら、神の眷属の最後に位置する鬼から打出の小槌を奪い、不足した背丈を取り戻すというのは真っ当な行為といえる。ファンタジーの世界であるからといって、非現実的な論理に基づいてはいないことが確認できる。

ところで、鬼ヶ島の鬼が持っている宝物は、「打出の小槌」にかぎらず「生き針死に針」「千里車」「隠れ蓑」「隠れ傘」「兵法書」などなど、人間の生活の中で、一度ならずとも願望するものが多数ある。実生活でこんなものがあればと思うものが、なぜか鬼の世界にはある。「鬼ヶ島」は人間の不自由な部分を補完する役割の、「反対給付」の世界でもある。

ところで、「御曹司島渡」の島巡りの記事が、バートン版『千夜一夜物語』の「船乗りシンドバッドの第三の航海[7]（第五四六夜～五四七夜）」と共通することは、アラブと日本の距離が縮まってくるようで興味深い。シンドバッドが凪雨に巻き込まれて漂着した島に巨人や食人鬼がいたり、うわばみに襲われたりする。また裸の蛮人のいる島では、ふんだんに食物や椰子油を与えられ、太らせて食べられそうになる。『宇治拾遺物語』の慈覚大師の纐纈城の話を思わせる。危険と背中合わせの航海での体験を、冒険談のように下船した船乗りたちが語るのであろうか。語りの背景に何があるのか、今後の課題となる。

最後に、「鬼ヶ島」が近世に入ると、敵対勢力の住処になってくる点にも触れておきたい。「桃太郎」が顕著といえるが、桃太郎の鬼ヶ島渡島の目的は明確ではない。強いて言えば、巨悪な鬼がいるから征伐し、ついでに鬼が貯めている財宝を奪ってくるという理由になる。「はじめに」で、中澤道二の説く「鬼ヶ島」を紹介したが、悪徳商人のような鬼が造型されているのかもしれない。実体性に乏しく肥大化した鬼や桃太郎が、近世の「鬼ヶ島」かもしれない。それは鎖国政策の負の部分として、国境が矮小化され国民国家論のような「鬼ヶ島」のイメージ形成といえる。やがてそれが、近代の明治新政府が指針とする資本主義および海外主義政策の基本になって、「鬼ヶ島」侵略の膨張主義へとつながっていくようである。

注

［1］『道二翁道話』（岩波文庫、一九九一）

［2］山口建治『オニ考』（辺境社、二〇一六）。山口によると中国の南北朝時代に疫病が流行った時期、南方ではそれを「瘟鬼」と呼んだ。その「瘟神（瘟鬼）祭祀の民間信仰が列島に伝わり蔓延した結果、「鬼」の訓がモノからオニに入れ替わった」と述べる。

［3］「融通念仏縁起絵巻」（クリーブランド美術館蔵）

［4］石黒吉次郎「蒙古襲来と文学」（『専修国文』84号、二〇〇九）

［5］松村一男「異界の島への航海神話としての『御曹司島渡』」（『表現学紀要』16号、二〇一六）
［6］別役実「お祭りと乞食」（『Zinta』第二号）
［7］『バートン版千夜一夜物語　7』（大場正史訳、ちくま文庫、二〇〇四）

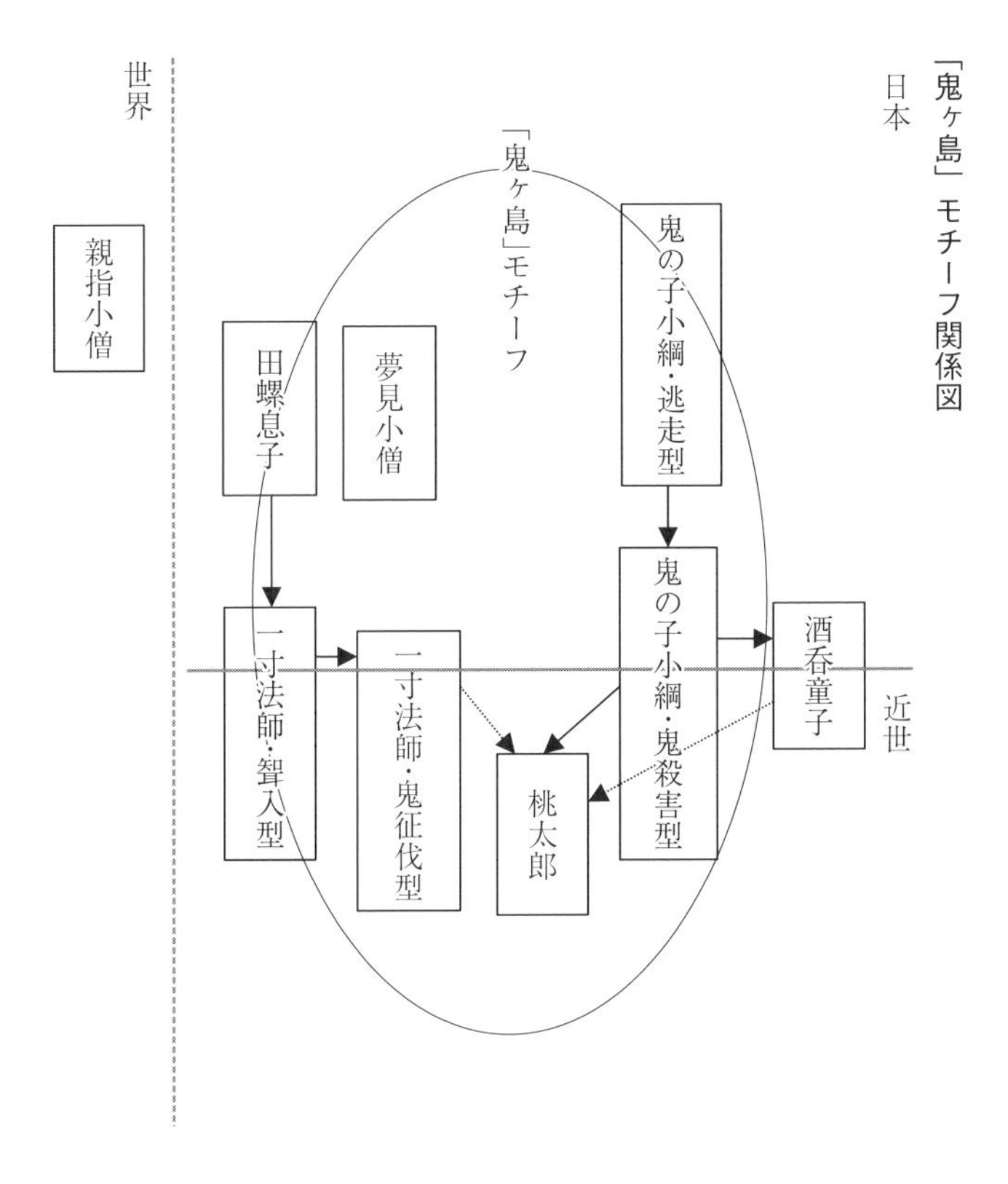

「鬼ヶ島」モチーフ関係図

「桃太郎」の素性

一 「桃太郎」研究概観

桃太郎は日本を代表する昔話であるが、その素性は明らかでない。桃太郎の名が最初に登場するのは、享保八年の豆雛本「もゝ太郎」とされる。金田芳水は「桃太郎の話が始めて版本として板行されたのは、享保年間刊行の豆雛本や、藤田秀素筆の古版『桃太郎』あたりであろうか」と述べている。[1] 滑川道夫によると、豆雛本「もゝ太郎」から文久年間（一八六一―六四）までの一八〇年間に八二点を越える赤本、黄表紙の草双紙が出版されたという。[2] また出版以外にも、演劇としても上演（大坂中山文七座「桃太郎噺」ほか）されたというから、[3] 江戸の桃太郎は隆盛であった。

しかし、突如として出版界に現れる桃太郎のそれ以前のことはよくわからない。そこで、桃太郎は為朝を擬した（滝沢馬琴『燕石雑志』）という説や、また鬼が島への渡島は「御曹司島渡」を模したものであり、室町から戦国時代の日本の海外進出の影響だとする島津久基の考えなどが示されている。[4] 昔話を文献や現実の直接的反映ととらえる点では、両説は共通しており、多少違和感を覚える。また、桃太郎の正体が誰であるか以外にも、桃太郎の解釈として江戸後期の「庶民教化」を目的とした心学的解釈や「古事付け」を基本にした啓蒙的な考証学もあるが、[5] 今からすると説得力に乏しい。

ところで、古事の指摘を原拠とする馬琴などの考証学は、説話の機能を理解していないのだと松村達雄は批判した。

馬琴が古事として示した唐の『述異記』の竹王伝説は、どうして竹王を名のることになったのかの縁由を説く「説明説話」であり、これに対して桃太郎は「あるものから生まれて、あるところを征服して宝物を持ち帰ればそれで用が済む」[6]物語なのだという。さらに、桃太郎の昔話は「あるものが水上から流れてきて」「その中から子供が生まれて」「それが成長の後ある事業をなす」という話根から構成されるのだという。松村がいう話根とは「神話、伝説、メルヘンに於て相互に自由に融通し合ふものである」と述べることからすると、現在の昔話研究で言うところのモチーフに近い意味である。松村はさらに、桃太郎の出自について、「水に浮かんでいる」桃は「霊魂の憑所(よりど)」であり「水は強大な生成力である」ゆえに、桃太郎は水辺から出現したのだと説いた。この発想は、戦後にユーラシア大陸の伝承を渉猟し、その事例を基に展開した石田英一郎の水辺の母子神をテーマとする『桃太郎の母』[7]のモチーフと同様である。

さて、以上は文字記録に基づく桃太郎のイメージ、およびその解釈である。昔話「桃太郎」は口承をベースにしてきたという認識からすると、こうした議論は一面的といえる。民俗学的研究を打ちだした柳田國男は、目に一丁字のない爺婆の伝える声の資料を採用したが、しかし、声の資料は十分とはいかなかった。

柳田国男は昭和の始めに『桃太郎の誕生』を著わす。そこでは、桃太郎は「小さ子」であり、「天の大神を父とし、人間の最も清き女性を母とした一個の神子を、此世に留めよう」としたという。「神人通婚の言ひ伝への、まだ固く信じられて居た時代に始まつて居る証拠」[8]として、桃太郎を神話へとつなげる解釈をした。これが柳田の「小さ子思想」である。そして、「外国の民間説話は之を単なる凡人界の出来事とし、たゞ一個の極度の幸運児の立身出世を以て、話の結末を付けることになつて居る」のに対して、「我々はまた頼もしい邦に生れ合せた」と、わが桃太郎および日本の昔話伝承を自画自賛する。この柳田の発言については、柳田の初期の昔話研究の戦略的な意図があったということについては、別の機会に述べたので[9]繰り返さない。松村の解釈が、説話の国際比較を視座に発言したものであるのに対し、柳田の内向きの姿勢は対照的である。

ところで、口承を研究資料として扱う先鞭をつけた民俗学的方法は、昔話研究を新たな段階へと進めた。その後の桃太郎研究の動向については以前述べたので[10]、ここでは簡単に確認する程度にとどめる。柳田の直弟子の関敬吾は、鬼ヶ島征伐の同行者を「旅行と仲間」のモチーフと見なし、これを「力太郎」系の昔話と同一内容ととらえて、グリム童話の「六人組世界歩き」と同話型のものとして比較を試みた。[11]また、中国昔話の研究者の伊藤清司は、柳田の「小さ子」桃太郎を中国ミャオ族などの事例をもとに、中国を原郷とする考えを示し[12]、柳田が国内の桃太郎にこだわったのを、比較の視点から追究した。

日本の伝承を丹念にたどった野村純一は、『新・桃太郎の誕生　日本の「桃ノ子太郎」たち』[13]で、これまであまり知られていなかった野卑な桃太郎、型にはまらぬ桃太郎に注目した。屋根葺きをしていて便所に落ちた爺の着物を洗いに出かけて桃を拾うとか、成人しても物ぐさな怠け者の桃太郎。しかし、いったん山へ行くと大木を引き抜いてくる大力の桃太郎など、「桃太郎常識」に風穴を開けるような桃太郎を探索し、伝承の諸相を示してくれた。

さて、本稿はこの野村の地平から出発する。標準的な桃太郎を崩したような、いや標準的桃太郎に形象される以前の桃太郎を提示してみたい。そこから桃太郎とは何かを考えるヒントを提供したい。ところで、順序が逆になってしまったが、まずは標準的な桃太郎について説明しておきたい。

小池正胤が指摘するように、初期の赤本「桃太郎」には「回春型」と呼ばれ、桃を二つ拾い爺と婆が食べて若返り、子を儲けるタイプのものがある。これに対し、桃から生まれる桃太郎を「果生型」と呼ぶ。出版時期は回春型が早いが、これは果生型のパロディーによる発想で、果生型が本来であろうとすることは、すでに松村達雄の見解もあり首肯できる。

この果生型桃太郎が、明治二十年の小学校教科書に取上げられ、全国の小学生児童が一斉に教室で学習することになる。桃から生まれた桃太郎が、犬・雉・猿を引き連れて、鬼ヶ島征伐に行き、宝物を奪ってくるという展開が、全国を席巻（せっけん）することになる。その結果、画一的な桃太郎がそれ以前の伝承を駆逐（くちく）するであろうことは容易に想像がつく。ところが豈（あ）に図（はか）らんや、寡少（かしょう）だがしぶとく生きていたものがある。この稀少価値の変り種の桃太郎から、桃太郎像を再構築してみようとするのが本稿のもくろみである。

二　口頭伝承の桃太郎

口承の桃太郎の多様性を紹介するにあたり、関敬吾の形態分類にしたがってA主人公、B仲間と課題、C結末にそって説明する。

A　主人公

1、誕生　前述した若やいだ婆から生まれる「回春型」桃太郎は埼玉県狭山市、香川県仲多度郡[14]から報告されているが、これが赤本の影響なのかどうか不明であるが、他はすべて「果生型」である。屋根葺き桃太郎は、野村純一の指摘によると福島県東白川郡、石川郡と、そこから遠く離れた石川県羽咋（はくい）郡富来（とぎ）町に一例あり、その関係性については不明である。

川上から流れてくる桃が、重箱等に入って流れてくる例は青森、秋田、山形、福島、新潟、山梨、愛知、岐阜県など東日本に多い。桃が水に浮かばないことの合理的な説明ではないだろうが、同じく箱に入って流れてくる「花咲爺」の子犬や「うつぼ舟」などと関連づけて考えるべきであろう。桃を戸棚や箪笥(たんす)などの密閉状態に置くと子どもが生まれていたとする例とも関係があるのかもしれない。

2、成長　成長した桃太郎は知勇の人物であったとするのが一般的であるが、これとは反対に食っちゃ寝の怠け者の「ものぐさ太郎」系の桃太郎もいる。爺婆も呆れるほどで、村の衆が山仕事に誘うのに、履物がない、鎌がない、荷縄(になわ)がないなどと言って逃れようとする。山に行っても昼寝ばかりで、夕方帰る時になって立ち木を引き抜いて担いでくるという大力を発揮する。新潟や岡山、鳥取、島根、徳島、香川、高知など、西日本に多く見られる。

B　仲間と課題

1、仲間　桃太郎に同行する仲間には三タイプがある。一つ目は、いわゆる犬、雉、猿の動物で全国的である。二つ目は、石や岩、葭(よし)・竹・笹・柿などの植物や、石や雉が擬人化された石太郎や雉太郎の名前で登場する。岩手、秋田、新潟、石川などに散見される。三つ目は、卵や栗、蟹、針、臼、牛の糞などの食物や道具、動物などである。これらは「猿蟹合戦」でなじみの者たちであるが、「桃太郎」にも登場する。これについては次章で詳述するが、岩手、東京、兵庫、岡山、広島、島根、愛媛などから報告されている。桃太郎の仲間たちも一筋縄ではいかない面々といえよう。

2、課題　柳田國男が『桃太郎の誕生』で、地獄から飛んできた烏の手紙を読んで助けに出かける、岩手県紫波郡の一事例を挙げて、桃太郎の遠征の目的は「妻覓(ま)ぎ（求婚）」であったと指摘したが、それ以後に娘救出の事例は二例しか報告されていない。病気に効くという鬼の体の部位を取りに行くという例もある。鬼の牙（秋田、石川）、肝（岩手、島根）、目玉（岩手）、手（島根）などである。

C　結末

桃太郎の結末は鬼の宝物を奪ってきて爺婆を喜ばせるとか、悪さをする鬼退治して平和な世にしたとするのがほとんどであるが、先述したように鬼の体の部位を取ってくるものもある。しかし、せっかく取ってきたのに海や川で、老婆などに奪われて無くしてしまう（岩手、石川、島根）。その結果、桃太郎は入水してしまい、地震の時に雉子や笹が音を立てて知らせるのだという。この結末がどうしてここに結びつくのか不明としか言いようがない。寡少であるが、鬼退治の方法に、鬼に酒を飲ませて宝物を奪うという趣向が岩手、岡山、徳島などに見える。源頼光が「神便鬼毒酒」を、大江山の鬼に飲ませて退治したという「酒呑童子」の影響であろうか。

さて、ここでは桃太郎の異相に触れることを主旨として伝承事例を挙げてきた。以上を整理してみると次のようになろう。

「桃太郎の展開」一覧

1　誕生

・便所に落ちた衣を洗いに行き桃を拾う―福島、石川に数例
・桃から生まれる（果生型）―一般的
・重箱に入って流れてくる―東日本に多く散見する
・桃を食べて生まれる（回春型）―埼玉、香川に二例

2　成長

・知勇に優れている―一般的
・物ぐさだが大力の持ち主である―西日本に多く散見する

3　仲間

・猿、雉子、犬が同行する――一般的

・擬人化された石や竹、鳥などが同行する――岩手、秋田、新潟、石川に見える

・栗や臼、蟹などが同行する――岩手、東京、兵庫、岡山、鳥取、愛媛に見える

4　征伐の目的

・鬼を退治する――一般的

・鬼を酒で酔わせて襲う――岩手、岐阜、岡山、香川に見える

・鬼の牙や肝などの部位を取ってくる――岩手、秋田、石川、島根に見える

・姫を救出する――岩手に二例、福島に見える

5　結末

・鬼の宝物を奪い、爺婆を喜ばせる――一般的

・鬼の体の一部を取るが、それを失う――岩手、石川、島根に見える

昔話は聞き手によって叙述が変化したり、また地域的な特性が盛り込まれたりなどして、すべて一様に伝承されるとは限らない。地理歴史的研究法を昔話研究に応用したフィンランドのアンティ・アールネは、「一般的にあらわれる形は、比較的少なくあらわれる形よりも本来のものであることが多い[15]」と述べるが、桃太郎の場合には検定教科書や子ども絵本等で、画一的な内容が一般的には広く浸透してきたと考えられるが、伝承状況はそうとは言いきれない。

さらにいえば、一度広く浸透した内容を、その後で大きく変えることは伝承の性格からして難しい。したがって、

一般的ではない内容の中には、検定教科書に統一される以前のものが多く混じっているのではないかと予想される。そのうち、桃太郎の仲間として擬人化された援助者の話については別に論じたので[16]、本稿では栗や臼、蟹などが登場するタイプ（ここでは「猿蟹系桃太郎」と呼ぶ）について検討していきたい。

三 「猿蟹系桃太郎」と文芸

「昔話研究」の昭和十一年五月号に、中塩清之助が「東京で聞いた昔話」と題して二話載せているが、その一つが「桃太郎」である。東京からの報告も稀少であるが、その特異な内容にも驚くべきものがある。全文を引用する。

昔、昔、あつたげな。むかし爺さんと婆さんがあつたげな。爺さんは山へ草刈りに婆さんは川へ洗濯に行つたげな。さうしたらぶらんこ〳〵桃が流れて来たげな。こつち来い〳〵と言ふと来たげな。婆さんが桃を拾つて、家に帰つて棚にしまつておいたげな。爺さんが草刈から帰つて来たから割ると、小僧つ子が出たげな。名を何とつけべと爺さんがいうたげな、婆はんが桃から生まれたから桃太郎と言うたげな。すると見る〳〵大きくなつたげな。爺さんも婆さんも喜んだげな。桃太郎は、おらあこれから鬼が島へ宝採りに行くから、爺さんに尾籠をこしらへてくれ、婆さんに黍団子をつくつてくれといつたげな。爺さんは、せつ〳〵と尾籠をつくつたげな。爺さんは石臼を搨つて黍団子をつくつたげな。爺さんは、桃太郎や桃太郎やこれは日本一の黍団子といつて尾籠に入れてやつたげな。すると、桃太郎が、日本一の黍団子といつて触れて歩く。そこへ蟹が来る。「お腰の物は何ですか。」「日本一の黍団子。」「一つ下さい。お伴します。」といつて、家来になる。次に立臼、それから糞、さうして蜂、それに卵、さては水桶が同じ問答をして家来になる。鬼ヶ島へ渡つて見ると、鬼の住家は留守である。

桃太郎が指図して、石臼がとんぼ口の上につり下つてゐろといふ。蟹が水桶の中へ隠れる。糞がとんぼ口にゐる。卵がきじろに入つてゐる。桃太郎がきじろにどん〳〵火を焚いてゐると、鬼が、お、寒い〳〵と言つて帰つて来て火にあたる。おや、小僧つ子がゐると言つて捕つて喰らはうとすると、卵がぽんと鬼にはねつく。蜂が鬼の目を刺す。鬼がびつくりして、火の中に落ちて火傷をする。お、熱い〳〵と言つて急いで水桶へ行つて入ると、蟹がさす。大きに驚いてとんぼ口の方へ駆けて行くと、糞に滑つて転ぶ。上から石臼が落つこちて、鬼が死んでしまふ。さうして、宝物を一杯ひきこんで帰つて来たげな。爺さんも婆さんも喜んだげな。

話者は、並木つねさん。六十三歳。東京市渋谷に五十年も住んでゐて、心は恒に故郷北多摩郡小金井村の人である。曾祖母同名つねさんから幼年にして聞くといふ。

昔話の最後の「話者情報」によると、今から五十年前とすれば明治十年代の頃になる。小学校に入学していたとしても、明治二十年から始まる国定教科書の「桃太郎」を習う前である。当時東京の小金井村で、曾祖母から曾孫へ「猿蟹系桃太郎」が伝承されていたことが確認できる貴重な資料といえる。

ところで、これが呼び水になったのかどうか知らないが、二ヶ月後の「昔話研究」七月号に、山口常助が「北宇和昔話」として愛媛県下波村の報告をした。山口は「母は幼い時、筆の市といふ座頭に聞いた」と記し、九話報告したうちの一話である。座頭が昔話の伝播にかかわっていたことを証する事例でもある。

両者の異同を確認しておこう。東京は割った桃から出てくるが、愛媛は戸棚に入れておくと生まれたとある。黍団子を用意してもらい鬼退治に出かける途中で、東京は蟹、立臼、糞、蜂、卵、水桶、愛媛は石臼、針、馬の糞、百足、むくろじが加勢する。一見すると登場物に違いが見られるが、それぞれの持ち場での攻撃方法は、原則として共通する。すなわち卵、むくろじは火で爆発し、蟹、百足は噛み付く、蜂、針は突き刺し、糞、馬の糞は滑らせて転倒させ、立臼、石臼は落下して圧殺するのである。以上の波状攻撃を仕掛けて鬼を退治し、宝を持ち帰る。

すでに桃太郎と猿蟹合戦の話を別々のものと認識している立場からすると、これは混ぜこぜであり、話者の取り違えと処理される代物（しろもの）かもしれない。仮に二例だけならばイレギュラーともいえるが、さらに昭和十四年に広島県師範学校が編集した『芸備の昔話』[17]にも同様の桃太郎が掲載されていた。こちらは臼と栗と蟹が黍団子を半分もらってお供して鬼の宝物を取ってくる。話末に佐伯郡大柿町とあって、この昔話については採集者の名前がない。二例が三例になっても信じがたさは残るものである。しかし、これらの事例報告以前の大正二年に、喜田貞吉が次のようなコメントを残していた。

今日では学校の教科書や、少年雑誌の普及のお蔭で、小生の郷里の子供等でも英雄桃太郎を口に致し候へども、小生の子供の自分には、少なくも阿波国などでは、一向知らなかつた事に候。その代り桃太郎話の中の筋は、猿蟹合戦の話と混同して語り伝へられて居り候。猿蟹合戦いふ名も実は阿波にはなかつたものにて候。小生らは之を「猿が島の敵討」と教へられたものにて、蟹の子が桃太郎もどきに天下一の吉備団子を腰に付け、栗（卵にあらず）や、剪刀（はさみ）や、挽臼（立臼にあらず）が犬、雉、猿の代りにそれを半分づゝ貰つて家来になるといふ筋に出来て居り候。[18]

柳田國男と高木敏雄が編集していた「郷土研究」一ー五に掲載されたものである。しかし、柳田も高木も見落としたものか、それぞれの桃太郎の論文では触れられていない。ただ、それは別としても日清・日露の戦勝後の時代の風潮は、口演童話の巌谷小波や久留島武彦らの「桃太郎主義」[19]の鼓吹もあって、桃太郎中心の精神主義が台頭し、一般化していたといってもいいのかしれない。しかし、明治四年生まれの喜田のコメントは、桃太郎と混合した形の猿蟹合戦が徳島県の伝承状態であったことを教えてくれる。近代以前には昔話も藩を伝承母胎とする状況が続いていたことは、昔話の形式性を示す語り始め、語り収めなどの常套句が、生活文化圏である藩や大名領地によって違いがあったことからも指摘できる。しかし、近代に入り、中央集権国家が影響力を増すにつれて、伝承もしだいに画一的にならざるを得なかった。

喜田貞吉のいう「猿が島の敵討[20]」については内容が明確ではないが、沢井耐三が紹介した「敵討猿ヶ嶋」と、タイトルは近似する。沢井架蔵の「敵討猿ヶ島」は文久年間（一八六一―六三）の刊行のものらしいが、その梗概を示すと、赤く染まった柿を、猿ヶ嶋からきた猿どもが食べ、頼んだ蟹には呉れずに口論となり、あげくに猿の投げた渋柿で蟹は息絶える。その腹から出た子蟹の蟹太郎が、やがて親の死を養父母から聞き、仇討ちに出かけることになる。黍団子を助太刀の石臼、鋏、丹波栗に与え、鬼が嶋へ渡り親の敵を討ってハッピーエンドとなる。

喜田のいう「猿が島の敵討」もそうしたストーリーであるとすれば、両者は無関係とはいえない。「敵討猿ヶ島」が阿波国の伝承をもとにしたものか、あるいは阿波の伝承が書物からの影響によるものなのか判断は難しいが、興味深い事実といえる。

なお、昔話と江戸の出版文芸との関わりを問題にするとしたら、横山邦治が指摘した読本「桃太郎物語」（宝暦三年）や「昔咄　猿蟹奇談」（文化四年）を指摘しなければならない。いずれも「桃太郎」や「猿蟹合戦」を趣向として取り込んでいるが、横山邦治は「『桃太郎物語』が〝桃太郎〟の世界に〝猿蟹合戦〟を趣向しているのとは逆に、『昔咄　猿蟹奇談』は〝猿蟹合戦〟の世界に〝桃太郎〟を趣向した[21]」というウエィトの違いはあるが、いずれにしても、伝承と文芸は深くかかわりあい相互に刺激しあってきたといえる。

四　仇討モチーフの伝承

　続いて、伝承と文芸との関係を踏まえ、「猿蟹系桃太郎」の各地の伝承の実態を詳しく見ておこう。岩手県の岩泉町の例では戸棚で生まれ成長した桃太郎は、黍団子を猿・雉・犬以外に、針、牛の糞、蟹、臼に与えて鬼ヶ島に同行する。江刺市の桃太郎も戸棚に生まれ、キミ団子を持って栗、蟹、蜂、雉、ベタ糞、臼と一緒に行く。庭に逃げた猿が糞で滑ったところを蜂が刺し、雉はかき回す役割で臼がとどめをさすことになる。兵庫県温泉町海上では雉、猿、犬の他に栗、臼、杵が黍団子を貰って加勢する。同じ温泉町丹土では、栗と蜂が加勢する。岡山県川上郡成羽町では怠け者タイプの桃太郎であるが、トウキビダンゴを持って鬼退治に行くが、キジ、カニ、カラウス、ドングリが加勢する。倉敷市でも牛糞、ひき臼、鉄砲弾、蟹、蜂が加勢する。島根県邑智郡大和町では、猿・雉・栗・蟹・針・臼に唐黍団子を与えて帯同する。

　以上の事例を表に示したのが、次の表Ⅰ「「猿蟹系桃太郎」の援助者」である。標準型「桃太郎」の定番である犬・雉・猿も一部の伝承には登場するが、定まった攻撃分担があるわけではない。岩手県の江刺郡の事例では、滑って転んだ鬼をかき回す役が雉に与えられるが、それが十分なダメージを与えているのか怪しい。また、岩手県岩泉町、広島県高野町では、犬・雉・猿は攻撃に加わらず、奪った宝物の運搬役に回っている。攻撃主体のチームでいえば随伴役の地位といえよう。高野町の場合、犬、雉、猿にどん栗が加勢しようとすると、「お前みたのな、丸いこまいものを連れて歩いてもいけまいで」と断ると、「みんなに遅れんようついて行くけ連れてって」とお願いして付いていく。以下道具類、蜂・蟹たちも同様で、いうならみな志願兵なのである。犬、雉、猿を正当とし、あとは補助的な者

表Ⅰ　「猿蟹系桃太郎」の援助者

番号	伝承地	援助者	備考	出典
1	岩手県岩泉町	猿、雉、犬、針、牛の糞、蟹、臼		まわりまわりのめんどすこ
2	岩手県江刺市	栗、蟹、蜂、雉、ベタ糞、臼		昔ッコばなし（二）
3	東京都渋谷区	蟹、立臼、糞、蜂		東京で聞いた昔話
4	兵庫県温泉町海上	猿、雉、犬、栗、臼、杵		温泉町稿本
5	兵庫県温泉町丹土	栗、蜂		温泉町稿本
6	岡山県成羽町	雉、蟹、唐臼、団栗	トウキビダンゴ半分やる	なんと昔があったげな
7	岡山県倉敷市	牛糞、ひき臼、鉄砲弾、蟹、蜂		稲田稿本
8	広島県	臼、栗、蟹	半分やる	芸備の昔話
9	広島県高野町	猿、犬、雉、どん栗、搗き臼、腐れ縄、蜂、蟹	どん栗以下は一度断られる	下高野昔話集
10	島根県大和村	犬、猿、雉、栗、蟹、針、臼	トウキビダンゴ半分やる	大和村昔話集稿巻二
11	愛媛県北宇和島	石臼、針、馬の糞、百足、むくろじ		北宇和島昔話

資料・表Ⅰ

1　まわりまわりのめんどすこ―続・岩泉の昔ばなし―（熊谷印刷出版部、昭和五三年）　2　昔ッコはなし（二）（江刺市老人クラブ連合会、自刊、一九七六）　3　東京で聞いた昔話三昔話研究Ⅱ―1（昭和十一年）　4　温泉町稿本　5　温泉町稿本　6　なんと昔があったげな上巻（岡山民話の会、一九六四）　7　稲田稿本　8　芸備の昔話（広島師範学校編、昭和五四年）　9　下高野昔話集（大谷女子大学説話文学研究会、自刊、一九六九）　10　大和村昔話集稿巻二―都賀・都賀行地区―（島根大学教育学部国語研究室編、昭和五〇年）　11　北宇和郡昔話―愛媛県下波村―（『昔話研究』Ⅱ―3、昭和十一年）

としようとする発想は、却って役割の不分明な犬・雉・猿が加わる不自然さをカバーするための叙述のように受けとめられる。

「猿蟹合戦」に登場する道具、動物について、戦闘の視点から見ると、栗・卵は爆発物、針・蟹は刀剣類、蜂は槍、牛糞は進行妨害の油脂、臼は圧死させる落下物といった武器の役割の表徴として構想されている。仇討ちの戦闘員が「桃太郎」の同行者になるのは、両話型の影響関係の深さを物語っているといえよう。

続いて、これは叙述の問題になるが、黍団子を半分与えるという語り口が岡山、広島、島根に見られる。聞き手に対して面白く語ろうとする娯楽の精神に通じているが、「標準型桃太郎」の模範青年のイメージには、似つかわしくないこすい性格である。「猿蟹系桃太郎」ならではの姿がここに表現されている。といって「猿蟹系桃太郎」が「標準型桃太郎」の変形であることを示すものではない。ただ、そのように見えてしまうのは、「桃太郎」という話型の側から見ているからに違いない。実は、「猿蟹合戦」の中にも「猿ヶ島の猿退治」のために外征するタイプが見られる。先述した沢井耐三架蔵の「敵討猿ヶ嶋」の伝承バージョンである。そこから「猿蟹系桃太郎」をとらえていったら勢力図にも違いが見えてくるはずである。

一例として、新潟県魚沼市大蔵の佐藤ミヨキ媼の「猿蟹合戦」[22]を紹介しよう。握り飯を拾った蟹どんは、猿にむやり柿の種と交換されてしまう。「芽を出せ〳〵出さんとハサミで切るぞ」と言って育てると大きくなり、やがて実をつける。するとまた猿が来て、もいでくれると言って少しも呉れない。せつかれた猿は青柿を投げつけると蟹はつぶれて死ぬ。そこから子蟹が出てくるのを、猿は片っ端から踏みつぶす。葉っぱの陰にたった一匹生き残る。その子蟹が成長し、親の仇討ちに、腰に団子を付けて出かける。途中で栗が来て、「どこへ行く」、「猿のばんば（住処）へ親の仇討ちに」、「腰のものは何だ」、「日本一の旨え団子」、「その団子を呉れ、俺も手伝う」、と問答しつつ同行する。

同じようにしてミソサザエ、畳刺し針、蜂、牛の糞、臼が助太刀する。猿のばんばへ着くと留守で、それぞれ持ち場につき首尾よく猿を退治する。

「猿蟹合戦」の仇討ちには、子蟹に同情した道具・動物類が、夜に押し掛けてくる猿を退治する来襲型と、猿ヶ島へ仲間を連れて攻める外征型とがあるが、そのうち団子を与えて仲間を獲得する事例を、「日本昔話通観」で探すと、福島、群馬、新潟、石川、岡山、広島、鳥取、高知、熊本と広く分布する。この団子給付の「猿蟹合戦」と「桃太郎」は関係が深い。

それではこのタイプが「桃太郎」に接続したのか、あるいはその逆かといった問題が出てくるが、しかし、それを決定する材料に乏しいので、ここで何とも言えない。そこで視点を変えて、「桃太郎」がどのような昔話であるのかについて、「猿蟹合戦」の側から見ていくことにしたい。「桃太郎」の昔話を形態学的に見ると、桃から誕生するモチーフと鬼退治のモチーフとに分けられる。桃からの誕生については後で問題にするとして、まずは鬼退治について話題にする。この鬼退治は、「猿蟹合戦」の猿ヶ島の猿退治と別個のものとは思われない。

「桃太郎」の鬼退治の目的は、大きく鬼の宝物を取りに行くためと、悪い鬼を退治に行くためとに二分される。前者は見方を変えれば侵略的（海賊的）行為であり、後者は正義心からの懲悪的な行為ともとれるが、客観的な動機としては弱い。これに対して「猿蟹合戦」の場合は、親の仇討ちという明白な理由がある。

また、この仇討ちモチーフを持つ昔話は他にもあり、「日本昔話大成」の話型でいうと「馬子の仇討」「爺と婆」「雀の仇討」がそれである。内容をそれぞれ簡単に言うと、「馬子の仇討」は、山姥に馬を食われた馬子が栗、蜂、粘土、臼などに団子を与えて、仇討ちを果たす。「爺と婆」は、猿が柿を取りに来て、青柿をぶつけて爺を殺す。息子が栗、蜂、蟹、牛の糞、臼らに団子を与えて仇討ちに加担させる。「雀の仇討」は、山姥が親雀と卵を食う。一つ残った卵から生まれた子雀が、どん栗、針、蟹、牛の糞、臼らに団子を与えて援助してもらい仇討ちを果たすというものである。肉親を奪われた被害者が仇討ちに出かける展開は、「猿蟹合戦」と同様である。これに比べると「桃太郎」の鬼退治の理由は倫理的で抽象的な印象を受ける。仇討モチーフ全体からすれば、「桃太郎」の鬼退治は孤立的でリアリティーに乏しい内容といえるかもしれない。

といって性急に新しい変化だと決めつけられないが、ただ話型の自立性や話型変化の必然性の問題として考えれば一理あるかもしれない。そこで、この国内における伝承状況を踏まえて、さらにはアジアの状況を見ておきたい。そこからフィードバックして再度「桃太郎」を考えることにしたい。

五　アジアの討伐モチーフ

アジアの「猿蟹退治」の研究については、早くにロバート・J・アダムスが伝播ルートの問題から注目すべき考えを示している。[23] アダムスによると、インドのジャータカを起源として、大陸を横断して中国、朝鮮半島を経て北九州に入るルートと、インドから東南アジアを経由してフィリピンから南九州に入る南太平洋ルートの二つがあるという。前者は援助者の協力による怪物退治譚、後者は食物（樹果）争い型で、九州でドッキングして「猿蟹合戦」となって全国に広がったという仮説を提示した。ただ、残念なことに資料の裏づけがなく今一つ説得力に乏しい。

続いて稲田浩二の見解がある。稲田は「猿蟹合戦」の成立を、原始アニミズム信仰を背景に置き、柳田が「猿蟹合戦」の昔話を方言周圏論にもとづき東北と九州に多く残る「餅競争」を祖形としたのに対し、稲田は歴史的発展にもとづき稲作農耕以前の狩猟採集時代の様相を示す「柿争い型」を古い型とした。[24] 昔話がそうした歴史的展開をそのままに反映するものかどうか判断は難しい。
最近、「桃太郎」と「猿蟹合戦」について言及している斧原孝守は、「桃太郎」の鬼退治モチーフに近い「人間の主人公が助っ人を率いて旅に出るタイプ」の話を、中国およびその周辺の事例を博捜しながらその関連を追究している。[25] 類話はインドシナ半島から中国西南部の少数民族、さらには中国北部からシベリアへと続くという。黍団子給付の「猿蟹合戦」と「桃太郎」の結びつきを指摘する。

ところで、本稿はこれらの先学に学びながら、稲田や斧原のあげた資料以外にも管見した資料を加えて、表Ⅱ「アジアの「猿蟹合戦」の比較一覧表」を作成した。それにもとづきながら問題を追究していきたい。資料の配列は、おおむね北から南へと並べた。

構成要素の「襲撃法」を見ると台湾から中国沿岸部、タイ、フィリピン、インドネシアなどの東南アジアに、「討伐モチーフ」（外征、来襲）のない「食物争い」が分布する。このタイプは主人公（北は蟹、南は亀）が単独で敵対者（主として猿）に攻撃を加えるタイプである。そして、この「食物争い」の外側を囲む形の大陸内陸部には援助者の協力による敵対者の「討伐モチーフ」の話が分布する。こちらは主人公（老婆や鳥など）が敵対者（強者）を援助者の協力によって攻撃あるいは撃退する。

この二系統の話が併存していることについて注目すると、インドからの伝播かはともかくとして、アダムスの指摘と大きく矛盾するものではない。また、中国北部から朝鮮にかけ斧原のいう「英雄型」と名づけたタイプの「怪物退治譚」の分布とも重なる。したがって、アダムスのいう二タイプによって日本の「猿蟹合戦」が形成されたとする指摘や、また斧原のいう中国北部や朝鮮族に伝わる黍団子を給付する英雄型が日本の桃太郎の源流とする見方についても、伝承分布からすれば蓋然性が高いといえる。

さて、以上のアジアの伝承分布や先行研究を踏まえると、日本の「猿蟹合戦」はアジアからの流入を前提とせざるをえない。つまり北の「怪物退治譚」と南の「食物争い型」とが日本列島に流入し、形成されたものということができよう。そして次に、本稿が問題とする「桃太郎」の素性について、「桃太郎」は「猿蟹合戦」系の日本的亜種（オイコタイプ）ととらえることができる。そこで次に問題となるのは、桃から生まれたとする「桃太郎」の現実的根拠は何なのかということになる。そのことを考えるにふさわしい材料が南西諸島の伝承にある。

昭和十一、二年ごろ、沖永良部島の調査を行った岩倉市郎は、「ホーラのマーヤ」[26]という貴重な資料を報告している。ホーラのマーヤ（川の大姉）が川で桃を拾い、早く成れよと植えると六日目に実をつける。上の枝の実をもげないでいると、メックラ御主（ウーシュ）がもいでくれるが、自分には熟した桃、マーヤには青柿を分ける。マーヤは怒り、唐鳩、百足、鰻、才槌、牛に食事を振る舞い、御主を襲撃して殺す。主人公、敵対者に擬人化された道具、動物が登場して構成される内容は、「桃争い」から始まり「討伐モチーフ」へつながる「猿蟹合戦」系のストーリー展開の複合型といえる。

ここで注目すべきは桃を拾うという発端である。岩倉は『沖永良部島の昔話』に、さらに別の語り手二人の類話を載せているが、いずれも桃拾いである。この地を戦後に昔話を採集して歩いた田畑英勝も類話を報告している。[27]奄美大島全体には柿をもいでくれた猿が、姉には青い柿しか渡さないことを怒って、仲間の分の握り飯を用意して牡牛、鳩、蜂、臼を連れて猿退治に出かけるという。柿争いのタイプもあるが、沖永良部島だけには桃が集中し、南島には柿と混交している状況である。

さらに南の沖縄にも、桃の種を拾うタイプの「アカラーとサーラ」という話が、二例報告されている。[28]アカラーとサーラ（猿）が川で桃の種を拾って育てる。もいだ実を二人で売りに出かけるが、試食をさせて売ったアカラーの桃

表Ⅱ　アジアの「猿蟹合戦」の比較一覧表

番号	国名	主人公	敵対者	襲撃法	事件	援助者	出典
1	シベリア	チョルチュミャーカ	魔物	↑（外征）	父の仇討ち	カクカマス、どんぐり、焼串、木槌、皮	シベリア民話集
2	アイヌ	（六つ喉首の魔）		↓（来襲）	海から来襲する	栗、針、蟹、臼、杵	アイヌの神謡
3	朝鮮	婆	虎	↓	婆は、苛める虎を大根スープでおびき寄せる	灰、唐辛子、針、牛糞、莚、梯子	朝鮮昔話百選
4	朝鮮	婆	虎	↓	虎が大根畑を荒らす。粥のご馳走でおびき寄せる	灰、唐辛子、針、牛糞、莚、背負梯子	朝鮮の民話
5	朝鮮	若い男（少女）	虎	↓	少女が虎に襲われるのを救う。男は少女と結婚する	甲虫、卵、柄杓、つきぎり、臼、筵、チゲ	温突夜話
6	台湾	蟹	蜥蜴		柿争い。蜥蜴の尾と睾丸を切る		生蕃傳説集
7	台湾	蟹	猿		柿争い。猿は死ぬが蘇生する。猿の男根を切る		原語による台湾高砂族伝説集
8	中国・朝鮮族	沢蟹	猿		餅盗み。猿の尻を挟み赤くなり、蟹の鋏に毛が生える		金徳順昔話集
9	中国・浙江省	蟹	猿		桃争い。猿の尻尾を切った際、蟹の鋏に毛が生える		中国民話集
10	中国・浙江省	婆	猿	↓	大根を猿集団に食われ、追い払うと夜討ちに来ると言う	牛、馬、蟹、卵、針、ござ、分銅	中国昔話集
11	蒙古	母	老婆	↓	老婆は母を食べ、なおも四人娘を狙う	卵、石臼、鋏、針、豚の頭	土俗學より観たる蒙古
12	中国・苗族	鶏	山猫	↑	母の鶏が山猫に食われ、成長した子らが仇討に行く	針、牛糞、蟹、洗濯棒、いが栗	苗族民話集
13	中国・タイ族	雲雀	象	↑	象に巣の卵を踏みつぶされ、雲雀が仇討ちに行く	啄木鳥、鶺鴒	中国雲南省タイ族の昔話と伝説
14	中国	婆	猪八戒	↓	猪八戒の化物が襲うと予告する。物売りが物を置く	針、豚の糞、蛇、スッポン、蟹、卵、紙、牛	世界昔ばなし（下）
15	ベトナム	蛙	天帝	↑	天帝に地上の旱魃を訴える	蟹、熊、虎、蜂、狐	原語訳ベトナムの昔話
16	ベトナム	怠け者五人男	人食い	↑	嫌な渾名の五人男は人食いの財産を奪う	針、卵、バナナ、魚、杵	ベトナムの民話
17	タイ	亀	猿		バナナ争い。棘の木を猿に刺し尾を噛む。亀を川に放る		伝承の旅

18	フィリピン	亀	猿		バナナ争い。竹槍で猿を殺し、肉を仲間に食わす		フィリピンの民間説話
19	フィリピン	亀	猿		バナナ争い。小枝で猿を殺し、肉を仲間に食わす		フィリピンの民話
20	パラオ	蟹	鼠		蛸樹の実を鼠は小便して投げる。薪拾いで仕返しする		パラオの神話と伝説
21	インドネシア	亀	猿		バナナ争い。蟹は胡椒、蛇、蜂を用いて猿を苛める		インドネシアの民話（花岡）
22	インドネシア	亀	猿		バナナ盗み。亀は畑主に叩かれ、猿は貝に挟まれて死ぬ		インドネシアの民話（齋藤）
23	インドネシア	杵と仲間	老婆	↑	ある島に海賊行為に出かける	杵、針、蜂、卵	インドネシアの民話（齋藤）
24	ブータン	雌鳥	猿	↑	雌鳥、猿が一軒家に暮らす。家事仕事で雌鳥を攻撃する	針、塩、杖	ブータンの民話と伝説
25	インド	小雀（ビッディ）	王	↑	馬が妻の小雀を踏み王のもとに連れ去る。仇討ちに行く	樹馬車、蟻の馬、唐箕、帚、雀蜂、河	インドの昔話（上）
26	インド	蟹	王	↑	蟹が王の娘を嫁に貰いに行く	猫、虎、竹藪、河	インド民話集
27	インド	婆	泥棒	↕	泥棒がパンタ飯を盗む。王に訴えるが留守でいない	シンギマーチ、ベルの実、牛糞、剃刀	インド動物ものがたり
28	古代インド	雀	象	↓	発情した象が卵を砕く	啄木鳥、蠅、蛙	パンチャタントラ

[資料]

1 シベリア民話集（岩波書店、一九八八）2 アイヌの神謡（草風館、二〇〇四）3 朝鮮昔話百選（日本放送出版協会、昭和四九年）4 朝鮮の民話（岩崎美術社、一九六六）5 温突夜話（三弥井書店、昭和五八年）6 生蕃伝説集（杉田重蔵書店、大正一二年）7 言語を主とせる台湾高砂族傳説集（刀江書院、昭和一〇年）8 金徳順昔話集―中国朝鮮族民間故事集―（三弥井書店、一九九四）9 中国民話集（岩波書店、一九九三）10 中国昔話集（平凡社、二〇〇七）11 土俗學より観たる蒙古（六文館、昭和六年）12 苗族民話集（平凡社、昭和四九年）13 中国雲南省タイ族の昔話と伝説（上）（『昔話―研究と資料』第三号、二〇〇三）14 世界昔ばなし（下）（講談社、一九九一）15 原語訳ベトナムの昔話（同朋舎出版、一九八〇）16 ベトナムの民話（朝日新聞社、昭和四六年）17 伝承の旅（京都新聞社、一九八二）18 フィリピンの民間説話（岩崎美術社、一九七二）19 フィリピンの民話（『アジアの民話』7、大日本絵画、昭和五四年）20 パラオの神話と伝説（『土方久功著作集』第三巻、三一書房、一九九三）21 インドネシアの民話（花岡泰隆訳、牧野出版社、昭和四九年）22 インドネシアの民話（斎藤正雄訳、法政大学出版局、一九八四）23 インドネシアの民話（斉藤正雄訳、法政大学出版局、一九八四）24 ブータンの民話と伝説（白水社、一九九八）25 インドの昔話（上）（春秋社、一九八三）26 インド民話集（社会思想社、一九七九）27 インド動物ものがたり（平凡社、二〇〇〇）28 パンチャタントラ（「アジアの民話」12、大日本絵画、昭和五五年）

は売れるが、試食をさせないサーラのものは売れない。戻ってきた二人は喧嘩になり、恐れたアカラーは月に願いを立てて、金橋を下ろしてもらい天上する。結びは「天道さんの金の鎖」を思わせる展開であるが、前半は「桃争い」のモチーフである。沖縄では、先島（さきしま）の竹富島に猿蟹柿争いが一例だけ報告されている。さらに東シナ海をはさんだ中国浙江省に「毛蟹の由来」と題する「桃争い」型が伝えられている。奄美、沖縄、浙江省の「桃争い」型は一連の繋がりと見なすことができるのではないだろうか。

　中国では詩経の「桃夭（とうよう）」を始めとして桃源郷、桃李園など桃と関係が深い。漢民族以外の少数民族に桃を食べて身ごもって生まれた桃太郎の話が白（ペー）族や苗（ミャオ）族等の伝承に見えることについては、澤田瑞穂[29]や伊藤清司[30]、千野明日香等[31]によって紹介されている。異常誕生譚によるうわばみ退治の段赤城や九隆（きゅうりゅう）神話などが知られている。桃以外にも南瓜や沈木などによって生まれたものもあるという。こうした伝統からすると桃の種から始まる「桃争い」が黒潮に乗って南島へ着いた可能性は十分考えられる。と同時に、アダムスが言う朝鮮半島から北九州へきた「怪物退治譚」が南下し、奄美で混交状態を示すことになり、桃争いモチーフと討伐モチーフとが合成したと考えられる。そこから桃は「桃太郎」へ、柿は「猿蟹合戦」へと特化し、桃と柿がそれぞれの話型を棲み分けるように形成、分布していったととらえることができないだろうか。

注

［1］金田芳水「桃太郎の研究」（上生一郎編『江戸期の童話研究』久山社、一九九二）
［2］滑川道夫『桃太郎像の変容』（東京書籍、一九八一）
［3］「桃太郎昔話」の解説（小池正胤・叢の会編『江戸の絵本Ⅳ』、国書刊行会、一九八九）
［4］島津久基「日本国民童話十二講」（山一書房、一九四四）

〔5〕上笙一郎「江戸期の童話研究書」（上笙一郎編『江戸期の童話研究』久山社、一九九二）

〔6〕松村武雄『童話教育新論』（倍風館、一九二九）

〔7〕石田英一郎『桃太郎の母』（講談社学術文庫、一九八四）

〔8〕柳田國男『桃太郎の誕生』（『柳田国男全集』六、築摩書房、一九九八）

〔9〕花部英雄「柳田昔話研究の軌跡」（『日本民俗学』二七〇号、二〇一二）

〔10〕花部英雄「「桃太郎」から見る昔話研究史」（『昔話―研究と資料―』三九号、二〇一一）

〔11〕関敬吾「桃太郎の郷土」（『関敬吾著作集4』同朋舎、一九八〇）

〔12〕伊藤清司「桃太郎の故郷」（『昔話伝説の系譜―東アジアの比較説話学』第一書房、一九九一）

〔13〕野村純一『新・桃太郎の誕生　日本の「桃ノ子太郎」たち』（吉川弘文館、二〇〇〇）

〔14〕以下、伝承地については『日本昔話通観』（全三〇巻、同朋舎）に拠った

〔15〕アンティ・アールネ『昔話の比較研究』（岩崎美術社、一九六九）

〔16〕花部英雄「桃太郎、世界へ行く」（『昔話伝説研究』二九号、二〇〇九）

〔17〕広島県師範学校編『芸備の昔話』（歴史図書社、一九七九）

〔18〕喜田貞吉「桃太郎猿蟹合戦混淆」（『郷土研究』一九一三・七）

〔19〕巌谷小波『桃太郎主義の教育』（東亜堂、一九一五）

〔20〕沢井耐三「「猿蟹合戦」の異伝と流布―「猿ヶ嶋敵討」考―」（『近世文藝』93、二〇一一）

〔21〕横山邦治「昔話の読本化について」（『伝承文学研究』第十八号、一九七五）

〔22〕花部英雄「佐藤ミヨキの語る昔話（四）」（『昔話―研究と資料―』三九号、二〇一一）

〔23〕ロバート・J・アダムス「昔話と南九州に伝わった太平洋文化」（『東アジアの古代文化別冊　特集西南日本の古代文化』大和書房、一九七七）

〔24〕稲田浩二「「猿蟹合戦」の成立」（『昔話の源流』三弥井書店、一九九七）

〔25〕斧原孝守「チベット族の昔話「桃太郎」の源流―黍団子と三匹のお供をめぐって―」（『説話・伝承学』第一八号、二〇一八）

〔26〕岩倉市郎『沖永良部島昔話集』（民間伝承の会、一九四〇）
〔27〕田畑英勝『奄美諸島の昔話』（日本放送出版協会、一九七四）
〔28〕『沖縄の民話資料第一集』（沖縄民話の会編、一九七八）
〔29〕澤田瑞穂「桃太郎のふるさと」（『口承文芸研究』一四、一九九一）
〔30〕伊藤清司「桃太郎の故郷」（『昔話伝説の系譜―東アジアの比較説話学―』第一書房、一九九一）
〔31〕千野明日香「白族の桃太郎―うわばみ退治の段赤城―」（『國文学―解釈と教材の研究―』一九九九年二月号、学燈社）

「桃太郎」、世界へ行く

一　「桃太郎」の先行研究

日本の昔話研究は江戸期の考証学、心学的解釈に始まり、近代の童話研究の立場からのアプローチ、そして民俗学的方法による柳田の研究に至る。ここでは柳田國男の「桃太郎」研究を初めとして、それ以外の研究に触れながら、「桃太郎」と関係の深い「力太郎」との比較へと進めていきたい。「桃太郎」は日本を代表するような昔話ではあるが、まだまだ謎の多い部分もある。

柳田が昭和五年の講演をもとにした「桃太郎の誕生」（『桃太郎の誕生』の巻頭論文）は、採集された昔話を取りあげ、その民俗的背景に注目しながらの論の進め方は、それまでの文字記録一辺倒の研究にはない画期的な方法であった。滝沢馬琴の『玄同放言』や「その随喜者たち」が神話や説話などの一部を「故事」として引き合いにして解釈する方法を厳に戒めたのは、近代に入っても変わらず神話、説話解釈をすすめる「童話研究」の立場の研究を暗に牽制していたのである。

ところで、柳田が「桃太郎」の昔話で注目したのは、桃・瓜などから生まれた「小さ子」物語である。不思議な出現とまたたくまの成長、そして成長後に大望を成し遂げ、よき配偶者を得る（妻もとめ）ことを話の骨子とした。

日本の小さ子説話が、最初小さな動物の形を以て出現した英雄を説き、又は奇怪なる妻問ひの成功を中心に展

開してゐるといふことは、それが右申す神人通婚の言ひ傳への、まだ固く信じられてゐた時代に始まつてゐる證
　拠とし、我々にとつては可なり大切な要點であつた。[2]

という主張に集約されているように、「神人通婚」の神話に胚胎する昔話観を示したものである。

　初期の関敬吾は、そうした柳田の昔話研究に啓発されながら、やがて袂を分かっていくことになる。『桃太郎の誕生』から四十年後に「桃太郎の郷土」[3]という論文を書く。その中で関は、まず世界の昔話発生説（継承論、移動論、同時発生論）をあげ、継承論にもとづく柳田の方法の限界を指摘する。そのあとで、「桃太郎」「三人の仲間」（石川・福井のみの伝承で、三人が旅行し鬼の牙あるいは娘を鬼から解放するという内容）、そして「ちから太郎」を取りあげてそれぞれのモチーフ分析をおこなう。その結果、「桃太郎、三人の仲間は明らかにちから太郎から派生し独立したものである」と述べ、ヨーロッパの「ふしぎな仲間」と同系統であると説く。さらに内外の同系統の神話や説話、伝説等を取りあげ、モチーフや分布の歴史的な検討を加える。

　この問題はかつて柳田は、広汎な基礎において「小さ子」説話との関連を詳細に分析され、桃太郎は我が国固有信仰を根源として成立したろうことを主張した。しかし、我々は、これをモティーフだけではなく、全体として見るときは、我が国で成立したものでもなく、現存の資料を基礎とする限り、紀元前七世紀のギリシャの英雄伝説アルゴナウテン伝説にまで遡ることができるかもしれない。

と述べる。柳田が主人公の桃太郎の誕生に注目したのに対し、関は主人公の「旅行と仲間」の要素にウェイトをおいて話型をとらえ直し、そこからグリム童話の「六人組世界歩き」（AT五一三A）の話型と同一であることを指摘した。関の「桃太郎」は世界を舞台にし、同系統の話にもとづいた比較研究であり、その結果、日本の「桃太郎」を日本的バージョン、すなわち亜型（オイコタイプ）と位置づけたのである。この関の見通しに沿いながら、次に日本の伝承状況を確認して

いくことにする。

関の研究から二十年後に、伊藤清司は「桃太郎の故郷」[4]を表わす。伊藤は柳田、関の論文を丹念に検証しながら、「問題は視点の置きどころと研究方法のちがいにあった」として、ともに伝承の昔話に注目する民俗学的態度は同じであると述べる。そして専門とする中国の事例をあげながら、柳田が提起した「小さ子」説話の故郷を中国と断じた。また、関が石川県江沼地方の伝承にある難題の意図を、中国苗族(ミャオ)の昔話を引き合いにしながら、「求婚難題」につながるものとした。中国の昔話を介在することによって、日本の昔話の曖昧な部分や欠落部分を補いつつ、大陸と連続していることを示そうとしたもので、「桃太郎」を日本独自のものとする偏狭な見解に、比較の立場から注意をうながしたものといえる。

野村純一の『新・桃太郎の誕生　日本の「桃ノ子太郎」たち』[5]は、書名の示すように、柳田の著作を強く意識した意欲的なものである。ここに展開される「桃太郎」には、既存の「文化」として定着する「桃太郎」と、それ以前の未知の野卑な「桃太郎」とが登場する。後者は、およそ標準的な桃太郎像から懸け離れた「変な桃太郎」であり、著者は世上の「桃太郎常識」に異を唱え、それを覆(くつがえ)そうと意図していることを明言している。

変な桃太郎の筆頭は「便所の屋根葺き」の桃太郎で、誤って便所に落ちた爺の着物を川に洗いに出かけて桃を拾うというもので、福島と能登の一部に見られる。これを皮切りに、つづいて石川県江沼郡の鬼の牙を取りにいく桃太郎や、さらに南下し中国・四国地方に散見される怠け者の桃太郎は、爺婆に呆れられているが、いざとなると山の大木を引き抜いてくる、力太郎に通じるユニークな「山行き型」桃太郎である。この力持ち系の桃太郎は、江戸の草双紙で人気の高い「桃太郎」に接続していく要素をもっている。

ところで、ここに一瞥した「桃太郎」は、明治二十二年の「尋常小学読本」に登場して以来、しだいに画一化した形で出てくる「桃太郎」以前の、型にはまらぬ面々であることは言うまでもない。こうした桃太郎をどのように手なずけ、また系統づけていくかは『新・桃太郎の誕生』の著者から託された課題である。

二　型破りの「桃太郎」

ユニークな「桃太郎」の筆頭にあり、早くから取り沙汰されていたのは山下久男が報告した「桃太郎異譚」[6]である。鬼の宝物を取りに行くのではなく、鬼の牙を取りに出かけるこの話を、関敬吾は「桃太郎」の国際比較の視点から注目し、野村純一も類似の資料をあげて「力太郎」への接近を試みた。また、松本孝三は山下久男から五十年後に同じ江沼郡山中町を調査し、同一の「桃太郎」を聞き取り報告した。[7]そして、鬼ヶ島からせっかく奪ってきた鬼の牙を婆(山姥)に横取りされてしまった桃太郎と同行者三人が入水してしまう結末を、「桃が水界から出現した存在という意味では、再び水界へ戻る象徴的な出来事ではなかったか[8]」と循環的な発想での意味づけをした。しかし、桃太郎はそれでいいとしても、それでは鬼の牙の行方や、あるいは鬼の牙を取りに行った意図が永遠に迷宮入りになることになってしまい、問題は未解決のまま残されている。

ところで、二〇〇九年の夏、その鬼の牙が浮上したのであるから伝承研究も手を抜けない。『鳥海山麓のむかし話―佐藤タミの語り―[9]』に載る「桃太郎」である。浮上と言っても、編者の常光徹が採集したのは四十年も前のことであるから、眠りから覚めたというのが正確かもしれない。佐藤タミさんの語る「桃太郎」では、赤い箱に入って流れてきた桃から生まれた桃太郎は、爺の病気に効くとされる鬼の牙を鬼ヶ島へ乗り込んで奪い、それを煎じて飲ませて治す親孝行の結末になっている。この新たな鬼の牙の出現で、加賀の「桃太郎」は異譚のベールを脱ぎつつあるといえよう。

タミ女の語る「桃太郎」に同行する犬、雉子、猿は鬼ヶ島からの凱旋の途次、それぞれの居場所に来ると別れていく。すなわち草原に来るとキジ、林に来ると猿、犬は自分の家まで来ると去っていく。当然と言えばそれまでであるが、ディテールにこだわっている感じがしないでもない。そんな眼で見ると、同じ秋田県角館町南楢園村の「桃内小太郎」では、鬼が島へ同行するのは、竹原にいる「竹ナリ子」、葭原にいる「葭ナリ子」である。二人ともすぐに鬼に呑まれてしまうが、桃内小太郎が鬼を押さえつけて鼻穴から飛び出させる。島から帰ってくると、葭ナリ子は葭原に来ると「俺はお前の一代の守り不動尊だ」[10]と言い、竹原に来ると竹ナリ子は「我は汝の一代の守り産土神であるぞ」と言って消える。引き際をわきまえ、また郷土の神仏の加護の篤い桃太郎造型といえる。

ただ、かれらが特異な存在でないことは、たとえば新潟県十日町の「きじの子太郎」[11]を見ればわかる。ここでは主人公の鬼征伐に加担するのは、岩が割れて出てくる「岩の子太郎」、石に腰掛けると割れて出てくる「石の子太郎」、よし野に休んでいるとよし野が割れて出てくる「よしの子太郎」の三人と連れ立って出かける。鬼を退治して帰ってくる途中で、よし野に来るとよしの子太郎が消え、大石の所で石の子太郎、大岩の所で岩の子太郎がそれぞれ消える。出現と退場はシナリオ通りで、類型性が見られる。ところで、問題はこの話の主人公が桃太郎ではないことである。爺が柴刈りに行き、きじの卵を三つ見つけて持ち帰って、いろり端に置くと一つ二つとピチャンと割れ、三つ目が大きな音を立ててつぶれ、中から男の子が生まれ「きじの子太郎」と名づけられる。

「雉の子太郎」[12]が主人公となる話は、岩手県岩泉町にも伝承されている。雉の卵を孵化して生まれた雉の子太郎が成長し、美しい姫を嫁に迎える。その姫が病気になり、赤鬼のキモを飲ませれば治ると聞き、雉の子太郎は鬼ヶ島へ出かける。途中で竹の子太郎が現れ、岩の上に岩の子太郎がいて、連れ立って島へ渡り鬼のキモを取る。帰りに島に架けた橋の途中まで来ると、連れの二人がキモを見たいと言うので見せるが、誤って海に落としてしまう。雉の子太郎は海に潜って探すが見つからず、そのまま海に棲みついてしまった。そして地震のときには、ケーンケーンと鳴いて知らせるのだという。この話は山下久男の報告した「桃太郎異譚」に類似している。桃太郎が雉の子太郎、そして牙がキモという違いはあるが、ストーリー展開は同様である。なお、島根県鹿足郡柿木村に伝わる「桃太郎」は、鬼ヶ島へ鬼の手を取りに行く。海辺に迎えに出た婆さんが、取ってきた鬼の手をすぐに見せてくれなかったことに腹を立てて海に放ってしまう。桃太郎は、自分は「バウン」という魚になり、地を揺るがしたら雉、猿、犬は鳴くようにと言って海に入る。[13] この結末は、石川県江沼郡、岩手県岩泉町と類似しており、秋田の鳥海山麓の「桃太郎」を含めて、その関連性が気になるところである。

さらに、桃太郎という名にこだわらなければ同趣の展開をとる話は他にもある。新潟県巻町には、庭の隅に落ちていた豆を棚に入れておくと、夜中に豆から赤子が生まれ「豆ナイ太郎[14]」と名づけられる。成長した豆ナイ太郎は丹波の山の鬼退治に行くと言って、日本一の黍団子を用意してもらう。その黍団子は「一つ食いばうまいもの、二つ食いば舌の骨がのげそげら。三つ食いば臍の骨までのげそげら」というおいしさで、それに釣られて十七人の御供が集団になって、楽々と鬼退治を成し遂げる。それぞれの話によってアクセントポイントが違い独自性を主張しているように見受けられる。

さて、伝承の総体からすれば、一見、桃太郎の亜型と見られなくもないこうした型破りの「桃太郎」を、単純にイレギュラーとして扱い、異譚あるいはパロディーと位置づけたりすることもできるが、大きな問題を犯すことになりかねない。アラン・ダンデスが引いたハンガリーの民俗学者ハンス・ホンティの「純粋に形態学的見地からみると話型とは他の話型と対比するときの形式的な単位にすぎない[15]」という言葉を確認すべきである。語られた一つ一つの昔話は「類話（バリアント）」として比較の対象である存在なのであって、誤伝として排除すべきではない。伝承世界においては、誤伝にもそれなりの理由や意味をもっているのである。問題は、何が不変で何が可変であるかを見分けることであろう。ロシアのウラジミール・プロップが『昔話の形態学』[16]で、昔話を構成する最小の基本要素を、全体との関連から「機能」として取り出した。たとえば、

一、王が、勇者に、鷲を、与える。鷲は、勇者を、他国へ連れて行く。

二、老人が、スーチェンコに、馬を、与える。馬は、スーチェンコを、他国へ連れて行く。

三、呪術師が、イワンに、小舟を、与える。小舟は、イワンを、他国へ連れて行く。

四、王女が、イワンに、指輪を、与える。指輪の中から現れた若者たちが、イワンを、他国へ連れて行く。

という例をあげ、登場人物とそれにともなって変わる属性の「可変項」に対し、変わることのない行為の「定項」があり、この変わらない行為を「機能」と呼んだ。一～四は同一の機能である。そして、魔法昔話は三十一の機能から構成され、それぞれの機能は欠落することがあっても順序は変わらないという法則性を見つけ、魔法昔話は一つのタイプに属すると結論づけた。プロップの形態学をさらに発展的にとらえるダンダスは、機能を「モチーフ素」と置き換え、モチーフ素はあとの結果によって決まるとし、結果いかんで変わる種々のモチーフを「異モチーフ」と呼んだ。ダンダスはモチーフを否定するのではなく、それを包含、発展させるべく異モチーフを概念化した。

こうした形態論を「桃太郎」に援用してみよう。「桃太郎」を誕生モチーフ「桃から生まれたので桃太郎と名づける」と、鬼退治モチーフ「鬼の宝物を奪うために、仲間の協力を得て鬼を退治し宝物を奪ってくる」とに分けてみる。すると、主人公の桃内小太郎や雉太郎、豆ナイ太郎は可変項である。また、同行者の犬・雉・猿が岩石や植物の擬人化された人、あるいは多人数の仲間も可変項であり、鬼の宝物や牙、肝も可変項である。ここから北陸、東北地方の

一部に散見される型破りの「桃太郎」は同一構造の異モチーフとして比較の材料として扱うことができる。近代に入り学校教育やメディアによる「標準桃太郎」に席捲されながらも、かろうじて残存していた古いタイプの「桃太郎」といった認識も可能であるが、結論は急ぐまい。その前に考えるべき「力太郎」の問題がある。

三　「力太郎」と「六人男世界歩き」

福井県勝山市小原の「太郎次郎三郎」[17]は、桃太郎の面影を宿した昔話である。婆が川でモモとナシとカキを拾い、箱に入れて大黒柱の所に置いておくと、夜中に男の子が生まれていて、それぞれ太郎、次郎、三郎と名前を付ける。三人とも大食いで、困った婆が仕事を言いつけると、大力で裏の山を崩してしまう。婆に家を追い出された三人は、邪魔な笹原を切り開き、川の水を飲み干し、大きな石を小便で流してしまう。ある一軒家に着いた三人は、化物に両親を殺され、今度は自分の番だと怖れて泣いている少女の救済に立ち上がる。家の防備を固め、現れた化物を捕らえて柿の木に縛りつける。翌朝、血を流しながら逃げていった後を追うと池に続き、辺りに骨が散らばっていたという。

化物を退治したあと少女はどうなるのか、結末が示されず、すっきりしない幕切れである。ところで、果実からの化生誕生は桃太郎を思わせ、順当なら桃太郎、梨太郎、柿太郎の三人兄弟となるところである。その兄弟が大食いで追い出されるのも、「山行き型」桃太郎に近い。この話を『越前の民話』に収録した杉原丈雄は「「桃太郎」の原型とも考えられる」とコメントを残している。根拠は示されないが着眼は鋭い。

この話に近い内容が岩手県にある。平野直の『すねこ・たんぱこ』[18]に載る「こんび太郎」である。名前が示すように、夫婦の身体の垢（こび）を集めてできた主人公が、大食いなので爺婆は困ってしまう。こんび太郎は迷惑をかけないために百貫目の金棒を作ってもらって旅に出る。途中で、御堂を担いできた御堂コ太郎、手で石を砕く石コ太郎を家来にして町へ出る。長者の館で娘が泣いているので訳を聞くと、月の朔日に化物が来て娘を捕ると言い、今日は私の番だと嘆く。一行は娘を救出するために持ち場に着く。現れた大化物は二人の家来を呑みこんでしまう。こんび太郎は化物の大ふぐりを蹴って殺し、二人の家来は鼻穴から出てくる。こんび太郎と家来たちはそこの娘たちの婿におさまる。

この「こんび太郎」の類話は、岩手県および青森県に数例見られるが、それも昭和の戦前の資料集等に載る。『聴耳草紙』では嬰児籠(えじこ)に十五年入っていた子が、百貫目の金棒を持つと急に大力の男となり、名を改め力太郎となる。あとの展開は同様である。関敬吾はこの昔話を「力太郎」と名づけて次のような話型要約を示した。

1、(a)子のない爺婆が神に祈願して子供を得る。(b)不精者が垢(あか)で人形をつくり、それが人間になる。2、(a)その子は大力者になる。この子はこんび太郎(すねこ・たんぱこ、栗こたんぱこ、長太郎、火太郎、嬰児子太郎、大食太郎など)と呼ばれる。(b)仲間は、御堂こ太郎、石こ太郎、手かつぎ、山神・竜神の言葉のわかる男。3、長者の娘を食おうとする化け物を仲間の援助によって退治する。4、娘の聟になる。

そして、『日本昔話大成』第三巻の「力太郎」の注で、「この昔話はグリムの七一番「六人組世界歩き」、一三四番「六人の家来」と同系である。この話の分布は世界的である」と述べている。しかし、「力太郎」に登場する仲間は力持ち、大食い、聴耳等の持ち主であり、その点ではグリムの仲間とは人数も異能の内容においても違いが見られる。それよりも『すねこ・たんぱこ』に載る「吹っとび話」こそ類話にふさわしい。梗概をあげると、恩賞をもらえなかった侍が武者修行の旅に出る。そこで大力持ちの男、片鼻吹きで水車を回す男、目のよい鉄砲撃ちの猟師、片足で速く走る男、帽子で火を氷にする男たちを仲間にする。城下で殿の姫と水汲み競走に挑む。片足で走る男が水を汲み、油断して昼寝をしているところを鉄砲撃ちが鉄砲を撃って起こし、競走に勝つ。殿様は六人を金(かね)張りの部屋に入れ火責めにしようとするが、帽子被りが火を消す。姫と金をすべて持って行っていいと言うが、姫は断り金を全部袋に入れて大力持ちが担いでくる。殿様が軍勢を差し向けると、片鼻吹きが吹くとみんな吹っ飛んでしまう。

これをグリムの「六人組世界歩き」と比較すると、旅立ちの動機、異能の持ち主の人数とその内容、ただし鉄砲撃ちと片鼻吹きの順序が異なるが、あとは一致する。ある都で王様の娘との水汲み競走から始め、火責め、そして姫は断って代わりに国じゅうの財産を奪い、挙げ句に二個連隊の騎兵を吹き飛ばすまでもが同じである。決定的な証拠に欠けるが、明らかな翻案と言ってもおかしくないくらいの類似である。平野の話末注には、「昭和十年八月十四日、陸中稗貫郡谷沢村平良木の藤本平治さん（四十一歳）よりの聴書である」とある。また「あとがき」で、一度訪ねていったが用事のため立ち話程度で終えて、日を改めて自宅を訪ねて聞いたという。「この人は畳さしが渡世で、この地方で男での唯一の保管者であった」と記している。四十一歳は現在ならたいへん若い語り手で、また明治十七年生まれとすれば、『グリム童話』に接する機会は十分あったといえるが、しかし推測の域を出ない。

実はもう一件、どのように扱っていいのか困ってしまう例がある。鹿児島県出水郡東町の北園宗二郎の語る「六人連れの仲間」[19]である。これは入手が難しい資料なので、原文を引用する。

むかしな、豪傑がおったたちゅもんな。相撲取いのごたあったとがな。奥山ん大木をこげて（ひきぬいて）行きおったたちゅがな。ほしたとこいが、

「おはんな（あなたは）何卒よろしくお願いいたしまするか」ち、言たや

「あたや（私は）奥山ん大木をこげて、ずっとかたげて（かついで）行くとこいじゃっ」ち、言わいたちゅで、

「そんなら、おはんな、あたいが……、わたい（私に）ついて来てくれ」

ちゅたや、そして、行きおらいたっじゃがな。行きおらいたとこいがな。こんたびは、鼻をこう（このように）、

一方はつめて、ふうふう吹いとらっちゅもん。ほしたとこいが、

「あんた鼻は一方はおさえて何をしといか（しているのか）」ちゅたや、

「三里ばっかいあった前（前にある）、風車をまえとい（まわしている）奴じゃ。」

「そんなら、そん、あたいが友達なってついて来てくれ」ち。

そして三人連れ行きおらいたっちゅでな。ほしたや向こうから、またな、たかんばっちょを被って、そして来おらいたっちゅで、

「あんた、たかんばっちょはじゃんかごと（あたりまえでない風に）被ってどげんするか（どうするのですか）」ちゅ言わいたやな、ほしたや、「こいば（これを）まっすぐ被れば、そん、池だか（地面）冷えて、冷として（つめたくて）のさんとじゃっ（堪えられないのです）」ち、「ひっちれて、はっちごと（足がちぎれてしまうみたいに）あっ」ち、言わいたっちゅで、そいから、

「ふなら（それでは）、またよったい連れ、おれついてきてくれ」ち、言わいたっちゅわ。

ほしたや、こんたびはまた、ちんばがやって来たっちゅもん。

「片足で歩で、おはんなないして（どうして）そん、片足で歩でくいか」ち、言わいたや、

「おいが、まんぼで（両足で）走れば鳥の飛ぶより早かっじゃっ」ち、言わいたっち。（ま、こげんた（こういうことは）昔の話じゃて、わかやせんどんな（信じられることではないですがね）。）

そして、

「ほんなら（それでは）、おいが（私の）仲間なってくれ」

ちゅて、こんたびは五人連れ行きおらいたちゅもんな。そしたや、こんたびは、一人の男が鉄砲をためとって。

そいがな、ためとったこいが、そん
「お前ゆ、そん、ないするか」

ち、言たや、

「おら、向かえん、笹ん葉に……笹ん葉に止っとる蝿を射っとじゃっ」

ちゅて、「そゆ、そいなら、おいが仲間なってくれ」

ちゅて、こんたびゃ、六人連れ行かっとこい。そしたや、行きおらいとこいが、そん、ま、そけ（そこで）、

「宿屋に泊ろい」

ち、じゃたちゅでな。むかし。そして泊らいたとこいが、そん、話が出たちゅでな。殿様の娘がなかなか速か娘で、……。そしたや殿様が、

「おいげん娘と走い比させてみいじゃなっか」

ち。

「そいならさせてみい」ち。

「負けた時ゃ、お前達が負くればどうするか。」ち。

「んどが（我々が）負くれば六人の首をやっ」ち、

「お前が負くれどげんするか」ち。

「あなた達が持ちきるの金ば渡す」ち、言わいたちゅで。

ほした、ほら、三里ばっかいあっ処（とこれ）な、水を瓶ぬ持って、水汲ませけ遣らいたとこいが、半分ぐらい来ていて、そん速か人がひん寝っとったちゅで、中途に来ていて。ほしたや、そん、殿様ん娘がつっくい反えて（ひっくり

返して）、つっくい反えて、そん、走って来たちゅてな。後から来ていて。ほしたゃ、そん速か人がひん寝っとちゅで、ポンと鉄砲を枕に射らいたとこいが、魂がって起きってみらいたやなそしたや、そいが水が無かったちゅで、また一里半ばっかい後帰って、前ん処、汲んけ行たて。そしてほら、同じ速かれば、はってくとじゃいどん、やっぱいほら、ちんばどんの先汲んで来た水汲みが来とらっちゅどん、まだ来んちゅで、そん殿様の娘が。そしたや、ほら、そいどが勝ったちゅで。

勝てばそん、銭ぬ、お金をかたむるひこ呉るっち、じゃたちゅでな、殿様の言わっとこいが。ほしたんそん、持ってきても、持ってきても、バスで、車で、持ってきてもそん、大木かたげてきたそ奴が一人で持つしかなかじゃっちゅもんな。

こんたびは、殿様が、

〃こら、大変じゃ。こいじゃ済まん〃

と思て、こんたびは、

〃鉄ん上載せて焼っ殺そわい〃

と思て鉄ん上そいどま五人共すえて、鉄をばずっと下から、焚かいたや、焼けてきたちゅで。

そしたや、そん、もう、タカンバッチョ被っ人がふせて被ったちゅでな。いっちょん、焼けてこんじゃったやっちゅわな。焼けっこんもんじゃっで、〃もう死ぬんどっど〃と思て殿様が開けてみらいたやいけんもなか（どうなってもいない）、生きとったち。ばたばたして。

そして、〃やいや、こじゃ済まん〃と思て。

も、そら、金は、もほら、そん大木かたげてくる男が全部持って、そして逃げ、うったっちゅわな。逃げうったったとこいが、こんたびは後から追て来たもんじゃで、風車を回とる奴が鼻でフーフー吹いたとこいが、木の空でん、どこでん、吹きやってどこでん、田んぼでん、吹きやってしもたちゅもん。そん後から追てきた人間な。そや、昔の話じゃっでな。そいでもう、そいでほら、終いじゃったっどんな。

この「六人連れの仲間」も登場順序は異なるが、異能の内容およびその後の殿様等との展開は同様で、『グリム童話』との関係が深い。これを語った北園宗二郎は明治二十四年に天草に生まれ、若い頃長島に移り、行商で生計を立ててきた。小柄で力持ちの、歌や踊りが上手であったという。宗二郎氏は、妻スエノさんとの間に十二人の子を儲け、昭和四十八年に八十二歳で亡くなったという。

二〇〇九年の二月に長島へ行く予定があり、鹿児島県立図書館で調べものをしていた時に、「六人連れの仲間」を見つけ驚いた。早速に北園家を訪ね、ご子息の篤美さん夫婦、および四女の小島テルヨさんに逢うことができて話を聞いたが、父宗二郎が直接に『グリム童話』から仕入れて語ったことはなさそうであるが、いつどのようにしてこの「六人連れの仲間」を知ったかは、結局わからない。

さて、『グリム童話』からの翻案に基づく伝承については、岩手の場合と同様に、これ以上に追究することはできないが、ここでもう一つ考えなければならないのは「力太郎」との関係についてである。「力太郎」が「六人組世界歩き」と一部に重なる部分があるのをどのようにとらえればいいのか、いうなら「力太郎」系の昔話との整合性の問題である。

四　桃太郎とAT513「援助者たち[20]」

松本孝三他編の『南加賀の昔話』の「とんび太郎」も「六人組世界歩き」の類話である。とんび大名が、鼻の力で水車を回す男、何十貫もの材木を担ぐ大男、足に大きな金の玉をつけた快足の男、帽子で天候を操る男、鉄砲打ちの名人の六人が仲間となって一緒に旅をし、他国へ行き、足の速い王子と水汲み競走をする。油断して寝ている快足男の枕元を鉄砲撃ちが狙って起こして競走に勝つ。約束の七つの蔵を大男が担ぎ、橋のない川まで来ると、鼻息の荒い男が水を吹き散らして渡す。帽子の男は涼しくするといった役割を果たす内容である。形はくずれ、また省略部分もあるが、基本のストーリーはグリムの昔話と共通している。

ところが、山下久男がかつて同じ地域で聞いた「三人兄弟」は大いに趣が違っている。天子から「空飛ぶ舟」を持ってきた者に褒美を与えるという触れが出る。二人の兄たちは失敗するが、勉強のできない末弟が手に入れる。船で天子の所へ行く途中、池の水を飲み干す男を見つける。その男が、火を消す、箱から兵隊を出す能力をもつ弟二人を連れてくるので、その三人連れで天子の御殿へ行く。天子の家来が四人を沸騰する湯に入れるが、大水を飲む男がぬるくする。次に小屋に入れて火を放つが、火を消す男が吹き消す。兵隊を向かわせると、箱を叩いて六百人の兵隊を出し、迎え撃つ。そして、ついに末弟が天子に代わるという内容である。これを「六人男世界歩き」の類話とするにはいくぶん抵抗がある。大水飲みの男、火を消す男は『グリム童話』の中でも「六人家来」の方の昔話には登場するが、その一致だけでは発端、結末の差異をカバーできないであろう。

山下久男が『加賀昔話集』に載せたこの話は、昭和初期に聞き取ったものであるが、その時の話者が六十歳であったとすると、明治以前の生まれになる。『グリム童話』が完全な形で刊行されるのは、大正時代に入ってからのことなので翻案の影響というにはタイムラグがある。

これを説明するためには、グリム童話からの直接の影響を考えるのではなく、プレ『グリム童話』からの影響、すなわちグリムの翻訳以前に「六人組世界歩き」(「六人家来」)と同じ話型が海を越えて伝播していたことを視野に置くべきであろう。それが「力太郎」系昔話を構成し、また「桃太郎」の話型の原型をなしていたのではないかというのが、現在の見通しであり、今後論証へと結びつけていかなければならない。繰り返すことになるが、『グリム童話』と同話型のAT513「援助者たち」がすでにわが国に伝わっているところに、明治の半ば以降新たに『グリム童話』が翻訳されて民間に受容されていくという二段階の流入過程を踏まえ、それらが互いに響きあって現在の伝承状況を形作っていると考えることができるのではないだろうか。

ところで、小沢俊夫はアールネ＝トンプソンの「話型の型」を『世界の民話　解説編』[20]の中で次のように訳している。

Ⅰ　主人公
(a)主人公は兄たちとは違ってある老人に親切にする。
(b)老人は陸上でも海上でも進める船を主人公が準備するのを手伝う。
(c)王が娘の結婚のときに与えるつもりの物を造るために。
(d)主人公は恩返しとして死人に助けられる。

Ⅱ　仲間たち。主人公に次つぎと並はずれた仲間が加わる。
(a)木を引き抜けるほど強い者、
(b)二マイル先からはえの左目を射ることができる者、
(c)風を送る者、
(d)早耳である者、
(e)速く走る者、

(f)寒さに耐えられる者、
(g)その他。
Ⅲ　仲間の援助。彼らは主人公が、
(a)王女が求婚者に課する競争で王女を負かすことを、
(b)王や魔女によって課せられた仕事をやりとげることを、
(c)食べることを、
(d)飲むことを、
(e)寒さに耐えることを、
(f)お金を運ぶことを、
(g)海から指輪を捜しだしてくることを、
(h)乙女を守ることを、
(i)乙女を連れてくることを、
(j)魔法の薬を持ってくることを、
(k)追ってくる軍勢を全滅させることを、手伝う。

これで注目されるのは、「(a)主人公は兄たちとは違ってある老人に親切にする。」「(b)老人は陸上でも海上でも進める船を主人公が準備するのを手伝う。」である。これは山下久男の採集した「三人兄弟」の前半部と共通している。いまその部分を引用する。

昔、兄弟三人おった。二人は勉強が出来たが、一人は出来なんだ。国の天子さまから、空を飛ぶ船をこしらえた者には、褒美をやるとお触れが出た。兄は山へ行った。道の真中に白髪の爺がおった。その爺ァ、「勉強の出来る者の前へ何しに来た」と言って、兄を蹴った。兄は立木を伐りかけしたら、手がしびれて、鉞ァ手にあった。泣き泣き家へ帰った。

二番目の兄も船をこしらえに、山へ木を伐りに行った。ほしたら、爺ァまた出て、「村でも勉強が出来るのに、勉強の出来る者の前へ何しに来た」と言った。ほして二番目の兄ァ木を伐りかけした。ほしたら、てすぶれて（手がしびれて）、頭へ鉞ァあたった。家へ泣き泣き帰った。

こんた（今度は）三番目が木を伐りに行った。行くとき、そのうちの親父が、「われみたいなもの、何も出来ぬもんが、何が出来る」と言うた。三番目ァ、「どうでもやってくる」と言うた。おっかね（母に）、「兄貴のわけのやきめしでも貰うて行け」と、まあ言うた。ほして行ったら、また白髪のお爺が出て来た。その爺血なんかい（血まみれ）になっていた。三番目ァ血なんかいを拭いて、包帯巻いて、ひだる（ひもじい）かと思うて、飯をやった。ほしたら、爺ァ、「何しに来た」ときいた。三番目ァ、「空飛ぶ舟をこしらえた者には、たくさんの御褒美をやると言うので来た」と言うた。ほしたら、爺ァ、「お前ァ、うしろむいておれ」と言うた。神さま、男を寝さした。男ァ、目を開けてみると、はや船が出来ている。その爺が、「天子さまの御殿の前まで行くまでに、三人のきつい者（強い者）を連れて行かねばならぬ」と言うた。

以下の展開は先述した通りである。これをAT513「援助者たち」のバリアントに位置づけることができよう。アールネ＝トンプソンがどの国の昔話をもとに話型要約したのかは今後の課題になるが、海を越えて入ってきた昔話が山深い西谷村に偶然に残ったと仮定して、その不思議さには驚きを禁じえない。なお、「三人兄弟」の昔話は、アファナーシエフが編集した『ロシア民話集』にある「空飛ぶ船」と共通する話型である。『グリム童話』と結びつけるための他の材料を探す努力をゆるめてはならない。

ところで、先述した「話型の型」の「仲間の援助」の項の「(g)海から指輪を捜しだしてくることを、」は、「桃太郎異譚」や岩手県岩泉町の「雉の子太郎」の中で、「鬼の牙」を海辺で紛失する件(くだり)に関わっているようである。『グリム童話』の「六人家来」では魔女が隠した指輪を、眼のいい男が海底にあるのを見つけ、大食いの男が水を飲み干して拾い上げることになる。その異同等についても今後の課題となる。

「桃太郎」は日本を代表する昔話ではあるが文献資料は新しく、その出自、由緒のはっきりした昔話とはいえない。それを国内だけで見ていくことには限界がある。海を越えて比較研究していく方法が求められている。戦後の昔話研究の指針の役割を果たした『日本昔話集成』の「序説」で、関敬吾は「昔話の存在は単に一民族的な現象ではなく、超民族的な事実である。従って昔話研究は特に比較研究を予想するものである。このことなしには昔話の本質は明らかにすることは不可能である」と述べた言葉を銘記したい。

一昨年の夏、中国の少数民族の侗(トン)族の民間故事調査に赴いたとき、「リャンプン」という昔話を聞いた。牛飼いのリャンプンが十二人の娘たちと賭事をして勝ち、十二人を妻として十二人の子どもを儲ける。その子たちはそれぞれ「耳聞き」「千里眼」「万丈高」「氷郎」「十二人肩」「鉄郎」「大食」「飢郎」「靭郎」「大水呑み」「まとめ役」といった異能の持ち主である。この侗族の梁山泊(りょうざんぱく)たちが漢族の皇帝を倒すという内容である。同席していた中国侗族民間故事の研究者である呉定国氏に、この昔話の伝承状況を確認したら案外ポピュラーな話だという答えであった。中国には他に桃から生まれる「八兄弟」[21]の類話もあり、また韓国にも「四人義兄弟」[22]の話がある。こういった大陸の伝承を踏まえつつ、『グリム童話』等のヨーロッパとの比較を視野に入れていく必要がある。桃太郎研究は日本にとどまらず、世界へ出て行くべき時がきている。

注

［1］柳田國男「桃太郎の誕生」『定本柳田國男集』
［2］関敬吾「桃太郎の郷土」『澤田四郎作博士記念論文集』（『関敬吾著作集4』同朋舎、一九三〇）
［3］伊藤清司「桃太郎の故郷」（『昔話伝説の系譜―東アジアの比較説話学―』第一書房、一九九一）
［4］野村純一『新・桃太郎の誕生　日本の「桃ノ子太郎」たち』（吉川弘文館、二〇〇〇）
［5］山下久男編『加賀昔話集』（岩崎美術社、一九七五）。なお、本書は一九三五『加賀江沼郡昔話集』（小川書店刊）に、資料を追加増補したものである。
［6］黄地百合子・松本孝三他編『南加賀の昔話』（三弥井書店、一九七九）
［7］松本孝三「本格昔話と植物―誕生・転生をめぐって　日本の場合―」『昔話―研究と資料―』二九号（三弥井書店、二〇〇一）
［8］常光徹・黒沢せいこ編『鳥海山麓のむかし話―佐藤タミの語り―』（イズミヤ出版、二〇〇九）
［9］武藤鉄城編『角館昔話集』（岩崎美術社、一九七五）
［10］水沢謙一編『いきがポーンとさけた』（未来社、一九五八）
［11］高橋貞子編『まわりまわりのめんどすこ―続・岩泉の昔ばなし―』（熊谷印刷出版部、一九七八）
［12］近藤雅尚編『小野寺賀智媼の昔話』（『小野寺賀智媼の昔話』を刊行する会発行、一九八一）
［13］伊藤太郎編『巻町の民話　犬に呑まれた嫁』（巻町役場、一九七三）
［14］アランダンデス他編、荒木博之他訳「昔話の構造的研究におけるエティック的単位からイーミック単位へ」『フォークロアの理論』（法政大学出版局、一九九四）
［15］ウラジミール・プロップ、北岡誠司・福田美智代訳『昔話の形態学』（白馬書房、一九八三）
［16］杉原丈雄編『越前の民話』（福井県立図書館、一九六六）。なお、本話は石畝弘之氏が「小原民俗誌稿」に収めたものから転載したものである。
［17］平野直編『南部伝承民話集　すねこ・たんぱこ』（銀河社、一九四二）
［18］『長島の民話―鹿児島県出水市―』（東町教育委員会・南日本文化研究所、一九七一）

［19］　小沢俊夫『世界の民話　解説編』（ぎょうせい、一九七八）
［20］　アファナーシエフ『ロシア民話集㊤』（中村喜和編訳、岩波文庫、一九八七）
［21］　注［3］「桃太郎の故郷」に例示される。
［22］　鄭寅燮著『温突夜話』（三弥井書店、一九八三）

「桃太郎」から見る昔話研究史

一　問題の所在

この国の伝統的な昔話伝承は終焉した。三、四十年前から言われ続けてきたが、もう今は断言していいだろう。祖父母から孫へと隔世遺伝のように伝承されてきた「時代の寵児」も過去のものになっていく時がきた。使われなくなったモノたちは前代の遺物として忘れられ、最終的にはゴミとして廃棄されるか、あるいは幸運なモノはリニューアルされ博物館へ行くこともあろう。研究者によって録音採集されたカセットやＭＤなども、いずれ消滅していく運命にあるが、なかには「戦前のニュース」のように古めかしい「声の記録」として、突然に蘇るものもあるかもしれない。

と言って、昔話がなくなったわけではない。「現代の語り」といったネーミングで、図書館や地域文庫、幼稚園や小学校、老人ホーム、観光地での語りといった形で語られている。また地域の「語りの会」などは盛んだと聞く。昔話は現代という時代の中で、新たな胎動を始めており、確かに次世代へと引き継がれるべく装いを整えているといっていいだろう。

そんな中で、昔話研究だけが古い衣装のままというわけにもいかないであろう。伝承の場が後景に退くように、生態記録とともに続けられてきた「民俗学的研究」も、これまでの勢いを弱め変質を余儀なくされていくことになろう。

文字記録として蓄積された昔話は、いよいよ「古典研究」に近づいていくのかもしれない。ともあれ、いま昔話がどこにあり、今後どのように研究されていくのか、一つの分岐点に立たされていることはまちがいない。そうした状況であれば、ここはいったん立ち止まって、この国の昔話がどのように歩み研究されてきたかを振り返り、これからを展望していくことも意義があることである。以上の問題意識をもって、ここでは桃太郎研究の足跡をたどりながら昔話の研究史を概括していきたい。

二　江戸期の「桃太郎」研究

「桃太郎」は日本を代表する昔話といえるが、しかしその素性はどうもはっきりしない。藤沢衛彦によると江戸初期に「桃太郎絵巻」[1]というのがあるというから、内容はともかく桃太郎の名前が出てくる最初とされる。いわゆる桃太郎話が文献に登場するのは、現在のところ享保八年刊の豆本「も、太郎」である。それから文久年間（一八六一―六四）までの一八〇年の間に、八十二点を越える赤本、黄表紙等の草双紙が出版されているという。これほどの人気を誇った「桃太郎」が、享保以前にその名が出てこない。江戸の出版文化の隆盛の中に突如現われ人気を博したものといえる。ところで、ここでは「桃太郎」の形成を話題にするのではなく、どのように受容、研究されてきたかである。江戸期の桃太郎研究は「心学的解釈」と「考証学」があるという卑見を述べたことがある[2]。これは上笙一郎（かみしょういちろう）編『江戸期の童話研究』[3]に基づいたものである。上（かみ）は同書の「解説」で、「〈教育的配慮に立つ昔話＝童話研究〉と〈文学的・趣味的関心に立つ昔話＝童話研究〉」とを挙げ、前者を「心学系教育論」、後者を「推理・考証・論評」と述べている。この二つの研究方法については、早くに蘆谷重常（あしやしげつね）（盧村（ろそん））も『日本童話史』[4]の「江戸時代篇」の中で取り上げている。蘆谷は「童話の考証」「心学道話」といった用語で説明している。

心学とは、石田梅岩が興したことから「石門心学」とも称されるが、庶民教化を目的とした啓蒙的な教育論で、陽明学や神道、儒教、仏教などを織り交ぜた講話を、町の説教場に一般の聴衆を集めて説教した。手島堵庵、中沢道二、柴田鳩翁などがいて、江戸や京・大坂等で活躍した。そうした心学的解釈を代表するものとして、上は前掲書に加茂規清『雛迺宇計木』、春亀斎・地節斎如同稿『桃太郎乃話』の翻刻を載せている。ここでは別の例として、蘆谷が紹介している、藤沢衛彦所蔵の三光堂阿童『古事附桃太郎話』（天明八年板）を取り上げる。それによると、桃太郎のストーリー展開に即して解釈、コメントを加えていく。たとえば冒頭部分の「祖父は山へ柴刈りに」について、

> 山は高きをいふ、登るは陽の道也、男は陽にして高きゆへ登り、此柴木も陽なり、火にたくときは火も陽なり、草木の生繁りて、化物屋敷のごとくなるを、鈍鎌を以て伐はらいて、木の葉闇をてらし、道をひらくごとく、心のちりあくたを沸ひきよめた、なぎたてよとおしへなり、是則分に應じて道を行なふといふべし。[5]

といった説明を加える。事物の存在、行動原理を陰陽に基づいて解釈し、柴刈りを道の開削になぞらえ、分相応なる調和的な生き方を啓蒙、諭すといった内容である。表面的な言葉の背後にある哲理を説いて聞かせるメタ言語のような昔話解釈は、翻って語り手が聞き手に教訓をほどこすものと、ある意味では本質的には変わらないといえる。昔話を手ごろなテキストとして、それにメッセージを込めて伝える道具としての機能である。

これは「古事附桃太郎話」であるが、もう一方の「考証学」も古事付けが基本にある。滝沢馬琴の言葉でいえば、「童蒙もすなる物語も、おのづから根く所有り」[6]と述べて、その根拠や典拠を示すのが、当時の「古事付け」である。『燕石雑志』の「桃太郎」を見ると、まず話のあらすじを紹介したあとで、「按ずるに」と言って、「述異記に云」「竹取物語に」「幽冥録」「古事記」「本草綱目巻ノ二十九」などと、さまざまな文献を引用しながら、桃からの誕生

に関わる古事を記す。さながらインターネットで検索すると関連事項が次々に連なって出てくるように、博覧強記の事例が寄せられる。こうした引用を示しながらそれにコメントを加えつつ、「されば桃の果の中より児の生れしとは作りしは、これらの説に因れるなり」「これらの故事よりて、桃太郎鬼島へ到りて鬼を殺し、その鬼王を禽にしたりとは作したるなり[7]」と意味づけていく。続いて、団子、犬、雉、鬼ヶ島といった要素についての故事付けをし、「桃太郎が鬼ヶ島へ到て宝貨を得たりしよりは、為朝の事を擬していふなり」と、『保元物語』を引いて結論づける。馬琴の考証学の流れは近代に入って「童話研究」へと引き続いていく。

こうした故事探しは歴史的進化に基づく発想で、一見現在から過去へと遡る道筋は理にかなっているように見える。しかし、注意しなければならないのは、たとえば過去のある時点から未来への予測については当然ながら説明がない。つまり一方的な遡及であって、どのような事由で次の形に変化するかの原理的な説明ではない。古くに遡るだけの一方通行であり、片手落ちといえる。それは馬琴に限ることではなく、山東京伝「骨董集」、黒沢翁満「童話長編」、喜多村信節「喜遊笑覧」においても同様で、江戸期の古事付けの限界といえる。さらに問題なのは、文献資料の指摘に終始するために、文字優位を決定づけてしまうことになり、口承への配慮を閉ざしてしまうことになる。これを補うためには近代の民俗学的研究を待つしかない。

三　明治期の口演童話

明治期に昔話と深いかかわりを持った人物に巌谷小波と久留島武彦がいる。「明治の少年文學の開拓者」といわれる巌谷は、明治二十七年の「日本昔噺」を始め、三十二年には「世界お伽噺」等を刊行する。この巌谷と親しかった久留島武彦は、巌谷との活動を踏まえて三十九年に「お伽倶楽部」を設立する。そして、共に口演童話の活動のために各地を精力的に回る。

ところで、巌谷小波が「日本昔話」二十四編の筆頭に取り上げたのが「桃太郎」である。その冒頭を引用する。

　むかし〳〵或る処に、爺(じじい)と婆(ばばア)がありましたとさ。或る日の事で、爺は山へ柴刈に、婆は川へ洗濯に、別れ〳〵に出て行きました。

　時は丁度夏の初旬(はじめ)。堤の草は緑色の褥(しとね)を敷いた如く、岸の柳は藍染の総(ふさ)を垂らした様に、四方(よも)の景色は青々として、誠に目も覚める斗り。折々そよそよと吹く涼風は、水の面に細波を立たせながら、其余りで横顔を撫でる塩梅(あんばい)、実に何とも云はれない心地です。[8]

冒頭の語り口調から雅文調といった混交文の展開は、後に童話作家と口演童話作家を兼ねる小波を暗示しているかのようである。小波の「桃太郎」は、天からの授かりものとして川上から爺婆のもとに来た桃太郎が成長して、「我皇神(おほかみ)の皇化(みおしへ)」に従わない鬼を退治するといった皇化主義思想に彩られたものである。大正四年に刊行する『桃太郎主義の教育』[9]では、「積極的、進取的、放胆的に最もしかも楽天的」な桃太郎像を理想に掲げる。

その点は、久留島の説く桃太郎も一致している。自ら園長をしていた早蕨幼稚園の方針を「桃太郎主義は進撃主義」かつ「共同主義」「報恩主義」であって、「強い個性の建設と、固い共同一致の訓練」[10]を目標にしている。これは小波と軌を一(いつ)にするものといってよく、明治という時代性を示すものかもしれない。

ところで、小波も久留島も昔話研究に携わったというわけではなく、昔話を直接子どもたちに届けるというメッセンジャーの役割を果たした人物である。提供される相手の子どもの立場や心理に基づく姿勢は、大人の啓蒙を旨とした江戸期の心学や考証学とは一線を画すものである。子どもを大人の雛形として見るのではなく、一個の人格を持つ存在として接する態度であり、産業革命後のヨーロッパの子ども観に支えられた「童心主義」である。そうした立場の昔話研究は、大正期に入って高木敏雄や松村武雄といった国際的な説話研究者が引き受けていくことになる。

四　大正期の童話研究

高木敏雄は東京帝大独文科を出た神話学者で、いきさつは分からないが大正二年に柳田國男と共同で「郷土研究」を創刊するが、しかし一年後に手を引いてしまう。二人の間に何があったのか、関敬吾は柳田は一国民俗学を志向するのに対し、高木は比較研究方法といった方法の違いをあげる。しかし、山田野理夫によれば、高木自身の仕事の問題が関係していたと述べている[11]。いずれが正しいかはともかくとして、二人のその後の歩みは対照的である。柳田は八十八歳で亡くなるまでに多くの著作を残したが、一つ年下の高木はそれから八年後の四十六歳でこの世を去る。

高木は郷土研究の一巻三・四号に「英雄伝説桃太郎新論」を載せている。その題名からわかるように、「桃太郎」は「民間童話の衣を被った史的国民伝説」[12]であると位置づけ、その論証に尽くしている。ここではそのことよりも、大正五年に上梓した『童話の研究』[13]から高木の童話観をみておきたい。関が「わが国最初の比較民間童話研究の序説」[14]と述べるように、世界の童話関係の文献を視野に置きながら日本の童話について論じたものである。

この中で高木は童話の目的を「娯楽を旨」として「教訓の目的を有し」、「児童を相手」にした「家庭にいて物語られる」「物語文学の形式をそなえる」という五つの要件をあげている。そして、さまざまな角度から説明を加えた章の最後に、「一般に教訓といい、娯楽といい、すべて児童の心理作用、観念世界を標準としての話で、成人を標準としての話ではない」と明言している。童話を児童のものとする考えを強く表したもので、そのことは章を変えた「童話選択の標準」で、「理解しやすきこと」「記憶しやすきこと」「忘却しやすきこと」の三つを挙げるが、いずれも児童の心理、観念に叶うものといった発想が中心にあり、昔話が子どもの心理に即した構想、表現であることを踏まえている。

この高木の考えと対蹠(たいしょ)的なのが柳田の昔話観である。柳田は「桃太郎の誕生」の中で、昔話は歴史的に変化しつつ多彩であるが、「口承文学の童話化」は近世に入ってからで、もともと「子供の為の話又は子供に向く文藝、そんなものは元は村になかった」[15]と述べ、都市の赤本などの文字化は災厄だったと言い切る。子どもを大人とは違う固有の人格としてみる高木と、子供の文化を大人の「模倣」とみる柳田との相違であり、ここに童話と昔話はその差異を明確にする。両者は一時期軌道を共にするが、やがて別れ、以後二つの方法は結び合うことなく終わったのは、昔話研究からすれば不幸なことであったといえる。

高木敏雄と松村武雄との接点はどこにあったのか詳らかにしないが、松村は東京帝大英文科を出ている。松村は大正十二年に『童話及び児童の研究』を書き、子どもの心理や教育面から昔話を論じている。河合隼雄がユング心理学を用いて昔話・神話・夢の研究を行なったが、早く松村はフロイトの心理学を用いている。続けて昭和四年に『童話教育新論』を著し、その中で「桃太郎」に言及する。

松村は馬琴以来取り上げられてきた「桃太郎」の出生を検討し、竹から生まれ夷狄(いてき)を破って竹王となったという古事は、竹姓の由来の説明伝説で、「桃太郎」は英雄説話であり、両者は本質的に差異があるという。次に物語要素に着目し、(1)あるものが川から流れてきて、(2)それから子どもが生まれ、(3)成長後にある事業をなすという「異児出生説話」の世界の事例を挙げながら、「この三つの要素が桃太郎説話の話根とすれば、同一の話根を持つ物語は、多くの民族の間にいくらでも存している」と述べ、「桃太郎説話は、多くの民族に共通した心理の一産物に過ぎなくなる」

ので、「桃太郎の原話を探すのは無駄な骨折[16]」だという。そこで、フロイト心理学の解釈を援用しつつ、説話要素の新古の分析を行い、そして日本独自の話根の意味づけについて説明していく。この松村の方法は、古事付けから説話要素（＝モチーフ分析）の研究へと一歩進んだものと評価できる。

明治、大正期の童話研究は、大正十一年に創刊された機関誌「昔話研究」に結集する形で昭和へと引き継がれていった。日本童話協会を主宰していた蘆谷重常は、口演童話家としても活躍していた関係から巖谷小波、久留島武彦、岸辺福雄らを顧問とし、童話を伝承説話や児童心理、教育、芸術といった立場から総合的にとらえていくことを目的にしていた。この伝承説話にかかわる立場からの研究者に藤沢衛彦（もりひこ）や中田千畝がいた。藤沢は、赤本を始めとした草双紙の異同を検討しながら、「桃太郎」の鬼退治を赤本「金平（きんぴら）夢物語」（一七〇五）から着想したものとして、金太郎との関係を示唆した。そして、論証はないが、「猿蟹合戦」の「カニの大将話のほうが桃太郎よりまえであり、それが桃太郎におちついてくるまでに、金時をまじえた過渡期があった[17]」とも述べている。

島津久基の「桃太郎」も国文学研究の立場からのものである。島津は藤沢と違い、中世日本の時代思潮の反映ととらえるもので、鬼ヶ島への鬼退治を秀吉の朝鮮出兵や倭寇など「日本国民の海外進出の雄志とその成功[18]」が背景にあるとする。また、日本一の黍団子の、「日本一」の事例が中世の文芸等にみられることを傍証にしている。ただ、こうした島津の解釈が昭和十九年の戦争最中であることは、時代の精神に流された発言といえるかもしれない。

五　昭和の民俗学的研究

昭和の昔話研究の中でエポックを画するのは、柳田國男の民俗学的研究法である。すでに触れてきたように、柳田の昔話研究の目的は子どもを視野においたものではない。それは「民俗」としての昔話であり、その射程を古代の神話へと向け、儒仏の影響の希薄な昔話に固有信仰を追究しようとしたものである。そのことを鮮明にしようとしたのが、「桃太郎の誕生」である。柳田の桃太郎研究の眼目は二点ある。

一つは、果実から生まれた「小さ子」桃太郎が、偉業を成し遂げるという神の子の物語である。昔話を神話へと逢着させようとする意図で、それを同じ民間文芸の「瓜子姫」や「一寸法師」等の横の比較からとらえていった。そして、もう一つは、鬼ヶ島への遠征が財宝を持ち帰るばかりではなく、「それを手段としてよき配偶者とよき家を得、更に佳き児を儲けて末永く栄えん」[19]とするための「妻もとめ」にあったということである。「奥州民間の桃の小太郎」（佐々木喜善『紫波郡昔話』）で、地獄から鴉（からす）の運んできた姫の手紙をもらい救出の遠征を思い立ったということから着想したものである。

昔話研究に口承の昔話を資料に採用したのは、柳田に始まるといってよい。高木敏雄はその意義を認め、自ら『日本伝説集』の編纂等にかかわったが、しかしそれを十分に利用するところまでいったとはいえない。島津久基のいう「無知卑俗な平民生活」の中で伝える話を研究材料に利用する発想は、和漢の書一辺倒の「古事付け」研究からは考え及ばないことである。「声の伝承」の価値に目をつけた柳田の民俗学的研究は画期的なことであったといえる。昭和十年から十二年にわたって刊行された雑誌『昔話研究』は、伝承資料を収集する大きな役割を果たした。この昔話研究のラインから関敬吾を始めとして、多くの昔話研究者が輩出されていったことの意義は大きい。

ただ、その関は戦後、柳田の日本民俗学樹立に向けたインテンシブな方法を批判して、「昔話の存在は単に一民族的な現象ではなく、超民族的な事実である。従つて昔話の研究は特に比較研究を予想するものである。このことなしに昔話の本質を明らかにすることは不可能である」[20]と述べ、袂を分かっていくことになった。その柳田の影響を強く受けた戦後の昔話研究者を系統的に概括するなら、日本の昔話と国文学研究との接点を追究した臼田甚五郎や大島建彦、民俗や語り手研究につらなる昔話生物学的研究法の野村純一・武田正、歴史地理学的研究法にもとづきながら日本やアジアを射程においた福田晃や稲田浩二・伊藤清司・飯倉照平、さらにはアジアを越えた国際的な視点に立った小澤俊夫・三原幸久などの比較研究である。

そのうち各地の伝承の桃太郎を話題にしつつ追究した野村純一の方法や、モチーフの分析を比較の視点からとらえた関敬吾、中国の資料から日本への接続にふれた伊藤清司の桃太郎研究については、別稿[21]（本書「「桃太郎」、世界へ行く」）で取り上げたのでここではふれない。最近アジアの「猿蟹合戦」と「桃太郎」との複合を話題にした斧原孝守「チベット族の「桃太郎」の源流―黍団子と三匹のお伴をめぐって―[22]」は、今後の展開が期待される。

六　昔話の比較研究法

比較研究というと「国際比較」が思い浮かぶが、ここではそれ以外の研究法について、何をどのように比較するかによって方法は異なるが、⑴歴史地理的研究法、⑵形態論的研究法、⑶心理学的研究法の三つを取り上げる。

歴史地理的研究法は、ヨーロッパで発達した研究法で、説話の類話資料の分析から起源や移動ルートを問題にするものである。アンティ・アールネによると、集められた資料に「地理的秩序を与え」、また「文献がある場合は歴史的秩序を与える[23]」ことによって、その説話の生活史を明らかにすることができるとする。この方法は四周を海に囲まれたわが国の場合にも適用できるが、ヨーロッパのような地続きで、さまざまに国境や民族の移動の行なわれた地域ではより有効な方法であったといえる。

形態学（構造学）的昔話研究は、もうすっかり下火になってしまったが、一時は記号論とも併せて随分もてはやされた時期があった。その火つけ役はロシアのプロップで、説話の文法構造を求めて、誰が（主体）何をするか（行為）を基本とする「機能」の概念を明らかにした。それを魔法昔話に応用し、機能の展開には一定の順序があり、全体三十一の機能から構成される一つのタイプであることを確認した。ただ、機能は欠落することがあるが、順序は入れ替わることはないという。アメリカの民俗学者アラン・ダンダスは、プロップの機能をモチーフ素と呼びかえ、「欠乏」「欠乏の解消」といった継起的対立で物語が展開することを指摘した。このような説話、物語構造の分析は、普遍性の意味あいをもちながらも、国や民族によって異なる文化内容を示すことになる。日本では小松和彦の研究が中心である。

心理学的研究法は、精神分析者のフロイトやユングの精神分析の研究に基づくものである。ユングの場合、昔話や神話は無意識の中でも集団的（普遍的）無意識を表すものとして時代や民族を越えて存在し、その中心に「元型（アーキタイプ）」があり、これが物語やイメージを生みだす共通の力ととらえた。ユング心理学の日本の第一人者河合隼雄は、「桃太郎」の出自を思春期の自我の確立時に求め、自我の誕生によって自分は「肉体の親としての両親からではなく、それを超えたXから生まれてきたとするほうが、はるかに確かな存在感をもつことができるのだ。自我は心の中の英雄である。英雄誕生にまつわる数々の不思議な物語は、自我の来歴を、人間の全存在の中に意味づけるのに、最もふさわしい」[24]と述べている。思春期に、自分は目の前の親の子でないのではと悩む心理を、川上から流れてくる桃（桃太郎）に重ね合わせている。

ベッテルハイムはフロイトの精神分析を汲む昔話研究者でもあり、「エディプス・コンプレックス」を分析概念に昔話を解釈する。その著書『昔話の魔力』の「日本語版への序文」の中で、桃太郎について二つのモチーフから構成されているとする。そして、その一つは桃が川から流れてくることを、自分の生命を超自然と関係づけて子どもたちは空想するのだといい、もう一つは「心の悪魔」[25]である鬼ヶ島の征服にあるのだという。その際に、両親のくれた「愛のしるし」であるキビ団子を分け与えて行動をともにする協力者の存在の必要意義を説いている。

最後に、比較研究ではないが、美学的研究法に触れておく。この研究法の提唱者はオーストリアのマックス・リュティである。リュティは五歳から十歳を「昔話の年齢」[26]と呼んで、昔話に夢中になる時期で、この時期が過ぎると昔話を嫌い現実に即した話を好むようになるという。稲田浩二も日本の語り手がだいたいこの年齢期に多く聞いたと述べている。[27]この年齢層の子を魅了する秘密があるとして、その理由を昔話の様式性から追究していった。リュティによると、昔話世界における此岸と彼岸とは断絶のない一次元性からなり、かつ平面的世界である。そこに登場する主人公は孤立的で、行動や物事は図形的に描かれるなど抽象的様式性をそなえた世界であるという。[28]

このリュティの紹介者の小澤俊夫も、自ら語りに深くかかわり、日本昔話の様式性や音楽的特質について『昔話の語法』にまとめている。図書館の語りを主導してきた東京子ども図書館の松岡享子は、シャーロッテ・ビューラーの「先取りの様式」[29]を紹介し、語りの実践等に生かすことを提案している。こうした昔話の様式性にかかわる問題は、子どもの心や理解力に基づいていることは言うまでもない。

昔話は長く人々の生活の中で愛好されてきたものであり、そこにはさまざまな知見や経験が集積されている。したがって昔話研究も民俗に限ることなく、子どもの心理や、文化、芸術などといった種々の立場、広い視野から解釈していく必要があろう。

注

［1］藤沢衛彦「日本の代表的民話」（『図説　日本民俗学全集』第二巻、あかね書房、一九六〇）
［2］花部英雄「昔話の研究史―「桃太郎」を中心に―」（『語りの講座　昔話への誘い』三弥井書店、二〇〇九）
［3］「解説江戸期の童話研究所―『雛洒宇計木』『桃太郎乃話』および『童話長編』について（『上笙一郎編『江戸期の童話研究』』久山社、一九九二）
［4］蘆谷重常「江戸時代篇」（日本童話協会編『日本童話史』日本童話協会出版部、一九三五）
［5］藤沢衛彦所蔵三光堂阿童『古事附桃太郎話』（天明八年板）」（注［4］『日本童話史』）
［6］「猿蟹合戦」『燕石雑志』（『日本随筆大成』〈第二期〉19、吉川弘文館、一九七五）
［7］「桃太郎」『燕石雑志』（注［6］『日本随筆大成』）
［8］巌谷小波「桃太郎」（『日本昔噺』博文館。平凡社「東洋文庫」復刊）
［9］『桃太郎主義の教育』（東亜堂、一九一五）
［10］「桃太郎主義」（『早蕨報』一九二三）
［11］「高木敏雄小伝」（高木敏雄著『人身御供論』宝文館出版、一九七三）
［12］「英雄伝説桃太郎新論」（注［11］『人身御供論』）
［13］高木敏雄『童話の研究』（講談社学術文庫、一九七七）
［14］関敬吾「解説」（注［13］『童話の研究』）
［15］柳田國男「桃太郎の誕生」（定本柳田國男集第八巻『桃太郎の誕生』筑摩書房、一九六九）
［16］「桃太郎」（『童話教育新論』培風館、一九三九）
［17］「桃太郎童話」（注［1］『図説　日本民俗学全集』第二巻）
［18］「桃太郎」（『日本国民昔話十二講』山一書房、一九四四）
［19］「桃太郎の誕生」（注［15］定本柳田國男集第八巻『桃太郎の誕生』）
［20］関敬吾『日本昔話集成』第一部動物昔話、角川書店、一九五〇）
［21］「桃太郎、世界へ行く」（『昔話伝説研究』第二十九号、昔話伝説研究会、二〇〇九）

[22]『説話・伝承学』第十八号（説話・伝承学会、二〇一〇）
[23]「地理・歴史的研究法」（『昔話の比較研究』岩崎美術社、一九六九）
[24]「昔話の心理学的研究法」（『日本昔話大成』12、角川書店、一九七九）
[25]「日本語版への序文」（波多野完治・乾侑美子訳『昔話の魔力』評論社、一九七八）
[26]野村泫訳『昔話の本質―むかしむかしあるところに―』（福音館書店、一九七四）
[27]「語り手の顔、話しての顔」（『昔話の時代』筑摩書房、一九八五）
[28]小澤俊夫訳『ヨーロッパの昔話』（岩崎美術社、一九六九）
[29]「昔話における〝先取り様式〟―子どもの文学としての昔話―」（昔話―研究と資料―28号『昔話と俗信』（三弥井書店、二〇〇〇）

Ⅱ　異類婚姻譚の国際比較

「蛇婿入」の国際比較

一　先行研究概観

昔話の話型分類の体系化は、『日本昔話名彙』（一九四七年）や『日本昔話集成』（一九五〇年）によってしだいに確立していくが、関敬吾はその前の昭和十六年に「蛇聟入譚」[1]を書いている。「われわれが蛇聟入譚とよんでいる中にも、少なくとも水乞（みずこい）型、蛙（蟹）報恩（ほうおん）型、鴻（こうのとり）の卵型、立聴（たちぎき）型もしくは苧環（おだまき）型の四つの定型がある」と、蛇と人間の女性との結婚を発端とする四話型を上げながら、次に苧環型を話題にしていく。関の方法は、全国の伝説、昔話六七の事例を取り上げ、地域の伝承変化を明らかにして、それに文献資料を補足追加して、話型の変化を跡づけるといったオーソドックスな地理歴史的研究法によっている。そして、「この昔話に関するかぎり、わが国においてはきわめて古い時代のあるひとつの形式の神話を本源として伝説化し、昔話となって民間に伝承」してきたと結論づける。この時期の関は、柳田國男の説く神話から伝説・昔話への進化の発想に基づいている。

古典研究の立場から斬新な昔話研究を行う佐竹昭広は、昭和二十九年に「蛇聟入の源流―「綜麻型」解読に関して―」[2]を表わしている。『万葉集』巻一の「綜麻（へそ）型の」歌の、綜麻は苧（お）すなわち緒の意味で、それは緒方と重なり、大和の三輪山神話と豊後の高知尾明神の五大孫の緒方三郎維義伝説との一致を取り上げる。その緒方氏が大神（おおみわ）惟基の系譜に連なることから、豊後大神氏は「大和大神（おおみわ）氏の一族の峙れ」であろうと述べる。

さらに、神の正体をつきとめる手段の針糸（苧環）モチーフの「針は元来附いて居たものか頗る疑わしい」として、苧環の糸にこそ神の正体を繋ぐ本来の意義があると説く。そして、神を受け入れる糸を紡ぐ機織女性の関与を想定し、「神衣を調える為の機織を重要な任務として帯びている巫女を女主人公にした神話、否こうした巫女達が生み出して傳承したであろう」[3]と述べる。しかし、こうした国語や日本文化に基づいた解釈は、一方で、苧環モチーフが中国奥地の少数民族のイ族やハニ族[4]等に密に分布するといった国際比較の事例を前にすると精彩を欠く。

三輪山神婚説話に関する歴史学の立場からの研究に上田正昭の「神婚説話の展開」[5]がある。上田は、『古事記』『日本書記』に記される三輪山の神の二つの神婚譚にふれる。『古事記』が神とイクタマヨリビメとの結婚が親和な「神人交流型」であるのに対し、『日本書紀』の方では神とヤマトトトビモモソヒメとが決別につながる形の「神人隔絶型」であることを問題にする。前者は正体を探るのに苧環モチーフを取るが、後者は「威儀（みすがた）を観たてまつらむ」と視覚に訴えて確認しようとする。こうした両者の相違を「説話発展相」の違いとして、「神人交流型の三輪神婚伝承は、その御子（巫女）の説話として定着し、神人隔絶型の三輪神婚伝承は、三輪の王者の王女らでは祭祀権を掌握しえなかったいわれを物語る説話として記録化をみたのではないか」と述べる。その歴史的な対応を三輪王朝から河内王朝への政治的変化に基づくものと意味づける。

伝承研究の立場からの福田晃「水乞型蛇聟入の古層―南島の伝播を基軸に―」[6]は、伝承の襞（ひだ）にふれる形で、資料を丹念にたどりながら追究する。一般に蛇への殺意の実行と思われがちな「水乞型」の中に、蛇との幸福な結婚を結末とする「単純婚姻型」の事例があると指摘する。これをイレギュラーとせず、自然との共生に「幸福の根元をみつめた古代人の精神風土」を示したものと評価する。また、この型が蛇体の聖性を後退させた「転生婚姻型」へと移行し、そこから蛇体の聖性を否定し殺害するいわゆる「水乞型」グループと、蛇体を転生させた後に人間の青年と邂逅（かいこう）し結婚する「転生邂逅型」、そして強く蛇体の聖性を引きずり両者が再会する形の「転生再会型」との三つに分かれると説く。ただし「転生再会型」は隣国の韓国とは違い、日本では七夕由来につながる中世文芸の「天稚彦草子」「七夕の本地」にしか見えないが、これは明らかに中国からの伝播を示すものだという。

福田の研究は、日本の「蛇聟入・水乞型」をアジアを視座に、ミクロなレベルの伝承事例から帰納的な方法に基づいて、その形態的変化を跡づけようとする。その点、形態を二項対立等の図式的なモデルの仕分けによって説く構造論とは違い、変容や流動性を意識した方法で、客観的で説得力がある。

以上の先行研究を概括したところで、ここでの方法、問題点を明らかにする。方法的には、福田の解釈から出発し、対象をアジアを始めとした「蛇聟入」の範囲を世界へと広げて、その伝承様態を追究していきたい。「水乞型」「苧環型」を含めたその周辺の話型を「異類との婚姻」をテーマにした内容の昔話に広げて問題にし、昔話の伝承の意図がどこにあるのかを探っていくことにする。

二 「天稚彦草子」と「グビドーとプシケー」

この章では、「蛇聟入」の昔話と同類である日本の中世の御伽草子「天稚彦草子(あめわかひこのそうし)」と遠いギリシア神話との比較を試みる。そのギリシア神話の「クピド(エロス)とプシケ」[7]の物語について、ユング心理学の河合隼雄が次のように述べている。

美しい娘プシケはクピドに愛され結婚するが、夫のクピドは夜にだけやって来て朝にはいなくなってしまう。そして、プシケに自分の姿をけっして見てはならないといいわたす。始めのうちは幸福にすごしていたプシケも、とうとう好奇心や疑いの気持ちに勝つことができずに、ある晩に灯りを取り出してクピドの姿を見てしまう。それと気づいたクピドは怒ってとび出してゆき、ここからプシケの苦難の道が始まる。

貞淑なプシケは昼間に姿を見せないクピドを、いつも暗闇の中で受け入れていた。この夜の訪問者クピドが「苧環型」の蛇聟である。そのクピドの姿を見るためにこぼれた蠟燭の雫が、男の衣に針糸を通す針の役割といえる。

ところで、プシケの心の底からつきあげる「好奇心や疑いの気持ち」が、物語を新たな展開へと導いていくことになる。このプシケの「好奇心や疑いの気持ち」をユング心理学では「アニムス」と言って、女性の内界に存在する男性像であるという。この心に目覚めたプシケは、失踪したクピトを捜索する、いわば自己実現のための長い苦難の道を歩むことになる。

ところで、ギリシア神話の「クピドとプシケ」は「三輪山神話」および「蛇聟入」の昔話と深い関係があり、その比較を次に取り上げる。クピドはラテン語をアモルとも言い、「アモルとプシュケ」の名で呼ばれることもある。また、クピドは英語名ではキューピットと言い、この方が馴染みといえる。ちなみにギリシア神話ではアモルはエロスとなる。この「グビドーとプシケー」の物語とよく似たのが、日本の「天稚彦草子」である。次にその内容を比較対照していくが、要約の恣意性を避けるために、天稚彦草子の梗概は福田晃が要約したものを参考にする。

グビドーとプシケー

昔、国王に三人の娘がいて、末娘は独身であったが、とりわけ美しかった。この評判が女神ヴェヌスにも入り、嫉妬した

天稚彦草子

1　大蛇の聟契約

昔、長者の家の前で、その下女が洗濯をしていると、大蛇が現れ、口から文をはき出し、長者に渡せと言う。下女の持ち

ヴェヌスは息子グピドーに、プシケーが世界一卑しい人間と恋におちるように言いつけた。一方、王は夫のいないプシケーを案じて、アポローンに伺いを立てる。すると山の嶺に死装束で置いておけと託宣が示される。

悲しむ両親に、これが美しく誕生した運命なのだと説明して別れを告げ、プシケー家を出る。

嶺に登り、一人待っていると風が吹いてきてプシケーを持ち上げ、谷の草原に運ぶ。目を覚ますと庭の泉のそばに宮殿があり、中に入ると豪華な作りのすばらしい装飾品が並んでいる。どこからか声がして、これはみなあなたのものだと言う。

夜のご馳走の後、臥所（ふしど）に見えない良人（おっと）が現れて夜をともにし、夜明け前に帰っていく。そうした日々が続く。

帰った文を長者が見ると、三人娘の一人をくれ、さもないと、父母を取り殺す、釣殿に、一七間の設けの屋を作れとある。これを読んだ長者夫妻は悲嘆にくれる。

2　末娘の承諾

長者が大娘を呼んで、そのことをいうと、大娘はとてもいやだと言う。中娘も同じことはである。三の娘は、いちばんの愛し子なので泣く泣く呼んで言うと、父母に代って行くと承諾する。泣く泣くその支度を整える。

3　末娘の嫁入

大蛇の言い付けどおり、池の前に釣殿を建て、長者夫婦は泣く泣く送り出し、三の娘をひとり釣殿に置いて皆は去る。

4　蛇体の転生

亥の刻の頃になると、稲妻が走り池の波が高く立って、一七間の家いっぱいになるほどの大蛇が現れ、刀で頭を斬れと言う。そこで爪切刀で斬ると、直衣を着た美しい男が走り出る。

ある夜良人は、姉たちが訪ねてきて、そそのかされても、決して私の顔を見るようなことをしてはいけない、もしそうしたならば奈落の底に落ちることになると硬く言いつける。

訪問を拒む夫を説き伏せ、プシケーは姉たちを迎え入れる。その豪華な暮らしぶりしを羨(うらや)んだ姉たちは奸計(かんけい)を企て、夫は大蛇であるから剃刀で首を落とすようにとそそのかす。半信半疑のプシケーは思い切って夫の寝姿を見ると、その美しさに驚き、灯油を肩にこぼす。気づいたグビドーは去ってしまい、悲嘆したプシケーは川に身投げするが、牧の神に救われる。

プシケーは姉たちを訪ね離縁されたと言うと、欲に狂った二人の姉は、宮殿に行こうとして嶺から転落死する。

5　幸福な婚姻

その美しい男は、蛇の皮を掻いまとったまま唐櫃に入り、二人はめでたく語り臥す。そこにはあらゆる物が備わり、従者・眷属も現れて、何不自由なく豊かに二人は暮らす。

6　聟殿の昇天

ある日、その美しい男が、三の娘に、自分は実は海龍王であるので、近いうち用事がって、天に昇らねばならない、七日たって帰らぬときは二七日待て、それでも帰らぬときは、西の京の女の許に行き、一夜ひさごという物に乗って昇ってこい。天に昇ったら天稚御子はどこか尋ねてくるとよいと言い、この唐櫃を決して開けるな、開けると、自分は戻れなくなると言って昇天する。

7　タブーの侵犯

姉の二人は、この家に遊びに来て豊かな暮しを羨んで、あちらこちらを見て回り、開けてはならないという唐櫃を開けて見せよと迫る。三の娘は鍵がないと拒むが、姉たちは隠しておいた鍵を見つけて開ける。見るとなかには何もなく、ただ煙が空へ昇って行った。

夫を訪ねてプシケーは遍歴する。険しい山の神座にいるケレースや、ユーノーを訪ねるが追いやられる。

一方、グピドーの母のヴェヌスは、プシケーを捜し出し仕置きしようと企む。ついプシケーはヴェヌスのもとに連れ出される。

8　末娘の昇天

三の君は、三七まで待ったが、婿君は見えなかったので、婿君の言う通り西の京へ行って、一夜ひさごに乗り、空に昇ることとして「遭ふことも、云々」の和歌を詠む。

9　末娘の遍歴

三の娘が、空を昇って行くと、白い狩衣を着た宵の明星に会い、次いで箒を持つ箒星、大勢のひとのすばる星、玉の輿に乗る人と次々と会い、天稚御子の在所を尋ねてたどり行く。

10　天上の再会

三の娘が天稚彦に尋ね会い、その慕う心を訴えると、天稚彦も同じ心と語る。

11　舅の横槍

天稚彦は、父なる人が鬼であるから、人間のあなたに、何をするかが気がかりだという。幾日かを暮らしていると、鬼の父がやって来て、人間臭いとかぎ回る。三の娘を脇息、扇、枕などに姿をかえて、父の目をまぎらわすが、天稚彦が昼寝をしているすきにやって来て、三の娘を見つけ、わが嫁なら使ってやると言って、娘を連れ去る。

ヴェヌスはプシケーに、四つの難題を課す。第一の雑穀の仕分けを蟻が手伝ってくれる。第二の羊の毛皮は葦の教えで解決する。第三の黄泉からの水汲みを、荒鷲が助けてくれる。第四の冥王への小筐の使いを塔がこと細かに指示してくれて、無事に使いを果たし小筐を受け取る。

そこへヴェヌスの邸に戻ったプシケーは、冥王からあずかった小筐(こばこ)を開けてしまい眠ってしまう。

傷の癒えたグビドーが飛んできて、プシシケーを目覚めさせ、眠りを小筐に詰めてヴェヌスに届けさせる。

天の神ユッピスは、プシケーを憐み、若い二人に祝福を与え、神々の前で結婚式を催してあげる。

12　舅の難題
まず鬼の父は三の娘に千頭の牛を飼えというこれも天稚彦から教えられたことば「天稚御子の神々」と言って、千頭の牛をなびかせる。次には、米千穀を米倉へ運べと言うのでこれも天稚彦の袖を振ると、たくさんの蟻が出て来て果たしてくれる。算を置いて数えていた 鬼が、一粒足らないと怒るが、それは腰折の蟻一匹が運び損ねていたためであった。

次には、一尺ばかりの大むかでが四五千匹もいる倉に閉じ込められる。また天稚彦の袖を振ると、むかではそばに寄らず、七日間無事であった。

次には、蛇の城に閉じ込められるが、同じようにして、蛇に(ママ) 寄りつかず、七日間無事であった。

13　七夕の邂逅
鬼はやむを得ないから、月に一度、二人は会えと瓜を投げつけると、天の川となる。娘は月に一度を年に一度と聞きそこなって、それから七夕・彦星とて、七月七日、年に一度会うことになった。

両者の梗概の内容を確認すると、三番目の娘を生け贄(にえ)に求めるという発端に始まり、大蛇の化身ともいえる「夜の訪問者」を受け入れる。二人の豊かな暮らしを羨んだ姉たちの妨害等にあって、二人は別れる破目に陥る。失踪した夫を訪ねて娘は遍歴し、天上の男の家に至り、四つの難題を課される。しかし、動物等の援助で危難を乗り越え、二人は再会を許されることになる。

天稚彦草子が中国からの伝播であるとしても、ほぼ地球の反対側に位置するギリシアの地の神話と共通するストーリーであることは驚くべきことである。これが偶然の一致でないことを類話をあげて比較検討していくことにする。

三　世界の異類婚姻譚の比較

小澤俊夫『昔話のコスモロジー─ひとと動物との婚姻譚』[8]は、異類婚姻をモチーフとした国際比較を通して、民族によって異類（動物）をどのように受けとめているかを追究したもので、「蛇聟入」の昔話を考える上で有意義で多くの示唆を与えてくれる。世界の昔話を丹念に読みながら、語り手の意識へと分け入るようにして追究する方法は、昔話研究の基本であることを改めて痛感する。

ところで、小澤が同書で『世界の民話』（全三十七巻）から取り上げ異類婚姻の聟入譚の分析材料とした事例は次の通りである。

・インドネシア「リンキタンとクソイ」（アジア編Ⅱ）
・インド・バンジャブ「わにとお百姓の娘」（バンジャブ編）
・アルバニア「蛇婿」（アルバニア他編）
・マケドニア「テンテリナとおおかみ」（東欧編Ⅰ）
・ハンガリー「物言うぶどうの房、笑うりんご、ひびく桃」（東欧編Ⅰ）
・フランス「美女と野獣」（南欧編Ⅰ）

・フランス・ローレヌ地方「ばら」（ロートリンゲン編）
・北アフリカ・カビール族「ろば頭のムハメッド」（アフリカ編）
・エスキモー「かにと結婚した女」（アメリカ編Ⅰ）
この他に、朝鮮の「蟾息子」を挙げているが、これは申し子の蟾（ひきがえる）が主人公であり、女性が主人公であるものとは異なるので、ここでは比較対象から外す。それ以外で管見した関連資料は次の十二例である。
・韓国「青大将の新郎」（韓国昔ばなし　上、白水社）
・台湾「蛇郎婿（へびむこ）どの」（台湾の昔話、三弥井書店）
・中国・浙江省「蛇の婿どの」（中国民話集、岩波書店）
・ベトナム「神の蛇」（ヴェトナム少数民族の神話、明石書店）
・ベトナム・マレー系山岳民族「蛇の夫を娶る」（ラグライの昔話、ライエラコーポレーション）
・インドネシア「トカゲ王」（インドネシアの民話、法政大学出版局）
・シベリア「うそ鳥」（「世界の民話」モンゴル他）
・シベリア「三人兄弟の妹」（「世界の民話」モンゴル他）
・コーカサス「三人姉妹」（「世界の民話」コーカサス編）
・フランス「ちいさなカラス」（「フランス民話の世界」白水社）
・ノルウェー「白くま王ワレモン」（「世界の民話」北欧）
・スウェーデン「白へび王子」（「世界の民話」北欧）
これに「天稚彦草子」と「グビドーとプシケー」を加えて作ったのが、次のA・B・Cの三つの表である。これを基にして内容の分析をしていきたい。

蛇婿入りタイプ別表

A　殺害タイプ

	国名	題名	主人公の環境	求婚者正体	変身	姉妹(兄弟)葛藤	転生	失踪理由	夫捜し	備考
1	台湾	蛇郎婿(へびむこ)どの	姉妹	ヘビ	自由変身	姉殺害摩り替え	小鳥、棗、敷居、火の粉			
2	中国	蛇の婿どの	3姉妹	ヘビ	自由変身	妹殺害摩り替え	雀、竹、椅子、餅、女子			
3	ベトナム	神の蛇	3姉妹	ヘビ	自由変身	妹殺害摩り替え	青い鳥、竹藪、銀の指輪			
4	ベトナム	蛇の夫を娶る	姉妹	ヘビ	殻		(妹はシロアリになる)			
5	インドネシア	トカゲ王	4姉妹	トカゲ	皮	妹殺害	鶏、木に止まる	皮を焼く		小刀・針の死
6	インドネシア	リンキタンとクソイ	9姉妹	クスクス	皮	妹殺害計画	木に吊るす			
7	コーカサス	三人姉妹	3姉妹	ヘビ	皮	妹殺害	チャルメラ、灰、ポプラ、桶			

B　失踪タイプ

	国名	題名	主人公の環境	求婚者正体	変身	姉妹(兄弟)葛藤	転生	失踪理由	夫捜し	備考
1	日本	天稚彦草子	3姉妹	ヘビ	皮			皮を切る	唐櫃開封	難題
2	韓国	青大将の新郎	3人娘	ヘビ	皮			皮を焼く	試練、花婿救出	
3	アルバニア	蛇婿	娘	ヘビ	皮			皮を焼く		

4	マケドニア	テンテリナとおおかみ	娘と兄	オオカミ	変身なし			――	妹と逃竄	
5	シベリア	うそ鳥	嫁	ウソドリ	羽			羽を焼く	（花婿の救出）	
6	シベリア	三人兄弟の妹	娘と3兄弟	ガチョウ	羽	兄弟による退治		刀で撃つ	花婿の救出	
7	ノルウェー	白くま王ワレモン	3姉妹	クマ	自由変身			松明の滴	花婿の救出	
8	スウェーデン	白へび王子	3姉妹	ヘビ	自由変身				ヘビと遍歴	
9	フランス	美女と野獣	3姉妹	雄ブタ	魔法変身					
10	フランス	ばら	3姉妹	ヒキガエル	魔法変身			醜い動物ね		
11	フランス	ちいさなカラス	3姉妹	カラス	羽			羽を焼く	試練	
12	ハンガリー	物言うぶどうの房、笑うりんご、ひびく桃	3姉妹	雄ブタ	魔法変身					
13	ギリシャ	クピドーとプシケー	3姉妹		変身なし	姉たちの唆し		燈油の滴	試練	

C　無変身タイプ

1	インド	わにとお百姓の娘	娘	ワニ	変身なし					
2	北アフリカ	ろば頭のムハメッド	娘と3兄弟	人食い巨人	変身なし	兄弟による退治				
3	北アメリカ	かにと結婚した女		カニ	変身なし					

まず、主人公は三姉妹の末娘で、相手の異類の正体はさまざまな動物や鳥などが登場するが、ヘビはアジアを中心に全体で八例あり、この型における基本的な動物と考えていいかもしれない。異類から人間への変身の仕方には、状況によって異類自身が自由に変身する場合が四例、皮や殻、翼を脱いで変身する場合が十例、魔法によって変身が解ける場合三例、変身なしの五例との四つとに分かれる。この変身の仕方が後半の展開と深くかかわっていく。

ところで、ここでは話の展開の違いから、大きく三つに分類して表を作成したので、それに基づいて考察を加えていく。末娘が殺害され、その死骸が転生していく形で展開するのをA「殺害タイプ」とする。たとえば、Aタイプ2の「蛇の婿どの」は、三人娘の父が蛇の洞窟で花を摘むのを咎められ、娘一人を嫁にやると約束する。末娘が嫁に行くと、蛇の婿の家は金銀の立派な邸宅である。その家に上の娘が遊びに行き、妹を井戸に突き落として摩り替わる。妹は小鳥になって現われるが、姉は小鳥を殺して食べる。骨を捨てたところから棗（なつめ）の木が生え、その材料が敷居となり、燃やすと姉の目に火の粉が入って目が見えなくなってしまう。

このA型は台湾、中国、ベトナム、インドネシア、コーカサスなど、主としてアジアに分布する。6のインドネシアの例では、夫が航海に出た留守に、姉たちが仕組んで妹を高い木に吊るして殺そうとするが、帰ってきた夫が助ける。異類との結婚を拒否した姉たちが、妹夫婦の豪華な暮らしぶりを妬み、殺害に及ぶとする姉妹の葛藤を内包しているといえる。

次に、皮や羽を脱いで若者に変身した夫が、異類に戻るのを嫌った妻が、夫の皮や殻などを破壊あるいは焼却して、男の失踪へとつながる展開をとるのがB「失踪タイプ」である。たとえばBタイプ7の「白くま王のワレモン」は、ある王の末娘が夢に見て欲しがっていた金の冠を、クマが持っていたのをもらう代わりに結婚を約束してしまう。そして、結婚したクマの住まいは立派な宮殿で、クマは夜になると人間の姿で現れ、三年間に三人の子どもが産まれるが、みなどこかへ連れていってしまう。里帰りした王女に、母はたいまつの明かりで姿を見るようにと助言する。王女は寝姿の美しさにたいまつの滴が額に落ちるのに気づかず、目を覚ましたクマは、「あと一ヶ月で魔法が解けるのに、これで魔女と結婚しなければならなくなった」と言って出て行く。

王女は夫捜しの旅に出て森の小屋にいた老婆と少女から魔法のハサミ、次の小屋でビン、さらに次の小屋の老婆と少女から布地をもらう。さらに旅を続け、大きな山の麓の子だくさんの家で、魔法の道具でご馳走や衣服を出してやる。そのお礼に山に登るための爪を鍛冶屋の父から作ってもらい、王女はその爪で山に登る。そこに魔女の宮殿があり、三日後に結婚式が行なわれという話を耳にする。王女は魔女にハサミを与えて、一晩、花婿の傍にいる機会を作るが、花婿は眠り薬を飲まされたために目を覚まさない。翌日は魔女にビンを与えるが、その晩もまた夫は眠って起きない。三日目に事情を察した職人が花婿に耳打ちをして、花婿は薬を飲む振りをして目を覚ます。そして、魔女を橋から落として、二人はめでたく結ばれることになる。

Aタイプが姉妹の葛藤をモチーフとするのに対し、失踪型のBタイプでは主人公の娘に敵対する姉たちの影が薄い。姉たちは異類との結婚の異常性を強調する役割を果たすが、異類との結婚を拒否したところで姿を消す。

Bタイプでは、結婚相手が人間から動物の姿に入れ替わることを知った娘が、人間の姿のままを望み、相手の了解なしに変身の道具を焼く手段に出る。その結果、異類との回路を断たれた男は失踪し、娘は夫捜しの旅に出発することになる。娘の旅先は険しい山や地底、天空などの異界を遍歴する苦難の旅を経て、夫の生家に辿り着く。そこから家族からの試練を課される場合と、夫が別の女と結婚するのを阻止して花婿を奪還するという試練の場合との二つに分かれる。しかし、このタイプに登場する女性は強い意志を持ち、愛する夫を獲得することに専心する。ここに、このタイプの主題が示されているようで、いうならば異類との結婚はけっしておぞましいものではなく、新たな力（最愛の夫）を獲得するためのもので、娘は自力で積極果敢に行動する。姉妹の妨害に遭い殺されるAタイプは、東アジアの特徴といえる輪廻転生を経て、最後には結婚が成就される結末になる。

Cの「無変身タイプ」は事例が少ないためはっきり言えないが、異界からくる男が異類のまま変わらず動物の姿をしているタイプで、Cタイプ1のように人間の娘は水底のわにの世界にそのまま移行してしまう。3のカニの場合は人間界でのカニが、そのままの姿で生活するなど、両界との区別が希薄、渾融している印象を受ける。これがA・Bのタイプとどのような関係なのかについては今後の課題である。

四　日本の「蛇聟入」の解釈

さて、以上の国際比較を踏まえて、日本の「蛇聟入」の昔話に話題を移していく。これまで見てきた世界の異類婚姻譚の土俵の上に、日本の「蛇聟入」の昔話を置いてみると、これまで見えなかった部分、あるいは疑問であった部分が、いくぶん明らかになってくる。

その大きな点は、苧環型も水乞型も、ともにいったん蛇との結婚を受け入れた後で、すぐさまその結婚を拒否する形で蛇殺害へと方向転換する。プシケーがカミソリと燈油で「夜の訪問者」に傷を与えたことは、失踪タイプの他の昔話が皮や羽を焼くのと同様に、夫が異類であることの正体を確認し、かつ異類の姿を拒否することが目的であり、殺害致死が目的ではない。しかし、苧環型の針糸モチーフは「夜の訪問者」の正体を確認するためであるが、結果として致命的ダメージを与えて殺害に至らせ、失踪する夫捜しの展開を終了させてしまう。同じことは水乞型の「瓢（ひさご）と針」も同様に殺害道具に特化し、その結果、蛇との結婚を破綻させ、その後の展開を閉じてしまう。

ただ、水乞型の場合、蛇を殺害した後で、「姥皮型」に接続していく展開があり、その場合にはいったん切断の形はとるが、さらなる継続とも受け止められる。すなわち沼で蛇を殺害した後、一軒家を訪ねた娘は、翌日から姥皮を被って行動するが、これは異界遍歴の旅の象徴と解釈できる。すなわち蛇の皮を被っての異界遍歴といえる。そして、長者の息子が夜に姥皮を脱いだ娘の姿を見て懸想するのは、「苧環型」における蛇が皮を脱いで人間界の女に接する場合の反転構造ともいえる。さらには、Bタイプにおける魔女との「夫獲得」モチーフが、「嫁選び」に相当するといえる。実はこの展開は福田晃が指摘した「転生再会型蛇聟入」と一致する。

このことは韓国の「青大将の新郎」を間に入れて考えると、いくぶん整合性がつく。隣の青大将の息子が三人娘に求婚すると、姉二人は拒否するが、三女は母が許すならと承諾する。婚礼の夜、青大将は風呂に入って皮を脱ぐと、立派な男になり、二人の姉は妹を嫉妬する。夫はその後、脱いだ皮を預けて科挙の試験に出かける。その皮を姉たちが燃やしてしまい、二年経っても夫は帰ってこない。そこで娘は夫を捜す旅に出発する。カラス、イノシシ、老人、洗濯婦などが課す試練を乗り越え、ようやく青大将の家にたどり着き再会する。しかし夫はすでに別の女と結婚しており、そこで新旧の妻による「技比べ」が始まる。雀が止まる枝折り、氷上の水桶運び、トラのまつげの取得の難題を、先の妻が無事にクリアして、元の鞘に収まるという結末になる。

技比べの「雀が止まる枝折り」の難題は、日本の「嫁比べ」にも用いられるものであり、日韓の伝承は無縁ではないことを示している。さらにこの韓国の昔話は、中世の天稚彦草子と展開が微妙に一致しており、結婚した夜に皮を切り（風呂で皮を脱ぎ）若者に変身すること、覗くな（焼くな）のタブーを姉たちが侵犯すること、遍歴の旅の後の試練など、偶然とはいえない一致が見られる。天稚彦草子の「唐櫃（からびつ）を開けるな」のタブーの侵犯は、『日本書紀』の櫛笥（くしげ）の中の小蛇（こおろち）を見て驚いて神が去るのと同じパターンであり、その後、姫が座る際に陰部（ほと）を突いて死ぬのは、失踪する夫捜しの停止を暗示させていると思われる。この問題も今後の課題である。

このように韓国の「青大将の新郎」を介在すると、日本の「蛇聟入・姥皮型」は中世の天稚彦草子に連続する内容を保持していると見ることができる。さらにその向こうに、世界的な「失踪タイプ」につながる異類婚姻譚の連続性を確認できる。そうした視点から見ると、日本の「蛇聟入」の昔話は始めから蛇との結婚を忌避する態度で臨んでいるといえるかもしれない。そのことを国際比較の観点からとらえると、日本人の動物観の特性が浮かび上がってくる。すなわちトーテム信仰や異族結婚といった習俗や、そうした精神性に乏しい国民性が、中世以降に醸成されてきたといえるかもしれない。しかし、この問題は別の機会に改めて論じる必要があるだろう。

「蛇聟入」の昔話の意味解釈についての私なりの見解を述べておく。福田晃は蛇聟入の思想的背景を、「自然の象徴たる蛇体を神聖なる存在として、人間にかけがえのない幸せをもたらすものとみる思想」ととらえ、「人間の幸福が蛇体に象徴される聖なる自然に将来されるという観念を保持させていた」と「転生再会型」を評価した。自然との共生の立場にたった見方といえるが、ここではこうした自然環境的な解釈とは別に、女性の心理、行動といった視点から考察してみたい。

この論文の初めに引用した河合隼雄が、グビドーとプシケーの物語を、プシケーの目覚めた心、つまり知的に生きようとする内面性の心「アニムス」の統合を求める自己実現の旅の始まりであると述べていることを紹介したが、この点をもう少し掘り下げて考えてみたい。

ユング心理学のエリック・ノイマンは、『アモールとプシケー』[9]で、同じくこの物語を女性の内的な自己確立を目的にしているととらえている。無人の宮殿に住むプシケーは自己愛的世界の「暗い楽園」にいたが、それに飽き足らず高次の自己をめざして、まずグビドーの正体の確認から行動を開始する。直接的にはそのかす姉たちの奸計(かんけい)であったが、実は彼女らの結婚生活が「父性社会における女性の服従」のシンボルであったのだと述べ、また、一方でそれはプシケーの「影」の側面でもあったのだという。つまり、見かけの豊かさの中で「待つ女」を演じ、真の精神性を失ったプシケーの現実そのものが問題なのであり、それを否定し内面的な自己実現のため、換言すれば真実の愛をとりもどすために「夫捜し」の遍歴の旅に出る必要があったのだと説明する。

一方、フロイト学派のブルーノ・ベッテルハイムは、『昔話の魔力』で昔話は人間の内的世界の一面と、未成熟から成熟への発展段階を映し出すものであると述べ、その観点から昔話を解釈する。プシケーが迎える「動物夫」は、女性の性的不安を示しているのだという。動物夫の昔話は「性的パートナーがはじめは動物の姿をしている」のだと言い、それは育った家庭の中で培われた性の抑圧からくるもので、「女性の目に性が醜くて動物的なものと映っている間は、男性の性は動物なまま—その男性の魔法が解けないまま—だからである」[10]と解釈する。そして、フランスの「美女と野獣」が、「美女と、以前は野獣だった王子との結婚は、人間の動物的な面と、より高次な面との有害な亀裂がなくなったことの、象徴的な表現である」と説明する。一方でそれは、美女のエディプス的な問題でもあるとも言い、「美女の父親に対するエディプス的な愛は、未来の夫に移し変えられた時、相手をいやすすばらしい力を発揮する」と述べる。父の病を心配した美女が、自分の意思で野獣のもとに帰る行為に出たのは、父親へのエディプスコンプレックスとの訣別、克服ととらえるのである。

さて、こうした心理学的な解釈や知見が、わたしたちの昔話解釈の理解にどのくらいつながるものなのか軽々には言えないが、しかし、昔話が人間心理をどのように反映しているのか、心理学からの解釈やメッセージが、現実の人間生活とどのように対応しているのかを、地域分布や話型、サブタイプ、モチーフ研究等に収斂(しゅうれん)している昔話研究に、どのように取り入れ調整していくかは、今後の大きな課題である。その点から「蛇聟入」の昔話は女性が結婚を出発点として、夫婦の愛の問題をどのように考え、そして生きていくのかを内包したテーマであるととらえ、女性の視点から考えてみる必要があるだろうというのが、ここでの結論ということになる。

注

〔1〕関敬吾「蛇聟入り譚」(『昔話と笑話』に所収。一九六八)

〔2〕佐竹昭広「蛇聟入の源流―「綜麻型」解読に関して―」(『国語国文』一九五四)

〔3〕百田弥栄子「中国の苧環の糸―三輪山説話―」(『説話・伝承の脱領域』説話・伝承学会編、二〇〇八)

〔4〕斧原孝守「雲南イ族の『三輪山型説話』」(比較民俗学会報、二〇〇三)

〔5〕上田正昭「神婚説話の展開」(『古代伝承史の研究』一九八四)

〔6〕福田晃「水乞型蛇聟入の古層―南島の伝播を基軸に―」(『奄美文化を探る』海風社、一九九〇)

〔7〕河合隼雄(『ユング心理学入門』一九六七)

〔8〕小澤俊夫『昔話のコスモロジー―ひとと動物との婚姻譚』(講談社学術文庫、一九九四)。なお、同書は一九七七年に中公新書で『世界の民話―ひとと動物との結婚譚』として出されたものの新版である。

〔9〕エリック・ノイマン『アモールとプシケー』(紀伊國屋書店、一九七三)

〔10〕ブルーノ・ベッテルハイム『昔話の魔力』(評論社、一九七八)

異類婚姻譚における殻・皮・衣とはなにか

はじめに

昔話における結婚は、人間よりも異類の方に関心が高いようである。人間同士の結婚もないわけではないが、その場合でも極貧の男と長者の娘といった、普通にはありえない非対称の婿入り婚（『日本昔話大成』では「婚姻・難題聟」に収める）となる。人の羨む美男美女といった通常の結婚に昔話は興味を示さず、変態ともいえる動物や異類との結婚になぜ執着するのだろうか。いったい異類との結婚に何を求めているのだろうか。その解明のために、まずはこれまでの研究を確認しながら問題点を整理しておきたい。

「異類婚姻譚」についての先行研究で触れておく必要があるのに、関敬吾『昔話の歴史』[1]と小沢俊夫『世界の民話』[2]がある。まずは一九六六年に刊行された『昔話の歴史』から紹介するが、関がこの本を書くためには、一九五〇年から八年間かけて完成させた『日本昔話集成』が大きな力となっていただろうことは言うまでもない。戦後、柳田から離れ昔話の研究に勤（いそ）しんで大事業を完成させた後の著作が本書である。『日本昔話集成』に用いた国内の資料を多用し、また、国外の多くの資料を援用しての研究である。

関の「異類婚姻譚」をとらえる視点は、動物との結婚は、本来「破局に終わるという基本的原理、いいかえれば神話的必然性」に基づいており、この話群は「婚姻と子供の帰属という社会制度を背景とし、離別の原因としてのタブー違犯と道徳的過失とが主たる内容である」と述べる。そして、動物との結婚を人間の結婚形態や社会倫理を基盤にしながらとらえる。

天女は衣を脱ぐと人間になり、逆に着ると「飛翔能力をもった天女に変わる」といい、田螺も「殻を脱いでいるあいだは人間であるが、殻の中に入ると再び田螺に還る」と、衣や殻の着脱が変身の表徴であるとする。ただ破局は、動物が「もとの姿」に戻ったところを覗かれた時に起こり、覗いてはならないというタブーを犯されるのは動物にとって恥で、非は人間にあるのに去らなければならなくなる。その結果、生れた子どもは始祖となり、致富が授けられ、また氏神に祀られるなど、結婚や家の存立などの制度に還元させて説く。ただ、物語的発想を現実の社会制度に整合させるためにいくぶん窮屈さがある。

ところで、異族結婚（関の用語）の中には離別とならない「田螺息子」や「蛇息子」「蛙息子」などがあり、それについて、「「田螺息子」型の動物は決して現実の動物ではなく、なんらかの理由によって動物化された人間である。これに反して異族女房譚の動物は真の動物であり、人間の仲間である。」と述べる。この「田螺息子」型とは、ヨーロッパの昔話に見られる「動物に変わったものは人間との共同生活、恋愛・結婚によって人間形態に還る」という原理にもとづいているとする。

ただ、日本の異族女房譚における動物が、自由意志で人間と結婚するのは、助けられた人間への「恩を返すとともに自らの力を高めることでもある」として、次のように締めくくる。

自然民族の昔話では人間が動物に変わり、動物がまた人間に変わるということは自明のことである。アラスカ・エスキモーの昔話では、人間と動物との原関係を「動物は人間になることもできるし、人間が動物にもなることができる」と語っている。彼らのあいだでは、動物と人間とのあいだでは明瞭な区別はない。人間が動物に変わり、動物が人間に変わるのではなく、人間自身が自ら動物に変わるのである。この転化は呪術的行為ではなく、却って自己転化が人間と動物との恒久的な接触によって徐々に完成されて行くものであろう。この一群の昔話もまた人間相互間の結婚と同様に、人間と動物との原慣習を反映し成立したものであろう。

エスキモーの「動物は人間になることもできるし、人間が動物にもなることができる」という意味を、意思的な「自己転化」によるもので、人間と動物が永続的、親和的な接触によって、精神的には隔ての意識がなくなり共生していくということを意味しているのであろうか。もし、そうであるとすれば、動物と人間との関係が外皮を脱いだ状態で、精神的な関係においての異類結婚という形が見えてくる。その結果、動物が「人間の仲間」であり、結婚が相互に「自分の力を高める」関係であると述べる意味が了解できる。関のいう「神話的必然性」とは、こうした神話的思考にもとづいたもののように思われる。

とはいえ、ここに一つ疑問がある。天女や田螺が衣や殻をつけてもとの世界に帰っていく一方で、結婚相手に衣や皮、殻を焼却、毀損(きそん)された場合に動物たちが失踪するのはどうしてなのかという問題である。日本の昔話では「一寸法師」や「田螺息子」「蛙息子」などで毀損が見られるが、世界ではさまざまな動物において焼却、毀損等が見られる。なお、それについては後でまた問題にすることにしよう。続いて、小沢俊夫の『世界の民話』について取り上げる。

小沢は一九三〇年生まれで、関より三十歳ほど下で二人ともドイツ文学を出発点とし、ヨーロッパの昔話研究にも明るいのであるが、その昔話研究の内容には大きな違いがある。関の剛直ともいえるモチーフや形態論などの昔話理論の追究に対し、小沢は本書でも取り上げるマックス・リュティの昔話様式論[3]に深く関心を持ち、昔話の語りにかかわる著述も多く、また、後年「昔ばなし大学」を開校するなど語り手育成にも取り組んでいる。

『世界の民話』は、副題に「ひとと動物との婚姻譚」とあるように、「異類婚姻譚」の国際比較を目ざしたものであり、当然ながら関の『昔話の歴史』をも視野に置いているはずである。関が動物結婚の資料を話型やモチーフレベルで分析するのに対し、小沢は語り手レベルにおける「語り口」の比較を中心に置くといったセンシティブな昔話へのアプローチである。世界の各地域の昔話を「民話自体の文章を詳細にほりさげながら読む」という態度で、語り手の「日常のなかにある感情」にまで立ち入るようにしてテキストを読むことを徹底している。

小沢は「異類婚姻譚」のポイントを、「語り手の意識のなかで、変身がいかに受けとめられているか、異類の配偶者をいかに見ているか、そうした把握のうえにたって、話としてのドラマをどこに設定しているか」において分析する。そして、その「語り口」から、世界における「異類婚姻譚」を大きく三つに分けて説明する。

一つは、エスキモーやパプア・ニューギニアなどの自然民族において、異類婚姻は「むしろ同類婚の如くにおこなわれている」という。それに対して、ヨーロッパを中心としたキリスト教民族では、「変身は魔術によってのみ可能であると考えられており、人間と動物との結婚と思われるものも、じつは、人間でありながら魔法によって動物の姿を強いられていた者が、人間の愛情によって魔法を解かれ、もとの人間にもどってから人間と結婚している。」とする。そして、この中間に日本の「異類婚姻譚」を置いて、エスキモーなどの「自然民族の動物観＝人間観と同質のもの」で、「動物そのものと人間との婚姻が語られ」るが、一方で、「動物との結婚なんていやらしいという感覚」があり、また、他方で「動物を拒否しているのではなく、むしろ愛しているのだが、異類配偶者の正体を知ってしまったために、その配偶者に去られる」のだという。以上のことから日本の昔話の特質を、次のように整理して述べる。

動物と人とのあいだの変身を魔法的行為と考えるか、自然的な成り行きと考えるかという点では、日本の昔話の世界は、上述のごとく、インドネシア、パンジャブ、エスキモーなどの民話の世界に近い。したがって、異類の配偶者の把握の仕方も同様にそれらの民話に近い。ところが、異類であるという素姓がわかってしまったら、もはや人間との結婚をつづけることはできないというきつい法則については、ヨーロッパの妖精と人間との伝説と共通性をもっている。

日本の昔話が自然民族の動物観を含みながらも、ヨーロッパの魔法によって動物にされていたのが解けて結婚するという昔話の影響を受けた結果、動物との結婚を拒否することになる。こうした変化は日本の近代化の所産であると説く。明治新政府の欧化政策による西洋文明の浸透が異類婚姻譚の皮相を変えたのだとするのである。

以上が小沢の「異類婚姻譚」の結論といえる。文明の進化による三形態は興味深いとらえ方といえるが、ただ、この結論は、期せずしてというべきか、関の異類婚姻譚と一致する。ヨーロッパの昔話研究で通説になっていたものであろうか。それはともかく、小沢がとらえる異類の変身の類型を、語り口に見られる動物との精神的な距離感からだけの追究では、語りを絶対化することになり一面的すぎる解釈の嫌いがないわけではない。その点を関敬吾が積み残した変身にともなう殻、皮、衣の毀損、焼却の問題と併せて、動物の変身を新たな角度からさらに追究していきたい。

一　人間界を訪れる異類

日本で「異類婚姻譚」を体系的に示した関敬吾著『日本昔話大成』の第二巻「婚姻・異類聟」と「婚姻・異類女房」の全話型と、それ以外で任意に異類婚姻のモチーフをもつ話型を「その他」として取り上げ、これらをもとに「異類婚姻譚一覧表」を作成し、最後の引用文献の後に示した。詳しくはそれを参照にして欲しいが、ここでは便宜上、それを要約した「異類婚姻譚要約表」を用いて、まずは異類婚姻譚の概要を把握しておきたい。

まず、婚姻の「成立」について、異類聟話群と異類女房話群との大きな違いは、異類聟では爺の呟きに応えるために田畑の作業を手伝う形の黙約で結婚が成立するのが主であり、それ以外はすでに通い婚が前提としてある。これに対して異類女房は、男のもとへ押掛けでやってくるのが多数である。ただし、これは伏線として男に助けられたことがあり、その恩返しのための押し掛けである。他には条件つき（飯を食わない、衣を奪われる）で嫁に来る。

これらの結婚成立の理由を現実社会の論理に照らせば、一方的な惚れ込みでも、また、権威者の力づくによるものでもなく、両者にある程度の立場の対等性が見られる。その点、現実社会における男女の役割や結婚の制度から逸脱しているとは思われない。

続く「変身」では、どのようなタイミングで人間の姿になり、また、どのような状況で本態に戻るかである。異類女房、異類聟とも共寝する時には殻・皮を脱いで人間になるが、本態に戻るのは本業を為しとげる時である。異類女房では出産や機織り、料理を作る時であり、異類聟では瓢箪沈めや鳥の卵の捕獲などである。その結果、「破綻」につながる。

要約表には示さなかったが、子どもの「誕生」は異類聟では犬だけ、異類女房では蛇、狐、天人に見られる。一概に決めつけられない部分もあるが、これらの動物を神格の高い

表Ⅰ　異類婚姻譚要約表

結婚／離別		異類女房	異類聟
成立		押し掛け報恩	農耕黙約
変身	人間	共寝　脱衣（殻、皮）	共寝　脱衣（殻、皮）
	異類	本性回帰（機織り、料理）	本性回帰（瓢箪沈め、鳥卵捕獲）
破綻		正体露見 衣（隠匿）の取得 殻・皮の毀損、焼却	策略的殺害
追跡		天人女房（狐女房、蛇女房）	（姥皮）

ものと見ることができるのかもしれない。

結婚の「破綻」は、化身して人間に近づく異類の「正体露見」が原因であるが、異類聟の場合は正体露見をうながすように仕組まれ処罰されるのに対し、異類女房は男の覗き見により離別に追い込まれる。なお、異類女房では衣の取得、殻・皮の焼却などが破綻につながるが、これは後で詳述する。破綻の印象では、人間社会は異類聟に厳しく、異類の嫁に寛容に見えるのは、「婿入り婚」「嫁入り婚」の制度にもとづく常識が反映するものであろうか。

話の結末の「追跡」で、異類女房はそれぞれの郷土に帰っていくことになるが、ここでは二つに集約される。一つは、去る者をさらに追跡するという結末と、もう一つは幸福な結婚の結末である。前者は後で詳しく触れることにして、後者について簡単に触れておく。本書の「「一寸法師」と「田螺息子」」（一五四ページ）で詳しく論じたところであるが、昔話「田螺息子」における「田螺」は人間社会に生まれた子であり、社会的に認知された存在である。いきなり結婚のために異界から訪れる異類婚姻者たちとは、この点が決定的に異なっている。それは昔話「蛙息子」も同様で、申し子として人間社会に出現している。成長し結婚適齢期に達した段階で、「田螺」も「蛙」も社会が結婚を承認する存在と見なしている。結婚を拒否する理由は結婚相手にあるとしても、社会には拒否する理由が見当たらないからである。

二　異類との婚姻と離別

ここでは異類への動物観をベースに、婚姻と離別の問題について見ていきたい。「異類婚姻譚」における異類の出自が自然界での棲息領域と種類、また、人間界との好感度等の問題から、人間界を訪れる異類の意図を探ることにしたい。しかし、動物との総合的な関係や世界的視野からの追究の準備がないので十分な分析、考察は難しいが、なるべく恣意性を避けるために、日本だけではなくベトナムの「異類婚姻譚」も含めて客観的な比較を進めていきたい。ただ、なぜベトナムかについてとなると明確な目的意識があってのことではないが、たまたまベトナムにおける研究集会で「日本とベトナムの昔話の比較」[4]という発表の機会があり、その時に作成した「日本・ベトナムの異類婚姻譚の比較表」があり、それを修正したものを参考にしながら分析と考察を加えていきたい。

　さて、比較表は自然界と異界とに二分し、自然界を空・陸・海の領域に分け、さらに陸を植生や生活区域に合わせて森・里・水辺に区分した。里には家畜やペットの動物を入れた。それぞれの棲息場所からどのような動物が、男女いずれの姿で出現するかを示したものである。

　これによると「空」から来る鳥では、種類は異なるが日本、ベトナムともいずれも女として訪れてくる点で共通する。動物の男女と区域との相関でいえば、「海」から来る魚・貝は、日本が女であるのに対し、ベトナムは反対に男の姿である。また、「水辺」の区域からの蛇・蛙は、日本では男女両方の姿で現れるのに対し、ベトナムは男の姿だけである。

　区域の問題は別として、動物が男女のどちらで現れるかを問題にすると、ベトナムでは個々の動物は男女のどちらかに色分けされて

表Ⅱ　日本・ベトナムの異類婚姻譚の比較表

	日本		ベトナム	
	男	女	男	女
空	―	天女　鶴	―	天女　鵜　クラン鳥　蝶
森	猿	狐	狐　黄鼠	象　虎
里	犬　豚　馬	豚	山羊　鶏	―
水辺	蛇　蛙	蛇　蛙	蛇　蛙	―
海・川	―	魚　貝	亀　金魚	―
異界	鬼　河童　木霊	―	―	―

出現するのに対し、日本では蛇や蛙、南島の奄美における豚は、男女いずれの形でも出現する。このことをどのように考えればいいのだろうか。男と女の両性を兼備することを「両性具有」[5]と言い、文化や心理の問題とされるが、これと関係するのであろうか。ただ、ここでは検討する知識や準備に乏しく、問題提起にとどめるしかない。

続いて、「森」から来る動物は、動物の習性や人間から見た動物の性格によるものなのか、男女の現れ方が多様で、それぞれの根拠をたどることが難しい。そのうち狐が日本では女としてやって来るのに対し、ベトナムでは男である。日本の狐は、人間を化かす場合にも必ず若い女として化けて出てくることと関係しているのであろう。ある動物が男女のいずれの姿で現れるのかは、さきほどの「両性具有」の問題とも関わり、国民性にもとづく動物観の表れと基本的にとらえてよいであろう。

ロシア語やインド・ヨーロッパ語族に属する言語に男性名詞と女性名詞があることと、異類婚姻譚における動物が男女のいずれかで現れることとは、どこかで通底しているものかもしれない。ただ、言語の問題は当然ながら、生活文化や歴史、環境の問題とも重なり、複雑な要因を背景に持っているので慎重にとらえるべきであろう。興味深い問題ではあるが、これも今後の課題とするしかない。

ところで、国民性に立脚した動物観について見ていきたいが、ベトナムの場合は昔話集に出ている昔話の知識を越えるものではないので、ここでは触れることは避け、日本の場合について考えてみる。異類聟は殺害されることから、表にある日本の動物を「殺す」という観点から見ると、「森」から来る猿、狐は狩猟の対象にはならないし一般には捕食されないが、他の動物・鳥は、狩猟や食用の対象になっている。ただし、ペットの犬猫は除く。

このことを別の見方からすると、動物結婚に出てこない自然界の他の動物に比べて、登場してくる動物たちは、生業や生活のレベルにおいて人間との関係の度合いが深く、馴染みのある動物といえる。逆にいえば、馴染み深いからこそ結婚の対象になるとも考えられる。漁民や狩猟民が生活の基盤にする生き物を懇ろに供養してやる親和的な心情が、こうした動物婚姻譚の底流にあると考えてよいのかもしれない。日本における「異類婚姻譚」の対象となる動物の特性を、大雑把にそのようにとらえることができる。

次に、異類との離別の問題に触れる。前章で、正体露見による婚姻の破綻についての概略を述べておいたが、ここではもう少し深く追究していくことにする。押掛けてきた女が通常の人間なのかどうか不審に思っている段階でも、相手が人間の姿でいる間は結婚に支障はないが、動物であることが露見した時に結婚は破綻する。その正体の露見を、あらかじめ伏線として引いておくのが「出産」や「機織り」「水浴」を覗いてはならないとする禁忌（タブー）の設定である。そのタブーを侵犯することによって異類女房は去っていくことになるが、物語の約束上、禁忌が課された場合それを侵犯しないと物語はそこでストップしたままで先に進まない。「禁忌／侵犯」は物語上の隠れたコードであることは、昔話以外においても同様である。

ロシアのウラジーミル・プロップが、モチーフといった曖昧な概念を避け、昔話の文法を求めて「昔話形態学」[6]を構築したが、それによると昔話を機能の連続性としてとらえる際、「禁止」と「違反」は一体の機能であるとした。そして、「「禁止」の機能なしで、「違反」の機能だけがあるということもあ」ると述べている。すなわち「禁止」の呼びかけがなくても、「違反」である異類の姿を覗きこむとことがあるという、この指摘は日本の「狐女房」「魚女房」「蛤女房」を考える上で参考になる。つまり、「覗かないで」という禁止はないが、男は偶然あるいは不審に思い隠れて覗いてしまうことで結婚は破綻する。ここにも「禁止／違反」の機能が内在していることを暗示しているからである。

「異類女房譚」には「禁忌」の予告なしに最初から「禁忌／侵犯」のコードが組み込まれているということは、すべての「異類女房譚」は「正体露見」にいたる構成として設定されているといえよう。プロップが「魔法昔話」は三十一の機能からなり、その機能には欠落するものがあるが順序は変わらないとして、一つの構造からなることを明らかにしたが、日本の「異類女房譚」も一つの構造からなる昔話といえる。ただ例外として、「天人女房」は最初に衣を脱いだ時点で、人間の姿であるために「覗く／覗かれる」というモチーフは存在しなくなるが、しかし、隠した衣のありかを父親が子どもにだけ歌などで教える部分があり、「禁忌／侵犯」の構造が、新たな形で組み込まれたととらえることができる。

ところで、この問題はこれ以上に追究しないが、次にそれよりも「天人女房」の昔話で、なぜ去っていった天人を追いかけ男は天人の郷土を訪れるのであろうか。他の昔話のほとんどは離別をもって終了するのに、再会を求めて男が旅立つのはどうしてなのだろうか。ここから昔話は第二のステージに入ったことを意味するが、これについては次節で追究していきたい。

三　変身としての殻・皮・衣

「異類婚姻譚」は異類の正体が発覚した時点で結婚は破綻し、異類女房は去っていき、異類聟は殺害されるというのが基本的原則である。しかし、中には「天人女房」のように去っていった女房を追いかけていく昔話がある。日本の場合では「天人女房」「笛吹聟」がそうである。「天人女房」の天人は、発見した衣を身につけるとさっさと子どもを連れて天上してしまう。大事な衣を隠されていたことの恨みはあるとしても、長年連れ添ってきた夫に別れも告げずに去るのは、少し非情すぎる嫌いがある。置手紙を残していく場合もあるが、直接の別れの言葉はない。しかし、これには「衣」に隠された秘密がある。

「天人女房」と類似する古典に『竹取物語』がある。その『竹取物語』の中の天上の場面で、迎えに来た天女たちはかぐや姫が着ている地上の「穢（きたな）きもの」を脱がせて「天の羽衣」を着させようとすると、かぐや姫はちょっと待てと言い、「衣着せつる人は、心異（こと）になりたりといふ。物一言、言ひ置くべき事ありけり」（羽衣を着た人は心が変わってしまうと言う。その前に一言、言い残すことがある）と言って、帝への手紙を書く。このかぐや姫の言葉に「衣」の秘密が示されている。

地上での着物を脱いで「羽衣」に着替えると、もう「地上の心」を失ってしまうというのである。「天人女房」の昔話で、見つけた衣を着た天人から夫の記憶が消えてしまったのである。天人の「衣」は肉体の上辺を覆い隠すだけではなく、人間でいた時の記憶もすべて喪失してしまうことを意味する。このことは天人以外の異類の殻や皮も同様で、殻や皮、衣は肉体を覆い隠す変身の道具ではなく、異類の存在そのものといえる。

続いて「天人女房」以外の変身を見てみよう。天空の領域の天人、鳥は衣や羽を持つが、陸の領域の動物はすべて皮で覆われ、海の領域の貝は殻、魚は皮である。ここでは異類婚姻譚に多く登場する水辺のヘビ、カエルの変身を問題にする。動物としてのヘビ、カエルは皮膚を更新するために脱皮の習性があるが、異類婚姻譚と関係するものであろうか。

「蛇聟入」の昔話については、前に問題にしたことがある（本書の一〇九ページ「「蛇聟入」の国際比較」参照）ので、蛇から話題にする。東アジア、東南アジアの「蛇聟入」の昔話には「娘殺害型」「失踪型」の二つのタイプがある。前者は、蛇と結婚した末娘が裕福な生活をしているのを妬んだ姉たちが、妹を殺害して妹に成り代わる。死んだ妹が鳥や棗（なつめ）や道具などに転生し、ついに姉を殺して仕返しをする。後者は、結婚した夫が皮を着て蛇になるのを嫌った妻が、その皮を焼いてしまう。すると夫はどこかへ消えてしまい、その夫を捜してようやく再会するというものである。後者の「失踪型」はヨーロッパでは熊や豚、蛙などさまざまな動物の姿で現われる。

ところで、先述した「「蛇聟入」の国際比較」で分析の際に用いた資料の中世の御伽草子「天稚彦草子」も失踪型である。開けてはならないという唐櫃（からびつ）を姉たちが開けてしまい、海龍王の息子である蛇の夫は消えてしまう。妹は苦難の遍歴の末に再会し、鬼の舅の難題（牛千頭の飼育、千穀の倉運び、蜈蚣倉・蛇城幽閉）を夫の協力で解決する。しかし、最後に瓜から流れた水が天の川となり、年に一度だけ会うことになる。最後の「七夕説話」は中国の影響によるものと思われる。

関敬吾は『昔話の歴史』「天津乙女」で「天人女房」の昔話を結末によって七分類し、その七番目の「難題求婚型」の構造を次のように示している。

A　a飛び衣の略奪による結婚。b子供の誕生。c飛び衣の発見。d失踪。

B　a女房の捜索（求婚旅行）。b再求婚。c課題の提出と解決。d結果。

C　a再結婚。b失敗。

地上での最初の結婚（Aa）と、天上で再び結婚する（Ca）形の「二度結婚」という構造は、「天稚彦草子」を媒介に世界の異類婚姻との比較のきっかけを示したものといえる。この形式は「笛吹聟」の昔話にもあてはまる。天上の美女が、男の笛に惹かれて地上に降りてきて男と結婚するが、殿様が横取りしようとして三つの難題を課すが、妻の援助で解決する。次に、男が天上の舅を訪問すると、鎖に繋がれている鬼がいて、力米をやるなと言われていたのに与えてしまう。鬼は逃げて、地上の妻を奪って逃走する。男は追跡し無事に救出して、再び結婚生活を始めることになる。男が地上の人間であるために変身モチーフはないが、地上での初婚と天上での自らの過失による妻の失踪、その捜索を経て、再び結婚生活に戻る「二度結婚」の展開といえる。

大林太良は奄美大島に伝わる「天人女房」を、地上の結婚から天上した女房を追いかけて再会する展開を、地上と天上とが裏返しになり反復する双分の構造を取るものと分析した。[7] それに触発されながら、筆者も「笛吹聟」を同様に分析して構造図を作成したので、[8] 注を参照されたい。裏返し反復の双分の構造は、地上・天上における二度結婚の構造の指摘であるが、その背景にある意味的内容の理解にまでは至っていない。

中世の「天稚彦草子」を橋渡しに世界の失踪型「蛇聟入」との連続性を想定した場合に、日本の昔話「姥皮」が問題になってくる。「姥皮」は継子譚の話群に収められているが、その発端は「蛇聟入・水乞型」あるいは「蛙報恩」に続く形で展開する事例が大半である。すなわち「水乞型」の場合、蛇の棲む沼で、瓢箪に入れた針の毒で蛇を殺害した後、自分の家には戻らず、山中の一軒家の婆を訪ねる。そこで姥皮を貰い婆に変身する。一方、「蛙報恩」の場合は、蛙が蛇に呑まれるところを助ける。娘を奪いにきた蛇を瓢箪に入れた針で、あるいは蛙や蟹が殺害する。娘は一軒家の婆を訪れるという形で展開する。

いま『日本昔話大成』の「蛇聟入・水乞型」「蛙報恩」を見ると、沼で蛇を殺したところで、後半は「姥皮型」に続くと、省略しているのが多数ある。また、継子譚の「姥皮」を見ると、発端は「蛇聟入・水乞型」「蛙報恩」とあり、同様に省略しているのが目につく。要約の手間を省いた処置といえるが、なぜ一つの昔話を分断する形でそれぞれに配置したのだろうか。おそらくは語り手が、独立したそれぞれの話型を混淆していると、採集者や編集者が判断したのも原因にあるのだろう。個々の話型のテーマを、話群という中に分類する都合上の便宜的な措置と思われる。

しかし、もっと大きな原因は「蛇聟入・水乞型」「姥皮」の昔話の解釈によるものであろう。二つの話型が一直線につながるものという認識に欠けていた結果ではないだろうか。「天稚彦草子」型の二度結婚を下敷きにして見ていくと、その点が明らかになってくる。沼の蛇のもとに嫁いだ娘が、蛇の皮を針で毀損したために、蛇は失踪する。その蛇の夫の捜索のため、娘は異界に旅立ち長者の家に婆皮を被って下働きに出る。皮を脱いだ娘の姿を長者の息子（実は夫？）が見て恋の病に罹り、舅の嫁捜し（あるいは嫁比べ）の末に、二人は結ばれるという展開が想定できるのではないだろうか。

これはヨーロッパ型の異類婚姻譚を背景に展開を重ね合わせた見方である。地上の娘が、異界では苧環型の蛇とは逆に姥皮を被るという反転構造の仕組みが見えてくる。しかし、こうした解釈は昔話のモチーフレベルでのものであり、動物との結婚はおぞましいものとみる日本の語り手レベルにおいては、蛇を殺害した後に、新たな人間の男との結婚へと進むのであろう。

ただ、その中でも蛇との結婚へとつながる伝承が事例は多くないが、福田晃は「単純婚姻型」「転生婚姻型」「転生邂逅型」と名づけて、かつて自然との共生に「幸福の根元をみつめた古代人の精神風土」[9]の痕跡が見られることを指摘している。「姥皮」を継子譚ではなく異類婚姻譚としてとらえるべき視点を示したものといえる。

日本に構造分析の研究をいち早く取り入れて紹介し、また自身も研究を行った小松和彦は、「異類婚姻譚」に深く興味を寄せ、「田螺息子」「姥皮」の話型を「欠損」と「欠損の解消」を軸に分析し、男と女の差異による同一の構造モデルであると指摘する。そして、本稿が話題とする「主人公（登場人物）の属性や「婚姻」という登場人物の行為など」の「継起的配列」機能の構造を示しながらも、「蛇聟入・水乞型」から「姥皮」、あるいは「蛙報恩」から「姥皮」の流れを「複合型」[10]ととらえ、「二度結婚」といった同一線上の昔話という認識とは異なる解釈をする。

また、異類の「殻」や「皮」などの毀損による変身モチーフを、「変装」という「やつしと「物忌み」」の概念ととらえ、それをイニシエーション儀礼に結びつけて、「人間が聖性を発揮するための条件」の移行期間と位置づけ、「日常世界から離脱、非日常世界に身を置くための変装」[11]ととらえる。興味深い指摘ではあるが、ここでの問題意識とは異なる。なお、小松の「異類婚姻の宇宙」[12]はここでの関心と重なる部分もあり、今後の課題としなければならない。

四　「蛙息子」の霊性

蛇の話から続いて話題を蛙に切り替える。十年ほど前、中国の貴州省黎平(れいへい)県の侗(トン)族地区の昔話調査を行なったことがあり、その時に「蛙と人の故事」(日本の「蛙息子」)という民間故事(中国での「昔話」の呼称)を、呉明月さんという五十代の女性から聞いたことがある。要約して紹介する[13]。

子どものない夫婦に、五十過ぎてできた初めての子に蛙が生まれたが、ダンケ(蛙の子という意味)と名づけて大事に育てた。ある時、ファホウ(花大砲)を獲得した者が皇帝の婿になれるという催し事があった。ダンケは友だちと会場に行って、そのファホウを手にすることができた。皇帝は蛙が拾ったのでがっかりしたが、約束を守り娘と結婚させた。ダンケは殻を脱ぐと美しい青年になったので、皇女は蛙に戻らないよう殻を焼いてしまった。その後、ダンケは皇帝の位を継いで幸せに暮らした。「このように、蛙の子は皇帝になり、私は帰ってきた。後にどうなったかは、私も蛙の子のそばにいなかったのでわからない。」と結ぶ。最後の結びは、ヨーロッパの語り収めに見られたりする。

この昔話は『グリム童話』の第一話「蛙王子」で有名な話型である。

蛙の殻(一般には皮)を焼く行為が珍しく、類話を集めて次の「世界の「蛙息子」一覧表」を作成した。収集例が東アジアに多いのは収集の偏りであるが、世界的にはＡＴＵ440「カエルの王様、または鉄のハインリヒ」という話型でヨーロッパ中に見られる。

表Ⅲ　世界の「蛙息子」一覧表

	地域／出典	誕生／出会い	嫁獲得	変身	結末
1	ドイツ『グリム童話集』	王女が鞠を泉に落とす	一緒に暮らすという約束で鞠を拾ってあげる	床に入ろうとする蛙を壁に叩きつけると、人間に戻る。	忠臣ハインリッヒの胸のタガがはじける
2	スペイン『スペインの昔話』	蟇蛙が三人娘の父親に薪をくれる	父親に娘を所望し、末娘が嫁ぎ、蛙に呑まれる	姉が蛙の皮を燃やす。蟇蛙ば呪具を与え別れる	妹は捕らえられるが呪具で逃れる。（聖母とイエスの話）
3	チベット『チベットの民話』	蛙が老女の押し掛け息子となる	さまざまな異能を用いて豪商の娘を嫁にする	競馬の際に蛙の皮を脱いだのを、娘が燃やす	夫婦仲良く暮らす
4	ベトナム『ヴェトナム少数民族の神話』	蛙の子を産む	王女への求婚に、灰色の鶏を要求し、代わりに瓢箪を差し出し、結婚を許す	蛙の皮を脱いで床に入る。王女は衣を燃やす	若者は新王になる
5	中国貴州省岩洞侗族調査稿本	五十歳過ぎた女が蛙の子を産む	花大砲の花を手にして、皇帝の娘と結婚する	皇帝の前で蛙の殻を脱ぐ。皇女は殻を焼く	蛙の若者は新王になる
6	中国広東省翁源『中国昔話集Ⅰ』	大王菩薩に祈願し、蛙の子を産む	敵軍の撃退者を聟にするといい蛙は聟になる	夜はガマの皮を脱ぐ	皇帝が試しに皮を来て脱げず、蛙になる

7	中国浙江省紹興『中国昔話集Ⅰ』	神に祈願して蛙の子が生まれる	金持ちの娘に真珠の輿で迎えに来たら結婚するという	ベッドに入る時蛙の皮を脱ぐと男になる	娘は皮を隠し幸せに暮らす
8	中国江蘇省『中国民話集』	蛙が押し掛け息子になる	海で拾ってきた石から宝石が出る。娘と結婚する	地面に叩きつけると若者になる	黄色い皮を着た息子は海へ去る
9	北朝鮮江原道『朝鮮昔話百選』	貧乏人に蛙が押し掛け息子になる	大監様の娘を策略（鳩提灯）で嫁にする	娘に背中の皮を切らせると若者になる	夫婦は仲良く暮らす
10	鹿児島県奄美大島『福島ナオマツ昔話』	蛙の子が産まれる	餅の袋を用いて娘を嫁にする。	娘が皮に突き落とすと若者になる	炭焼き窯から金を掘り出し分限者になる
11	鹿児島県徳之島『徳之島民話集』	蛙の子が押し掛け息子になる	鮭と餅を用いて農家の娘を嫁にする	ハガマの風呂に入ると人間になる	金棒で富を得て幸せに暮らす
12	鹿児島県甑島『甑島昔話集』	神に祈願して蛙の子を産む	女に近づき池に放り込まれる。	父が、鯉に呑まれた腹を割くと男になる	男は金持ちの娘を嫁に迎える
13	長崎県島原半島『島原半島昔話集』	観音に祈願し蛙の子が産まれる	そば粉を寝ている娘に塗って嫁にする	娘に火起し竹で打たせると男になる	夫婦は幸せに暮らす
14	大分県速見郡『速見郡昔話集』	わくど（蛙）の親子がいる	はったい粉を用いて娘を嫁にする	姿はそのまま	夫婦仲良く暮らす
15	大分県国東半島『国東半島の昔話』	桃から鳥が出て、鳥の託宣で蛙の子を産む	三人娘の親に無理に頼んで分限者の末娘を嫁にする	父に斧で頭を割らせると皮がとれ、男になる	男は娘と幸せに暮らす

導入の「誕生／出会い」を見ると、神の申し子や、申し子ではなく分娩、他に押し掛けも目立つ。「嫁獲得」は多岐にわたるが、日本では「田螺息子」と同じく、娘の口に粉を塗って欺く形が見られる。「変身」に注目すると、「燃

やす」の他に、「切る」「打つ」などの毀損が多いのは蛇同様で、脱皮のイメージによるものであろうか。これについては、また後で取り上げる。

興味深い資料として、八番目の中国江蘇省の「蛙の息子」[14]を紹介する。子どものいない老夫婦が、蛙でもいいからと呟くと、蛙が押し掛けてきて子どもになる。好奇心の強い蛙を夫婦は可愛がって育てる。ある日、ハマグリを採りに行くのに蛙も同行するが、ハマグリは拾わずにある石に注目する。浜からの帰りに、村人がその石を運んでくれる。婆がその石で藁を叩くと割れて、中から宝石が出て家は豊かになる。夫婦が蛙の嫁を探して来てもらうと、嫁は相手が蛙と知り地面に叩きつけると、若者になる。若者は黄色い皮を大事に仕舞う。

その後、嫁は夫が真夜中にいなくなり、朝方に体が冷たいことを知る。年寄りから蛙は人間に変身すると、海に行って体の熱を冷ますと聞く。姑に相談して黄色い皮を隠してしまう。その後、子どもが何人も生れるが、ある「中秋節」に、夫が黄色い皮のことを話すと、妻は隠している場所をうっかり洩らしてしまう。そのあと夫は、その皮を着て海に飛び込んで帰ってこない。

この話が興味深いのは、隠されていた皮を見つけると、子どもがいるにも関わらずさっさと元の国に還ってしまうことで、「天人女房」と同様である。最初に叩きつけられ皮から抜け出た男は、その黄色い皮を大事にしまい、時々身に着けて水浴びしていたのである。人に変身すると熱を帯びるので冷ますためと言うのは、蛙が水と陸を行き来する両生類であることにもとづいた説明であろう。本来、人間でない蛙がすっかり人間になりきってしまう方が不自然なわけで、水浴びは合理的な解釈である。このことは、蛙と人間を生きる両義的な存在を、生活感覚でどのようにとらえているのかを示すヒントといえる。

生物学的には皮すなわち皮膚は、体細胞を保護する役割を持っている。動物の皮の下にある細胞（＝肉）を人間は食べてエネルギー源として活動している。こうした動物の殺害、摂食を最前線でリアルに示しているのが、狩猟の現場である。猟師は獲物を捕獲解体する場合、皮を剥ぐ前に「ゲボガイ」という呪術を施す。秋田の阿仁マタギの世界に、仏教知識を盛り込んだ「毛サギ」という呪術があり、「千代経るに此の里に立ち出でて射つ者も射たるる者も一時の魂をふれん。このニンド、あいブッカ追え、南無アブラウンケンソワカ（三唱）[15]」とある。伝承の言葉ゆえに意味不明のところも多いが、これに近い内容で、修験道の切紙「諏訪大事[16]」には、

普賢三部印。

業盡有性雖教不生　故宿人身同證佛果

哥曰。

生レ来テ何カ死セ去ル者ヤ有ル　今日其後ハ即身成佛

野辺ニ住ム獣物吾ニ縁無ハ　長闇路仁尚迷ハ摩子

八葉印。無所不至印。光明真言七反

とある。阿仁マタギの呪文「このニンド、あいブッカ追え」は、「諏訪大事」の「業盡有性雖教不生」すなわち寿命の尽きたものは放生しても生きることはできないからの意味で、また、「故宿人身同證佛果」すなわち人の身の一部となってその功徳で成仏するのがよい、と解釈される。往生の因子のない動物は、人間に食われてその体の一部となって往生すればいいのだと説く。これは、女性は五障のために成仏できないから男子に身を変えて成仏を説く「女人成仏」（法華経提婆達多品）の思想と発想を同じくするものといえる。生命を殺し食餌（しょくじ）とする現実を、殺生を戒める仏教がギリギリのところでの妥協を示したものと受け止められる。しかし、この経は殺生を生業とする狩猟民の精神的な支えになっているはずである。

さて、この狩猟の論理を今一度整理してみると、動物を捕獲、殺害して皮から剝がされた肉は人間の生命の対象である一方、捕食されることで人間の体の一部となり、霊的には成仏の機会を与えられたことになる。この肉と霊との分離の問題を説明するのに、古代中国の「魂魄(こんぱく)思想」[17]がある。人間の体には生命の気を司(つかさど)る魂(こん)があり、死ぬと体から出て行く。しかし、体を司る魄(はく)は死んでも残るという。中国の明代の『剪灯新話(せんとうしんわ)』「牡丹燈記」に出てくる女の幽霊は、実はこの魄が正体で、男と逢瀬を重ねるうちに男はしだいに精気を抜かれて弱っていくという幽霊話で、円朝の「牡丹灯籠」で有名な原作である。魂魄のうち魄は陰で重く死体に残るものとされるが、この魄を異類婚姻の動物の皮を脱いだ状態と考えることができる。

同じく幽霊話といえば、昔話「幽霊女房」や「通幻伝説」も、謝って殺害したお鶴と四十九日の夜に再開し、契りを交わして子どもを儲けるという展開は、「死霊結婚」の形にもとづくもので、その底流は一致している。

中国江蘇省の「蛙息子」の場合、皮を脱いだ状態の人間の姿は、妻から見れば夫ではあるとしても、蛙にとっては真の自分ではない。しかしながら、皮をかぶった夫は、人間側からすれば動物そのもので人間とは認められない。このギャップ、ジレンマに蛙聟は懊悩する。そして、長く人間の状態で真の自己を殺していたが、再び皮を手にした瞬間迷うことなく海に入っていった。蛙の本質（アイデンティティ）は越えがたいということを暗示している。蛙と共生し、生命の更新を遂げた脱皮後の現場に遭遇する環境にある人間には、こうした昔話を難なく受け入れる素地があるのではないだろうか。これは蛇についても同様である。

おわりに

中国の「蛙息子」のことで、確認しておくべきことがある。二話実例を紹介したが、結末の相違について説明が必要である。最初の貴州省の事例では、蛙のダンクの殻を焼却して皇帝の後を継いだところで終わるが、江蘇省の方は皮を見つけて海に帰ってしまう。前者の無造作な皮の処理に対し、後者は皮へ執着し、結局は結婚の破局へとつながるが、この執着心をどのように考えればいいのだろうか。話の発端をみると、前者は婆が腹を痛めて生んだ子で、蛙の姿であったが大事に育てる。後者は押し掛けて子となるが、その素性や押し掛ける理由が定かではない。そのことは前者が結婚の際に蛙の姿を皇帝が嫌がるという理由で、皮を脱いで青年になるのに対し、後者は結婚相手が蛙であることを憎んで、グリム童話の「蛙王子」と同様に嫁が叩きつけると若者に変身する。しかし、蛙の夫は皮を隠して、しばしば蛙に戻っていることを知って嫁が皮を隠す。隠すということは、その伏線として見つけることを暗示するのが物語コードである。江蘇省の「蛇息子」は、天上する「天人女房」と同様のタイプといえる。一方、貴州省の「蛙息子」は、日本の「田螺息子」と同様に、人間社会に生れ、社会的認知を得た存在であり、幸福な結婚に終わる。つまり、蛙の出自と社会性が両者の結末の相違を示している。皮に執着しない理由がここにある。

ところで、「皮」の問題を日常生活の視点から補足すると、日本語に「化けの皮を剝ぐ」とか「鉄面皮（てつめんぴ）」という語があり、素顔を隠し別人を装って悪事を働くことを、このように表現する。逆に動物が皮を脱いで人間と契りを交わすのは、本態を隠した霊性の状態であるが、それは動物からすると自己を隠した偽善ともいえる。そうした偽善を繕いながら人間に富や力を付与するのが異類結婚であるが、それを受領するだけでは一方的であり、それをリセットするのが「覗き見」モチーフの意味と、異類婚姻譚に社会倫理をあてはめて解釈することもできる。

本稿では異類婚姻譚を、モチーフ構成を中心としてとらえてきたが、一〇九ページに取り上げた「「蛇聟入」の国際比較」では、失踪した異類を求めて捜索する女性をユング心理学の研究をもとに「女性の自立」という視点から結論づけた。ここでは繰り返さないが、ぜひとも参考にして欲しい。

最後に、本稿を書く動機になった一つのエピソードを紹介したい。学生時代に昔話を採集、研究するサークルで、「蛇聟入」が話題になった時、ある女子学生が「苧環型」について、「でも、これってわかるよね」と話すのを聞いたことがある。蛇が男に姿を変えたとはいえ、蛇との結婚について獣姦のイメージもあり、非常におぞましい感じを持った。その後もずっと違和感を持ってきた。ただ、男とは異なる女性心理特有の受け入れ方があるのだろうか。前述したユング心理学の「女性の自立」の問題と関わるものなのか、今回は追究できなかったが今後の課題としたい。

注

[1] 関敬吾『昔話の歴史』（至文堂、一九六六）

[2] 小沢俊夫『世界の民話―ひとと動物との結婚譚』（中央公論社、一九七九）。後に講談社学術文庫の一冊として『昔話のコスモロジー――ひとと動物との結婚譚』の書名で収められる。

[3] マックス・リュティ『ヨーロッパの昔話―その形式と本質』（小沢俊夫訳、岩崎美術社、一九六九）

[4] ハノイ大学主催の比較言語の国際研修会。二〇一八年「グローバル化時代の日本語教育と日本研究」。

[5] 両性具有は「半陰陽」「ふたなり」とも言われる。男女両性を兼ね備えた存在を指すが、神話や儀礼象徴的な意味をもつ概念とされる。

[6] ウラジーミル・プロップ『昔話形態学』（北岡誠司・福田美智代訳、白馬書房、一八九七）

[7] 大林太良「南島民間文芸の比較研究」『南島説話の伝承』（三弥井書店、一九八

笛吹聟の構造

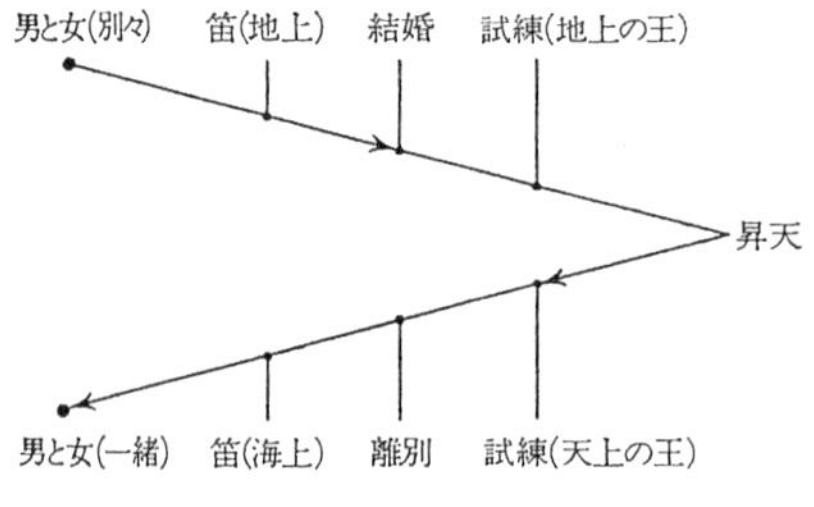

男と女(別々)　笛(地上)　結婚　試練(地上の王)

昇天

男と女(一緒)　笛(海上)　離別　試練(天上の王)

二）

[8] 花部英雄「笛吹聟の伝承と展開」（『昔話伝説研究』第12号、一九八六）。なお、右下に示した「笛吹聟の構造」の図が二度結婚の分析図である。

[9] 福田晃「水乞型蛇聟入の古層―南島の伝播を中心に―」『奄美文化を探る』（海風社、一九九〇）

[10] 小松和彦「構造分析からなにが見えるか―昔話「異類聟入」の基本構造を探る」（『説話の宇宙』人文書院、一九八七）

[11] 小松和彦「神霊の変装と人間の変装　かみのやつしとひとのやつし―昔話の構造論的素描」（『神々の精神史』北斗出版、一九八五）

[12] 小松和彦「異類婚姻譚の宇宙　「鬼の子」と「片側人間」」（季刊『へるめす』第10号、岩波書店、一九八七）

[13] 『中国民話の旅』（三弥井書店、二〇一一）

[14] 『中国民話集』（飯倉照平編訳、岩波文庫、一九九三）

[15] 仁多順所蔵「鳥獣殺生秘法」（『山と暮らし　ヤマダチ―失われゆく狩りの習俗―』所収、遠野市立博物館、一九八八）

[16] 「修験宗神道神社印信」（『修験聖典』歴史図書社、一九七七）

[17] 竹田晃『中国の幽霊　怪異を語る伝統』（東京大学出版会、一九八〇）

「異類婚姻譚」一覧表

話型	成立	化身	正体	誕生	破綻	結末
一〇一A　蛇聟入・苧環型	水引き黙約	男	蛇	×	正体露見	殺害
一〇一B　蛇聟入・水乞型	水引き黙約	男	蛇	×	瓢箪沈めで蛇体	蛇は殺害「姥皮」へ
一〇一C　河童聟入	水引き黙約	河童	―	×	――	破談

話型	成立	化身	正体	誕生	破綻	結末
一〇二　鬼聟入	親救助黙約	男	鬼	×	―	鬼は殺害
一〇三　猿聟入	畑仕事黙約	猿	―	×	―	猿は殺害
一〇四Ａ　蛙報恩	蛙救助黙約	男	蛇	×	瓢箪沈めで蛇体	殺害
一〇四Ｂ　蟹報恩	男の嫁貰い	男	蛇	×	蟹が蛇退治	蟹に殺害
一〇五　鴻の卵	男の通婚	男	蛇	×	鷹卵の捕獲で蛇体	鷹に殺害
一〇六　犬聟入	排便の処理黙約	犬	―	◯	―	狩人が殺害　女の復讐
一〇七　蜘蛛聟入	男の通婚	男	蜘蛛	×	蜘蛛の子は堕胎	―
一〇八Ａ　蚕神と馬	相思相愛	馬	―	×	殺害	馬、娘とも死ぬ
一〇八Ｂ　蚕由来	―	―	―	×	―	漂着先で蚕になる
一〇九　木魂聟入	男の通婚	男	木	×	伐採	運搬に協力する

話型	成立	化身	正体	誕生	破綻	結末
一一〇　蛇女房	押し掛け	女	蛇	◯	授乳で正体露見	池で眼を授ける
一一一　蛙女房	飯食わぬ妻、押し掛け	女	蛙	×	池の追善供養	追い出される
一一二　蛤女房	押し掛け／報恩（東日本）	女	蛤	×	料理で正体露見	海に帰る
一一三Ａ　魚女房	押し掛け	女	魚	△	水浴で正体露見	竜宮に帰る
一一三Ｂ　魚女房	押し掛け	女	魚	×	―	竜宮に帰る
一一四　竜宮女房	妻に貰う	女	竜女	×	―	竜宮に帰る
一一五　鶴女房	押し掛け／報恩	女	鶴	×	機織りで正体露見	天空に帰る

話型	成立	化身	正体	誕生	破綻	結末
一一六A　狐女房・聴耳型	押し掛け／報恩	女	狐	○	寝姿で正体露見	森に帰る
一一六B　狐女房・一人女房型	押し掛け／報恩	女	狐	○	寝姿で正体露見	森に帰る
一一六C　狐女房・二人女房型	押し掛け／報恩	女	狐	○	尻尾で正体露見	―
一一七　猫女房	押し掛け	女	猫	×	―	家を出る
一一八　天人女房	羽衣隠し	天	天人	○	―	昇天する　妻追跡
一一九　笛吹聟	押し掛け	天	天人	×	―	妻を奪還する
一三四　田螺息子	策略で結婚	田螺	―	×	―	幸福な結婚
一三五　蛙息子	策略で結婚	蛙	―	×	―	幸福な結婚
二三四　浦島太郎	海底訪問	男	―	×	郷愁	帰郷
二四五　喰わず女房	飯食わぬ妻、押し掛け	女	山姥	×	盗食い発覚	逃亡

「一寸法師」と「田螺息子」

はじめに

「一寸法師」の名称は一寸（約三センチ）の子どもという意味であるが、柳田によると近世期に「何々法師」という語が流行り、それに乗じてつけられたのではないかという。それが御伽草子の一編として広く世に知られ、昔話もそれから生まれたとする見方を一般にはされる。しかし、昔話では「五分次郎」「五分一」「豆蔵」などの名前も見られ、また、「田螺息子」との関係も深く、単純に御伽草子からの降下とは判断できない。

その「一寸法師」が「鬼退治」で、針の刀で鬼の腹の中を刺して降参させたというユニークな発想と強烈なイメージが、この話を決定づけたといえる。いったいこの発想はどこからくるものであろうか。韓国には虎に呑まれた小人が内臓を食い破って倒すという話がある。また、『グリム童話』の「親指小僧」は牛、次に狼に呑まれるが、その後で狼退治をする。鬼に呑まれ、鬼を退治するという日本の話が海外では動物に呑まれ、その退治に立ち向かう。日本の「一寸法師」を、世界の「親指小僧」との比較という視点から検討していきたい。

「一寸法師」の昔話は「田螺息子」と構成が類似している。寝ている娘に米や粉をつけ、娘が盗んだと濡れ衣（ぎぬ）を着せて、娘を獲得するという展開が一致する。「一寸法師」はこのあと強大な鬼を倒すことになるが、その主人公の嫁獲得は、少し狡猾すぎる印象をぬぐえない。その点、「田螺息子」は嫁獲得だけが目的のように終わってしまうので目立たない。一方、主人公にスポットを当てると、一寸とはいえ人の子と、巻貝の一種の田螺とでは、生物学的にいえば人と動物という大きな違いがある。主人公の属性の違いが、両者のそれぞれの結婚とどのように関わっているのか。

ここでは、こうした問題を、世界の「親指小僧」を間に挟み、三つ巴（どもえ）の関係として、三者の共通点と差異に注目しながら追究していくことを通して、昔話を国際比較の視点から解釈していきたい。

一　御伽草子「一寸法師」と武家の時代

一般によく知られている「一寸法師」の内容は、近世初期（享保年間）に大阪の書肆渋川清右衛門が出版した「御伽文庫」二十三冊の中の『一寸法師』にもとづいており、この渋川版御伽草子が普及し広く読まれスタンダードになっているようである。それが現行の昔話に大きな影響を与えたといわれる。その経緯については後に検討するとして、まずは御伽草子『一寸法師』の内容を確認しておきたい。

中ごろのこと、津國（つのくに）難波の里に、老夫婦が住んでいた。二人には子どもがなかったので、住吉に参り祈願をした。そのためか、四十一歳なのに身籠り、十月の時に男子を儲けた。背丈が一寸ばかりなので、一寸法師と名づけた。しかし、十二、三歳になっても背は伸びず、これは化物ふぜいだと夫婦は嘆いた。これを聞いて、一寸法師は口惜しいと思い、針の刀を麦藁の鞘に入れ、御器と箸とで住吉の浦から都に上った。

鳥羽の津で御器の舟を下り、三条の宰相殿のもとを訪ねて物中さんと言うが、その姿は誰の目にも見えない。しかし、足駄の下に小さな人がいるのを知って笑い、家に置くことにした。十六歳になったが一寸法師の背はそのままである。宰相の家には十三になる美しい娘がいて、一寸法師は一目見た時からこの娘を女房にしようと思った。そこで案をめぐらし、うちまき（米）を茶袋に入れ、お休みしている姫君の口に塗り、朝に泣き騒いだ。宰相が尋ねると、姫君が私のうちまきを食べたと訴える。怒った宰相が姫君を起こすと、確かに口についていたので、都には置いておけないから勝手に連れて行けと言う。事情の知らない姫君は驚きあきれている。宰相は本当は留め置きたかったが、継母の手前できなかったのである。

ところで、一寸法師は姫君を先に歩ませ、都を出て鳥羽の津から船に乗ると、折からの風に、興がる島へ着いた。島へ上がると鬼が二匹出てきて、一匹は打出の小槌を持っており、もう一匹はあの女房を取り上げようと言う。そして一寸法師を口から呑み込むと目から飛び出て歩くので、恐れて打出の小槌や杖などをおいて逃げてしまった。一寸法師が小槌で体を叩くと背が大きくなる。続いて飯や金銀を出し、都の五条に宿をとる。

立派な若者となった一寸法師のことが噂になり、帝のもとに呼ばれる。いろいろ調べると祖父が堀川の中納言であり、讒言によって流されたこともわかる。そこで帝は一寸法師を殿上させ、堀川の少将とし、やがて中納言に昇格させ、中納言は父母を呼び寄せて大切に世話をし、若君を三人儲けた。住吉のお誓いにより、末繁盛めでたく栄えた。

物語は住吉明神への「申し子」の発端に始まり、続いて「姫獲得」「鬼退治」モチーフへと展開する。とんでもなく小さい小男が、貴族の姫君を策略で手に入れ、また、流れ着いた島で圧倒的非対称の鬼と格闘して退散させ、鬼が残した打出の小槌で、背丈や食料、金銀を得て、ついには中納言に出世するというサクセスストーリーである。

『一寸法師』は、他に異本のない孤独なテキストであるが、同じく御伽草子の中に、小さい男が身分の高い娘と結婚する『小男の草子』や『ひきう殿物語』というものもある。『小男の草子』は小男でありながら当意即妙の和歌を作り、娘の心を魅了してしまうというもので、こちらには鬼退治や背丈が伸びるという件はない。御伽草子研究者の石川透によると、『小男の草子』には古写本がいくつかあり、「『一寸法師』は、『小男の草子』をもとに、他の物語などを参考にしながら、住吉明神の話に作り直したもののようである。[1]」と述べている。

古典研究者は、文字に残された文献の枠組みで作品をとらえようとすることが多く、そこにはおのずと限界と窮屈さが出てくる。私は口承の「一寸法師」の昔話を中心に、国内外のものをも含めて視野におき、それと比較対照しながら、昔話の成立や背景を考えることを基本にしている。では、そこからどのような「一寸法師」が見えてくるかが、次の課題である。

ところで、一見すると小男が強大な鬼を打ち負かすという荒唐無稽とも思える展開の『一寸法師』の作品が、どのような時代状況のもとから生まれたのかについて、一瞥しておきたい。物語が誰のため、どのような意図のもとに作られたのかを確認しておく必要があるからである。

平安時代までの公家政治に代わって新しく登場してくる武家政権の主役者である武士たちは、それまで社会の下層にあって武力を身の支えとしてきた人々で、そもそも文字や物語とは無縁な存在であった。しかし、政権を掌握・維持していくためには、文字や知識・教養を身に付ける必要に迫られる。御伽草子はその一環として、武家の家庭において文字や物語知識に乏しい婦女子を中心に愛好されてきた。

本来「御伽」とは相手という意味で、主君の傍でつれづれを慰める相手が「御伽衆」であり、物語や話に長けた人物のことをいう。御伽用の読み物として読み・聞かせるために用いられた物語ともいわれる。ただ、洗練された情趣を漂わせ、複雑な人間心理の綾に触れた平安貴族の女性たちの「物語文学」とは違い、教訓や知識などの教養、啓蒙のための説明的、説話的な短編の物語が御伽草子が中心であり、文字や教養に乏しい読者層のニーズ合わせたものといえる。一般庶民の日常に根ざした出来事や願望、関心などに添った内容が多いのもそうした事情である。しかし、文字には縁の薄かった人々ではあるが、すでに声と耳を通しての話の世界にはなじんでいたであろうから、声とは異なる「一寸法師」の草子は興味を惹いたにちがいない。声と文字との地平から両者の関係を見ていきたい。

二　昔話「一寸法師」のサブタイプ

近代における民俗学的方法の昔話研究に着手したのは柳田國男であるが、そのもとで一緒に研究を進めた者に関敬吾がいた。柳田と雑誌『昔話研究』を刊行するなど協力していたが、戦後は柳田から離れて独自に研究を深めていく。「一国民俗学」を標榜する柳田に対し、もともとドイツ語が専門であった関は「国際比較」へとシフトしていくことになる。

その関の戦後の最初の大きな業績が『日本昔話集成』(後に増補改訂して『日本昔話大成』となる)であった。柳田のもとで培ってきた昔話知見をもとに、日本の昔話資料を独自の立場から整理、体系化する仕事である。関はモチーフを昔話分類の基本に据え、話型やサブタイプの設定、「昔話の型」など、研究の基礎を確立した。同書は日本の昔話を総合的にとらえるための基盤整理を行ったものとして、その意義は大きい。

「一寸法師」は、まず昭和二十三年に柳田國男監修『日本昔話名彙』の「誕生と奇瑞」に収められた。そして、それより十年後に出る関敬吾編『日本昔話集成』では、「一寸法師・鬼征伐型」「一寸法師・聟入型」「一寸法師」の三つのサブタイプが設けられる。『日本昔話名彙』の話型分類をいっそう緻密にし、そのうえこの三つのあとに、さらに「親指太郎」まで加えている。ここに関の国際比較の姿勢が明確に示される。

それについては後で触れることにして、まずは一寸法師の昔話の伝承実態を、『日本昔話大成』をもとに見ておきたい。同書の一寸法師のサブタイプの三番目の「一寸法師」は、「結末が聟入型と異なり一人前の男となる」と、あえて聟入ではないことを注記する。社会構造や通過儀礼などを昔話の背景において読み解く関の問題意識であるが、ただ、ここでは主人公の行動を中心にモチーフ構成を見ていくために結婚の形態は問題とせず、「一寸法師」のタイプは適宜「鬼征伐型」「聟入型」のどちらかに入れて表を作成した。

表I 「一寸法師・鬼征伐型」一覧表（嫁獲得／a口塗り b三人娘）

	要素項目／伝承地	発端		展開				結末（成人）	備考
		主人公	申し子	馬制馭	嫁獲得	嚥下	鬼退治	毀損	
1	鹿児島県下甑島	一寸三分					○		嫁を貰う
2	宮崎県西都市	小まい子					○	小槌	
3	長崎県壱岐郡	○					相撲○		
4	佐賀県佐賀郡	○					○		隣の爺
5	福岡県鞍手郡	豆蔵		（米俵）			―		
6	広島県広島市	大豆					○		隣の爺
7	佐伯郡	豆一					相撲○		隣の爺
8	豊田郡	○					相撲○		
9	鳥取県某地	五分次郎	○			○	相撲○		
10	福島県会津郡	小太郎				○	○		酒呑童子
11	山形県新庄市	五分次郎					化物		
12	最上郡	五分次郎	○				化物		貉
13	青森県三戸郡	一寸太郎	○				○		

表Ⅱ「一寸法師・聟入型」一覧表

	要素項目	発端		展開				結末（成人）	備考
	伝承地	主人公	申し子	馬制馭	嫁獲得	嚥下	鬼退治	毀損	
1	鹿児島県鹿児島市	一寸坊			a				
2	長崎県南高来郡	一寸坊			押掛け		相撲○	小槌	親は小盲
3	福岡県鞍手郡	○			姫の供		○	小槌	
4	香川県丸亀市	五分一			a		相撲○		
5	岡山県真庭郡	五分次郎	○		a	○	相撲○	小槌	
6	岡山県〃	○	○		姫の供	○	○	小槌	清水
7	鳥取県東伯郡	○			姫の供		○		八幡参拝
8	新潟県佐渡郡	○	天道		姫の供		○		観音
9	埼玉県川越市	小指	○		姫の花見		○		花見
10	〃	人指	○		姫の供		○	小槌	
11	〃	○	○		姫の供		○		
12	所沢市	○	○		姫の供		○	小槌	
13	久喜市	○	○		姫を助ける				清水観音
14	入間市	○	○		姫の供		○	小槌	
15	坂戸市	掌上の子	○		姫の供		○	小槌	
16	群馬県新田郡	○			女王の供		○		
17	福島県平市	○			姫の供		○		清水観音
18	耶麻郡	○	○		姫を助ける		○		
19	宮城県栗原郡	脛子	○		a	○			鮒の中
20	岩手県東磐井郡	一寸二分			姫に逢う	○		小槌	

さて、この二つの表における違いは、「嫁獲得」モチーフの有無にある。そのうち「嫁獲得」のない「鬼征伐型」は西日本に多く、東日本は東北にわずか四例にすぎない。また、鬼征伐の動機が鬼たちの相撲をからかうことに端を発する鬼退治は、「聟入型」の三例を含めた合計七例がすべて西日本であり、「相撲と鬼退治」が地域的な偏差を示すものといってよいのかもしれない。

次に、「聟入型」のサブタイプで、「嫁獲得」に米（粉）を口に塗る（以下「口塗り」）という御伽草子「一寸法師」と同様の詐術は、二十例中四例のみで主流ではない。そうした姑息な方法は果敢に鬼に挑む主人公にはふさわしくないという判断が語り手レベルにあり、そのため敬遠されたのかもしれない。代わりに姫の護衛の任務に就き鬼を退散させた後に姫を獲得するという語りが多く、「口塗り」型からの変化と考えることができる。多くの人々の共感を反映する昔話の本質に照らせば、適切な変化といえるかもしれない。

ところで、一覧表の構成要素に「嚥下（えんか）」という項目を設けたが聞きなれない用語でもあり、簡単に説明を加えておく。主人公が川や海に落ちて魚に呑み込まれてしまい、その魚を料理する際に中から声を出して、無事に助けられるというものである。前後のストーリー展開の上で、今一つ必然性が希薄な印象を受けるが、世界の類話「親指小僧」との比較の上では大事な要点となる。

現在この「嚥下」モチーフは、「一寸法師」のサブタイプには六例あるが、これ以外にも『日本昔話通観』の事例や後述する「田螺息子」の話型にも出ており、都合十五例を数えることができる。その分布地は鹿児島県奄美市（1例）、長崎県壱岐郡（1）、高知県高知市・香美郡[2]、徳島県三好郡（1）、鳥取県某地（1）、岡山県真庭郡（2）、群馬県利根郡（1）、福島県会津郡（1）、宮城県仙台市（1）、岩手県上・下閉伊郡（2）と、ほぼ全国に及んでいる。このモチーフがなぜあるのか、いったいどのような意義があるのかの謎については、次章で改めて触れることにする。

柳田は昭和三年五月に岡正雄らと編集した『民族』に「一寸法師譚」を載せている。「吉右會記事」に続く昔話論文であり、話型研究としては最初のものである。その中で「説話の神話的起原といふことは、自分等も勿論之を認めて居る」(2)と述べ、柳田昔話研究の基軸となる昔話の「神話起源説」を立ち上げる。柳田は一寸法師という語は近世に「一時新しい興味を喚起した名」であるが、「本来はチヒサコと謂つて居たものと想像して居る。小子の物語の即ち上代の神話であつた」と、近世の一寸法師を上代の神話へと結びつけて解釈する。その小さ子である一寸法師が「御椀の舟」に乗るのを、少名彦那命の「白蘞皮(かがみのかわ)の舟」の神話や小子塚の伝説などと結びつけ、「精霊が此種天然の器物に入つて、人間に出現するものと信じたことも、恐らくは「一寸法師」の御椀の舟の、隠れたる動機になつて居る」と説く。

昔話の主人公を神の子とする「神話的昔話」の発想は、その後の昭和八年刊の『桃太郎の誕生』の基調となり、「桃太郎」や「瓜子姫」、「舌切雀」あるいは「雀の仇討」の雀、「田螺息子」など、みな神の子の出現ととらえる。同書の「田螺の長者」で、神話から昔話への「不変の要点」として、「貴き童兒が信心する者の希望に応じて與へられること」[3]「その貴き童兒の事業」「童兒が成長の後に最善の結婚をして、類ひ少なき名家の始祖となること」の三つを挙げ、昔話の神話起源を具体的に描き説明する。こうした柳田のとらえ方に対して、関は一寸法師に対峙するように「親指太郎」の話型を設定し、柳田が日本の神話起源へと遡及させていくこととは対蹠的に、世界との比較の立場を鮮明にする。

『日本昔話集成』第一巻の「序説」[4]で、関は「昔話の存在は単に一民族学的な現象ではなく、超民族学的な事実である。従って昔話の研究は特に比較研究を予想するものである。」と述べ、国際比較の要を説いている。長く一緒に日本の昔話研究を推進してきた二人ではあるが、柳田は戦後昔話研究から手を引き、関はヨーロッパの研究状況を紹介しながら、信仰を中心に解釈する柳田の研究方法とは別に、モチーフを基軸にした昔話研究を鮮明にしていくことになる。

三　世界の「親指小僧」と「一寸法師」

柳田國男監修の『日本昔話名彙』における「一寸法師」の項の資料紹介に、岐阜県結城郡の「指太郎」の梗概が取り上げられ、その最後で改行し、「これは外国の語り方ではないか、注意すべし[5]」とある。『日本昔話名彙』の編集には関も携わっているが、この寸評は柳田のものと思われる。関が用意した資料に、柳田が付した否定的コメントの可能性が高い。

同様のことは、野村純一が『柳田國男未採択昔話聚稿[6]』で、柳田が鈴木棠三の『川越地方昔話集』に採録しなかった昔話原稿が、柳田のもとから関敬吾を経て野村の手元に移ることになるが、その原稿に「グリム」あるいは「グリムにある話」と朱書きで書いてあったと、野村は記している。つまりグリム童話からのものは排除するというのが、柳田の資料選定の基本方針にあった。柳田にとっての昔話研究の資料は、純粋に日本の昔話が対象であったのだといえる。

しかし、『日本昔話名彙』で「注意すべし」とあった結城郡の資料は、その後『日本昔話大成』の「親指太郎」にそのまま入れられる。資料に対する二人の姿勢の違いが浮き彫りになるできごとといえる。関は『日本昔話大成』の「親指太郎」に十数例の事例を紹介した後の「注」書きに、これらの資料は『グリム童話』に基づいていることを指摘し、さらに彼我のモチーフ構成の比較まで載せている。「親指太郎」を新しく話型認識した関の意図はどこにあったのだろうか。『グリム童話』の日本における受容の実態をリアルに示すということも考えられるが、そうした翻訳による影響面だけでなく、日本の「一寸法師」の話型形成を世界との比較の上からとらえようとする問題意識に基づき、彼我の一寸法師の根底にある影響関係を見据えてのことかもしれない。

さて、資料をめぐる柳田と関との経緯はそれまでとして、次に世界の「親指小僧」を問題にしていきたい。日本の「一寸法師」と比較するための資料を探すにあたって、特異な主人公名を題名としたものに注目しながら十八話を集め、比較のための一覧表を作成した。欠落している地域や事例不足の問題はあるが、追加を期待しながらも、当面はこれらの事例をもとに分析を加えていくことにする。

まずは構成要素について順次説明を加えていく。発端部の「主人公」はおもに資料の題名に倣うが、子のない夫婦が、「○○でも欲しい」と呟くと、その子が出現してくる。以下、内容の紹介を1番の『グリム童話』の「親指小僧」をもとに進めていく。子どものいない女房が親指くらいの子でもと言うと、七ヶ月後に親指大の子が生まれてくる。18は鶏の卵のまま活動し、結婚後に殻を割られて人間になる。日本に多い申し子は、10番のユダヤと22番のチリだけであり、13・14番はねり粉で人形を作りかまどで焼いていると、ねり粉太郎が出てくる。垢（こんび）で人形を作り、それが人間となる日本の「こんび太郎」に類似する。

展開部の「馬制駁」は、主人公が馬の耳の中で号令を発して馬を操るもので、グリムでは親指小僧がお父っあんを休ませ森から材木を運んでくるのを、通りすがりの二人の男が見て驚く。この「馬制駁」は、日本の「田螺息子」にも多く見られるが、それについては後で話題にする。18の中国の例では筏（いかだ）作業に伴い、適切な指示を与える。構成要素の「家出」は主人公が親の元を離れて行動を開始することを言い、自立に向けての第一歩を踏み出すことになる。二人の男が小僧を見せ物にしようと購入を持ち掛けると、小僧は戻ってくるから高く売りつけるよう耳元でささやく。

表Ⅲ　世界の「親指小僧」一覧表

	要素項目	発端		展開					結末	型
	伝承地	主人公	出生	馬制馭	家出	窃盗	嚥下	対決		
1	ドイツ①グリム	親指小僧	親指でも	○	売却	○	牛・狼	狼殺害	親と再会	A
2	〃②グリム	親指小僧	―	―	追放	○	牛・狐	鶏交換	親と再会	A
3	〃③ドナウ	親指小僧	―	―	鸛運搬	―	魚	家臣追放	ツル運搬、親と再会	A
4	フランス①ペロー	親指小僧	―	―	追放	―	―	鬼殺害	金銀獲得	B
5	〃②アリエージュ	粟っ粒	―	―	家出	○	牛・狼	泥棒排除	金銀獲得　親と再会	A
6	〃③ギュイエンヌ	親指小僧	―	―	巨人討伐	―	―	業比べ	王女と結婚	B
7	〃④ロレーヌ	親指太郎	―	―	草刈	―	牛・狼	狼退散	親と再会	A
8	オーストリア	親指太郎	―	―	鸛運搬	―	魚	家臣追放	ツル運搬　王と再会	A
9	スウェーデン	親指童児	―	○	売却	―	牛・狼	狼殺害	親と再会	A
10	ロシア①	小指太郎	母の小指	○	売却	○	牛・狼	狼殺害	親と再会	A
11	〃②	一寸法師	（金帽子）	○	金帽子催促	―	―	地主殺害	金銀獲得	B
12	エスキモー	腕なし	女魚の子	―	売却	―	―	金持ち殺害	海ガラス収穫　親再会	B
13	ユダヤ	小豆ちゃん	申し子	―	弁当運び	○	牛	（乞食発覚）	親と再会	A
14	トルコ	ねり粉太郎	ねり粉	―	追放	―	―	デーヴ殺害	姫と結婚	B
15	中国①タリム盆地	ねり粉太郎	ねり粉	―	弁当運び	―	牛	泥棒放擲	父と再会	A
16	〃②山東省	ナツメ太郎	ナツメでも	―	驢馬救出	―	―	役人懲罰	親と再会	B
17	〃③	大拇指	拇指でも	―	洗濯	―	魚	讒言牢獄	大風による再会	A
18	〃④浙江省	鶏の卵	卵でも	○（筏）	（蟻、鼠、猫）	―	―	―	嫁獲得	―
19	〃⑤遼寧省	親指	―	―	料理の粉	―	魚・龍	黒龍退治	王女と結婚	A
20	〃⑥黒竜江省	棗	棗でも	―	（酒瓶割る）	―	役人	受刑者解放	親と再会　若者変身	A

21	韓国	小人	―	―	虎狩り	―	虎	虎の王退治	親と再会	A
22	チリ	親指小僧	申し子	―	盗み	○	牛	獅子殺害	親と再会	A

1『グリム童話集（二）』（角川文庫）2『グリム童話集（四〇）』（角川文庫）3『ドナウ民話集』（冨山房）4『ペロー民話集』（岩波文庫）5『フランス民話集』（岩波文庫）6『フランス民話集Ⅲ』（中央大学出版部）7『フランス民話集Ⅱ』（中央大学出版部）8『世界の民話　ドイツ・スイス』（ぎょうせい）9『世界の民話　北欧』（ぎょうせい）10『アファナーシェフ　ロシア民話集（下）』（岩波文庫）11『ロシアの民話Ⅰ』（恒文社）12『世界の民話　エスキモー』（ぎょうせい）13『イディッシュの民話』（青土社）14『シルクロードの民話5』（ぎょうせい）15『シルクロードの民話1』（ぎょうせい）16『山東民話集』（平凡社）17『シナの民話集　上』（現代思潮社）18『中国民間故事集成・浙江省』19『中国民間故事全集　31』20『中国民間故事集成・黒竜江省』21『朝鮮傳来童話集』（『韓国昔話集成2』悠書館、二〇一三）22『世界の民話　アメリカ大陸［Ⅰ］』（ぎょうせい）

「家出」の理由には他にも、貸した帽子の「返済」を求めて行動するもの、親に捨てられ家から「追放」されるもの、「弁当運び」など親の仕事に伴い事件に巻き込まれるものなどがある。5・13は悪事排斥のための行動など、多岐にわたっている。

続く「窃盗」は行きがかり上泥棒仲間に加わり、盗みを妨害するが、次の「嚥下（えんか）」の難に遭う。「嚥下」とは、牛や狼、魚などに丸呑みされるが、体内から声を掛けて腹を裂かれ救出されるか、そのまま排泄されるかして再び体外に出てくる。グリムの「親指小僧」では、買った二人に連れられていく途中、排便を口実に鼠穴に隠れて逃げる。次に泥棒仲間と出逢い、和尚の家に盗みに入るはめになるが、先に忍び込んだ小僧が大声で何を盗むのかと仲間に訊ねるのを聞いて、女中が起きてきたので泥棒たちは逃げる。小僧はその夜、乾草で眠り、翌朝女中が乾草を牛の餌に与えたので、牛の胃袋に収まる。呑み込まれた小僧が牛の中から声を掛けるので、女中も和尚も驚き、牛を屠（ほう）ることにする。牛から取り出された胃袋を置いた場所に、狼が通りすがり、次に小僧は狼の腹の中に呑み込まれる。19の遼寧省では料理の粉に入り、魚・龍に呑まれる。

次の「対決」は、「嚥下」した者との直接対決になる。あるいは「嚥下」の件（くだり）がない場合は、「家出」から直接に巨人や悪魔、悪人などと対決する。『グリム童話』では、狼の腹の中の小僧はいいご馳走があると狼を騙して、自分の家に連れて行かせ、台所の狼の腹の中から大声を出して親に知らせる。夫婦は狼を殴り殺し、小僧を無事に引き出し再会を喜び合う。牛の嚥下の繰り返しである。

結末部は展開によりさまざまで、無事両親のもとに帰り再会するもの、対決者が持っていた財宝の獲得、また、救出した娘との結婚や、最初の約束通り王女と結婚するなど、ハッピーエンドで終わる。

以上の各構成要素の内容を確認した上で、全体を通観すると、すべて物語が展開部の終わりの「対決」に収斂しており、魔物（悪者）退治のストーリー展開になっていることがわかる。主人公やその周囲の人々に妨害を加える対立者を排除して問題解決となる。物語展開のパターンとして、一つは主人公が嚥下されることで対立相手が特定されそれを排撃するもの（A）と、もう一つは主人公に嚥下の件はないが、既存の魔物を退治するもの（B）とに分かれる。

ATU700に登録される「親指小僧」の昔話は、ここでいうA型であるが、日本の「一寸法師」を想定する場合には、『国際昔話話型カタログ』[7]が指摘するように、327A・B「ヘンゼルとグレーテル」（表の4）や715A「すばらしいオンドリ」（表の10）などのモチーフを取り込んだB型も視野に置いて比較する必要があろう。

さて、国際的な「親指小僧」を日本の「一寸法師」と比較対照すると、「親指小僧」のA型すなわち「嚥下」のあるタイプは、「一寸法師・鬼征伐型」と構造的に一致する。すなわち嚥下する牛や狼は「一寸法師」の魚・鬼と対応し、呑み込まれた一寸法師は針の刀で腹を突き刺して体外に出てきて、鬼が残していった宝物を手に入れて娘と結婚する。興味深いのは19、20、21、22の中国、チリ、韓国の例で、そのうちチリは雌牛、韓国は虎に呑み込まれるが、両話とも小刀で動物の腹の中を突き刺し弱らせ、チリは病気になった牛を飼い主が屠殺（とさつ）する、韓国では虎の内臓を食べて殺すことになる。自力で体外に出てくる例は、日本との影響関係なのだろうか、あるいは発想性において共通するということなのだろうか。

ところで、こうした「嚥下」の一致は偶然ではないだろう。日本の「一寸法師」で魚に呑まれるという、一見脈略を失ったような展開が、『グリム童話』などの最初の嚥下に対応すると考えれば腑に落ちる。なお、魚に呑まれる事例はドイツのドナウや中国にも見られるし、旧約聖書の「ヨナ書」でヨナが鯨の腹の中で三日間過ごすが、それが死と復活の象徴ととらえるれように世界的なモチーフといえる。

ところで、B型の「嚥下」のない「親指小僧」は、日本の「一寸法師」というよりは「桃太郎」の昔話に近い。すなわち既存の鬼（悪者）退治で、たとえば11番の「一寸法師」は金帽子を返さない極悪な地主に狐、狼、熊が加勢して退治するものである。また、14番の主人公「ねり粉太郎」は、成長すると怪力の持ち主で乱暴で手に負えなくなり、魔物のデーヴ討伐の命を受け殺害するというもので、日本の「桃太郎・山行き型」を彷彿させる。「一寸法師」も「桃太郎」も鬼退治が主要モチーフで、ともに近世初期に登場する昔話であり、両者は関係が深い。これらを海外の昔話と比較する場合には、日本の「鬼」あるいは「鬼ヶ島」をどうとらえるかという問題があるが、21の韓国の事例では虎に呑まれた小人が退治するというもので、虎と鬼とを同列に考えるヒントが示されているかもしれない。

四　「一寸法師」と「田螺息子」

さて、前節では「一寸法師」を世界の「親指小僧」と比較してきたが、再び話題を日本の伝承世界に戻すことにする。日本の「一寸法師」の昔話は「田螺息子」と類似しているといわれる。柳田國男は「當時此口碑の既に都鄙に[8]」

あったものが御伽草子に取り上げられたとして、「田螺息子」から「一寸法師」への形成を指摘する。また、常光徹は形態論的研究法を用いた独自の「田螺息子」の分析の中で、御伽草子「一寸法師」と昔話「田螺息子」は物語背景など「様相を異にしているが、形態的な構造の型は基本的に共通している」[9]と述べる。二人の類似の根拠が「娘獲得」モチーフにあることは容易に想像できる。

そこで、日本の「田螺息子」の伝承を、『日本昔話大成』をもとに整理した次の「「田螺息子」一覧表」をもとにその傾向を見ていきたい。まず、構成要素の「嫁獲得」に注目すると、aの「口塗り」三十例に対し、「三人娘」は十四例ある。御伽草子「一寸法師」で宰相殿の娘が寝ている間にうちまき（米）による「口塗り」の部分が、「田螺長者」では麦（蕎麦）粉を塗って欺くが、しかし、こういう詐術を用いずに正々堂々と長者の三人娘に結婚を申し込み末娘との結婚にこぎつけるbの「三人娘」が、「口塗り」の半数に及ぶ。「三人娘」は「蛇聟入・水乞型」と同じタイプで、語り手にとってすでになじみのものであり、それに対して娘を欺いて手に入れる「田螺息子」には倫理的抵抗があるため、本来の「口塗り」からの変化が起こったと考えられる。

これと同じことは、すでに指摘しておいたが、昔話「一寸法師」でも「娘獲得」が「口塗り」四例なのに対し、姫の護衛に従い鬼退治後に姫と結婚する展開が十五例あったこととも共通している。「口塗り」という詐術が嫌がられている証拠であろう。ただ、語り手の倫理的意識が変化の動機であるとしても、「田螺息子」と「一寸法師」では、その方法が大きく異なっている。昔話でなじみの深い「三人娘」への求婚と、「姫の護衛」による獲得の違いは、背景にあるものの違いで、前者は田の水入れ作業に伴うものであり、後者は武人の役柄によるものである。この差異は、「田螺息子」の展開部の始まりにおいても明瞭に示されている。

田螺の息子が父の仕事の手伝いのために、馬の耳の中にいて馬を操る「馬制馭」に対し、「一寸法師」にはその

表Ⅳ　田螺長者一覧（嫁獲得／a口塗り　b三人娘）（『日本昔話大成』から）

	要素項目	発端			展開			結末（成人）	備考
	伝承地	主人公	申し子	馬制馭	嫁獲得	嚥下	鬼退治	毀損	
1	鹿児島県奄美大島	蛙	○		a				風呂
2	下甑島	○			殻を割る			○	
3	宮崎県宮崎郡	○		○	b				
4	大分県速見郡	蛙			a				
5	直入郡	一寸			a				
6	東国東郡	○		○	｜			○	
7	〃	蛙			b			○	
8	熊本県阿蘇郡	○		○	b			小槌	
9	球磨郡	○			b			○	水乞い
10	天草郡	○		○	b			小槌	
11	長崎県壱岐郡	豆蔵			a	○			
12	南高来郡	○	○		a		○	小槌	
13	〃	蛙	○		a			○	
14	北高来郡	○		○	b				橋、小盲
15	下県郡	○			a			○	
16	高知県高知市	五分児			a	○	相撲○		小盲
17	香美郡	二分一			a	○	天狗○	小槌	小盲
18	香川県丸亀市	五分一			a		相撲取		
19	徳島県三好郡	一寸			a	○	相撲○		
20	広島県高田郡	蝸牛		○	b			鉄棒	
21	岡山県岡山市	○	○	○	b				
22	〃	一寸			a		○	○	
23	〃	○		○	｜			落馬	

24	阿哲郡	○		○	a			小槌	
25	島根県美濃郡	蛞蝓			a		○	小槌	
26	鳥取県西伯郡	栄螺		○	b			○	
27	新潟県新発田市	○	○		a			○	
28	見附市	○	○		a			さい槌	
29	北魚沼郡	蝸牛			a			○	
30	佐渡郡	豆助	○		a				風呂
31	長岡市	○	○		a			下駄	
32	長岡市	蝸牛	○		a				風呂
33	南魚沼市	○	○		a		化物		
34	群馬県沼田市	蝸牛			a			牛	
35	山形県新庄市	○			b 吸着			小槌	嫁比べ
36	最上郡	○			b 吸着			○	
37	最上郡	○			a			祈願	
38	秋田県仙北郡	○		○	a			杵	
39	〃	○			a			横槌	
40	平賀郡	小指大			a			小槌	
41	岩手県紫波郡	小蛇			b				
42	〃	脛子		○	a			藁槌	
43	花巻市	○		○	a			落馬	
44	和賀郡	○		○	b			突く	
45	遠野市	脛子	○		a			祈願	
46	青森県三戸郡	○		○	a			小槌	鼠報恩
47	〃	○			b			○	
					（小計 a30／b14）				

「馬制馭」が一例も出てこない。御伽草子「一寸法師」の場合には、それが成立する中世末期や住吉の神などの時代や地域性が影響していることはわかる。その点、「世界の「親指小僧」一覧表」に「馬制馭」が出てくることで、昔話「田螺息子」が世界の「親指小僧」と共通することに注目しておいてよいだろう。

表Ⅴ 「一寸法師」「田螺息子」のモチーフ構成表

○多い　△少々　×なし

		馬制馭	嫁獲得（口塗り）	嚥下	鬼退治
田螺息子		○	○→三人娘△	魚（△）鬼（△）	△
御伽草子・一寸法師		×	○	鬼（◎）	○
昔話・一寸法師	聟入型	×	△→護衛○	魚（△）鬼（◎）	○
	鬼征伐型	×	×	魚（△）鬼（◎）	○

次に結末部で、嫁を獲得した田螺がその外皮である殻を「毀損」という手段で破壊して若者に変身し、物語はめでたく終わるのが大半であるが、しかし、そのあと川に落ちて魚に呑まれ、また鬼を退治して打出の小槌を手に入れて変身するのが数例ある。ただ、この事例（11・12、16〜20）は一寸法師「聟入型」と同様であり、それがここに紛れ込んだとも考えられる。「田螺息子」と「一寸法師」の類似は、話者および採集者レベルにおいても区別がしがたく、こうした混乱が起こるのは、それほど両話型が密接である証拠といえる。

こうした混乱、混融を整理するために、右の「「一寸法師」「田螺息子」のモチーフ構成表」にもとづいて確認していこう。

時代が固定される御伽草子に対して、昔話「一寸法師」は「嫁獲得」「嚥下」において揺れが見られる。話者とともに変化するのが昔話であり、その「嫁獲得」における「三人娘」「護衛」の変化はすでに述べたので、ここでは「嚥下」「鬼退治」について触れる。昔話において「嚥下」するものが「一寸法師」では鬼が優勢であるが、魚も少々ある。また「鬼退治」が「田螺息子」においても少々見られる。このことは「田螺息子」と「一寸法師」は話型の底流において共通していることを予想させる。両者の伝承例の絶対数では過半を越える四十七例の「田螺息子」から二十例の「一寸法師・聟入型」への流れは蓋然性の上からいっても間違いないと思われる。

そのことを前提にして、次に「田螺息子」と「一寸法師」の関係について、「嫁獲得」を中心に見ていきたい。その場合、まず問題となるのは主人公の属性についてである。説話の自然の流れからすれば、小男の主人公をあえて動物の田螺に設定し直して享受することは考えにくいので、田螺からの変化と見る方が自然である。しかし、一寸にすぎない小男と田螺の息子とでは、大きくかけ離れている。人間と動物との越え難い差をどのように考えればいいのだろうか。そこで田螺と人間との結婚を、異類と人間との結婚を語る「異類婚姻譚」と対比して、両者の違いを考えてみたい。

実は、日本の昔話においては異類との婚姻は破綻するのが原則であるが、唯一（ゆいいつ）田螺と人間との結婚だけは成立する。なぜ田螺が人間の娘と結婚し、人間の姿に戻ることができるのか。これは「田螺」固有の属性の問題なのか、あるいは別の問題があるのか。ここでは後者の視点から考えてみたい。「異類婚姻譚」における異類は、男女とも結婚適齢期になった異類が人間の男女との結婚を求めてやってくる。人間世界に来る前は異類の世界にいて成長し、いきなりやってくるために当事者同士はともかくとして、周囲の人は戸惑う。「蛇聟入・苧環型」で男の素性を確かめるために針と糸を用いて男の後を追うのは、その素性を知りたいからである。

ところが、田螺の息子は人間世界に生れ成長して結婚適齢期に入るので、誰の子どもであるかは自明である。姿は田螺という特殊な形をしているが、人間世界で成長し素性ははっきりしており、いわば社会的に認知された存在といえる。口塗りの詐術や三人娘への求婚が成立するのは、社会的ルールにおける素性の確認という結婚の前提をパスしているからであろう。あとは結婚を不満とする娘の側の問題は残るが、その解決のために人間の姿への転身をはかるのであろう。人間の容姿への転身を図るために二人は協力せざるを得ない。それは一寸法師の場合も同様で、人並みの背たけを求めるための行動を起こすのである。

田螺との結婚が成立して問題はすべて解決したように見えるが、それは「異類婚姻譚」における場合の結婚は、それがメインのテーマなのでよいが、「田螺息子」は「誕生譚」に位置づけられるように、結婚が最終目的ではないからである。結婚は社会的承認ではあるが、人生の最終目的ではない。自立した夫婦には社会的役割を果たすべき責任が負わされている。有体(ありてい)に言えば、社会の一員としての仕事や子どもを育てる必要があり、「田螺息子」でいえば、自分や周りの人々に害悪をもたらす敵対者を排除するのが次の課題として設定されている。その役割は薄れてはいるが、一覧表に少例ある「嘸下」「鬼退治」はその痕跡と言えるのではないだろうか。ただ、「一寸法師」の昔話に特化されてしまったために、「田螺息子」から「鬼退治」が薄れてしまったといえるかもしれない。

「田螺息子」が人間社会に生れ成長して結婚し、次に社会的役割を果たすことが、田螺に求められるDNEであると考えることができる。ところが「田螺息子」をもとに形成された「一寸法師」に、鬼退治の役割が特化した形で移行されたため、「田螺息子」の場合、「異類婚姻譚」の昔話に引きずられるように、あるいは田螺が結婚の成就に満足したためか、その後の行動が曖昧になってしまったと考えられる。ただ、国際的な「親指小僧」にはそれがあり、そのことが確認できるのではないだろうか。

おわりに

御伽草子「一寸法師」の古典から出発し、昔話「一寸法師」や海外の「親指小僧」と比較対照し、そこから振り返って日本の「一寸法師」「田螺息子」との関係を洗い直すというふうに進めてきた。比較による一致・相違点等ら、主人公一寸法師と田螺の属性の問題、そこから波及する異類との結婚の問題等を取り上げてきた。いくぶん話題が煩瑣で多岐にわたり、課題が拡散してきたようでもあり、ここでもう一度本稿の趣旨について確認しておきたい。

御伽草子「一寸法師」は武家政権の時代に入って教訓や教養を求める人々の生活的視点からのニーズによって創出された部分がある。素性の知れぬ極小の主人公が武人のスタイルで出世していく姿を、誰が見守り応援していったのかを考えると、当時の時代風潮が見えてくる。しかし、彩りはそうだとしても、その輪郭はどこからきたものだろうか。針の刀で武装した小男が強大な鬼に呑み込まれ、内部から復活してくる展開はどこからくるものだろうか。

『日本昔話集成』（増補改訂して『日本昔話大成』となる）を作った関敬吾は、「一寸法師」に続いて「親指小僧」を話型認定した。その意図をヒントに世界の「親指太郎」に向かい、それを俯瞰すると、これも極小の主人公が牛や狼、虎などに呑み込まれる展開（本稿では「嚥下」と名づけた）が見られる。これを一寸法師の「鬼退治」に比定し、一方、呑み込まれることはしないが強大な敵対者と格闘し打ち負かすという展開もあり、これを一寸法師「鬼征伐型」や「桃太郎」ととらえると、近世に出てくる「鬼退治」の時代性が見えてくる。彼我の昔話の比較をそのように試みた。

ところで、「一寸法師」のサブタイプ「聟入型」は、寝ている娘に米（粉）を塗るという詐術を用いての結婚詐欺で、こちらは昔話「田螺息子」と共通する。両者の一致、相違の背景を確認するために、いったん話型の枠組みを解体しモチーフの再構成を図ると、異常児が家を出て嫁を獲得するのが「田螺息子」「一寸法師・聟入型」となり、また「一寸法師・聟入型」は結婚後に鬼退治に出かける。一方、嫁獲得がなく直ぐに鬼退治に出るのが「一寸法師・鬼征伐」である。これで見ると「一寸法師」は二つに分裂しているが、これは新たに「鬼退治」モチーフが追加したという見方もできるが、もともと「田螺息子」に内在していたものと考えるべきであろう。ただ、分家に出した「一寸法師」との差異化が働いて、鬼退治が希薄化していったものと言える。

というのは、「田螺息子」と一般の「異類婚姻譚」とを分ける指標にこだわるからである。「田螺息子」は異類の姿をした田螺が人間の娘との結婚を唯一成立させる昔話であり、その後に人間の姿となる展開を取る。一方「異類婚姻譚」はいきなり成人した異類が人間との結婚を求めてやってくる。人間の社会生活の経験がない異類とは結婚を拒否するというのが、日本の庶民世界の認識なのではないだろうか。「田螺息子」は「誕生譚」であり、姿は異類の形をしているが、人間社会に生れ成長した存在で結婚の条件がクリアされている。しかし、それだけでは「社会性」に乏しいということもあり、実績を積むために「馬制馭」の仕事をし、また結婚後も社会性の一環として「鬼退治」といった社会的役割が課せられていたのではないか、というのが現在からの見通しである。その実証にまでは本稿は及ばなかったが今後の課題としていきたい。

最後に、本稿は「国際比較」という手段を用いて、日本の昔話を読み解くというスタンスを取ってきた。口幅ったい言い方になるが、国際比較は伝家の宝刀ではなく、あくまでも日本の昔話の意味をとらえる手段と考え、それに徹したい。国際比較の有効性と限界を理解した上で、今後もその方向を進めていきたい。

注

［1］石川透『御伽草子　その世界』（勉誠社、二〇〇四）
［2］『定本柳田國男集』第七巻「物語と語り物」所収（筑摩書房、一九六八）
［3］『定本柳田國男集』第八巻「桃太郎の誕生」所収（筑摩書房、一九六九）
［4］『日本昔話集成』第一部「動物昔話」（角川書店、一九五〇）
［5］『日本昔話名彙』（日本放送協会、一九四八）

[6]『柳田國男未採択聚稿』(瑞木書房、二〇〇二)
[7]『国際昔話話型カタログ』(加藤耕義訳、小澤俊夫日本版監修、小澤昔ばなし研究所、二〇一六)
[8] 注[2]に同じ
[9] 常光徹「田螺息子の形態論」『学校の怪談 口承文芸の展開』(ミネルヴァ書房、二〇一三)

「嫁の輿(こし)に牛」の風土性

はじめに

『日本昔話大成』の昔話「嫁の輿に牛」(『日本昔話通観』の題名では「牛の嫁入り」)は、中世の説話集(『沙石集』『雑談集』ほか)や物語(御伽草子「ささやき竹」)などの文字資料、そして『世界話型インデックス』のTA896「好色な聖者と箱の中の少女」の話型名で登録されている昔話などと同じモチーフの類話である。

寺に祈願に来た美しい娘を見初めた坊主が、自分の妻にしようと策略をめぐらし、それが半ば成功して娘を輿(こし)で寺に運ばせる。しかし、途中で担ぎ手が輿から離れている隙に、通り掛かりの殿様が娘と牛をすり替えて、娘を奥方にする。一方、運ばれた牛は寺で大暴れするという内容である。

この昔話の研究としては、これまで主に中世文学の研究者等において、諸本の紹介や異同、物語に登場する神仏や社寺、地名、人物等にかかわって研究されてきた。そのおもなものを取り上げると、中世の物語や説話研究の泰斗(たいと)の市古貞次は『未刊中世小説解題』[1]で、「ささやき竹」と関連の説話集との類似を指摘した。この市古に続く研究に永井義憲[2]、沢井耐三[3]がいる。そのうち永井は『鷲林拾葉集(しゅうりんしゅうようしゅう)』に見える新たな類話を紹介し、法華経談義の場で講説された物語という視点を示しながら、物語に登場する清水寺の「坂ノ者」に注目し、平安末期に遡るものと推測したが、いくぶん成立の根拠に乏しい。

ところで、少女もしくはその近親者が参詣する寺や神仏を『沙石集』では地蔵菩薩、『雑談集』は鞍馬寺、『鷲林拾葉集』は清水寺、『地蔵菩薩霊験記』は壬生の地蔵などと、それぞれに異なっている。類話と思しき説話の舞台となる場がさまざまに変化するのは、これらの作品成立の背景の問題ともかかわっていると予想される。上述の寺院が説話の管理と関係するとすれば、それぞれの寺院に寄宿する宗教者の関与の問題といえるかもしれないが、今は問題提起にとどめておく。

以上は、国内のそれも記録された資料にもとづく国文学的な研究動向を示したものであるが、これに対し口承をベースとした内外の研究動向は遅々としており、わずかに南方熊楠[4]と松原秀一[5]による事例紹介が挙げられる。南方は例の博識から、類話を『南総里見八犬伝』や中国の『酉陽雑俎(ゆうようざっそ)』、インドの『カター・サリッド・サーガラ』などを取り上げて紹介している。松原も、フランスの『新百物語』に載る類話を紹介するが、後半の輿の娘とのすり替えはなく、そのうえ好色な修道僧が、身籠った娘が神の子を宿したなどと説明するなど、後半はキリスト教を背景にした異なるモチーフの展開であるが、松原は同様のコントをヨーロッパの文献を博捜し比較考察を続ける。

さて、本稿は昔話「嫁の輿に牛」の国際比較を目的としているが、始めに昔話と日本中世の説話・物語との考察を行なう。両者の比較分析を通じてその特徴を明らかにした上で、続いて国外の類話との同様の比較分析を行なう。昔話の国際比較は、昔話の地域的特性を明らかにしながら、昔話の成長過程や伝播の問題を追究することが主眼となる[6]が、そうした視点のもとに日本の中世の説話・物語を間に挟んだ三者の比較考察を試みる。時代や場所が限定された中世の好色譚が、内外の昔話の仲介的な役割を担う可能性が考えられるからである。

一　日本の昔話「嫁の輿に牛」と説話・物語

(一)　比較のための資料と一覧表

日本の「嫁の輿に牛」系の中世の説話・物語の文献資料六本と落語「お玉牛」を加えた七例に、昔話として報告された「嫁の輿に牛」十五例を、表Ⅰ「日本の「嫁の輿に牛」一覧表」に示した。昔話の事例はけっして多くはないが、比較する上での数においては何の問題もない。分布状況を見ると東北地方と奄美諸島にやや多く、中部地方や西日本はまばらである。昔話と中世の説話や物語とは、一見してテーマやモチーフ、また展開において異なるが、ただ両者は歴史的に関係が深く、ここでは違いを顕在化するためにも、あえて同一の表に収めることにした。

落語の「お玉牛」は、その話名からして「嫁の輿に牛」の昔話や説話・物語を下敷きに構成されたものと思われる。梗概を記すと、遊び人の茂平は美人の評判高いお玉を一方的に口説き落とし、夜這いに出かけることになったと吹聴する。当日、家の者は娘の蒲団に子牛を入れておくと、忍んだ茂平は暗闇の中で角や毛、肌を撫でて褒めるが、最後に牛が蒲団を跳ね除けて飛び出す。後日、仲間にお玉をウンと言わしたかと聞かれて、「いいや、モーと言わした」と言い訳するのが落ちになる。「嫁の輿に牛」の類話と言うよりパロディーに近いが、近世的変化の姿という視点から取り上げた。実は、昔話の15と同様であり、18の「びんかと思うたらボウ（牛）になる」という語も落語と無関係ではあるまい。また、落語の蒲団の中でのできごとも、古典の「ささやき竹Ⅱ型」[7]におけるお堂の中で、櫃（ひつ）の中に手を入れ撫でながら「娘（牛）褒め」するクライマックスと同様である。口承文芸と文芸、話芸の比較の上からは誠に興味深い。

表の作成については、まず構成要素の展開部分を大きく二分し、娘を手に入れるための「詐欺」を実行する前半と、箱の中の娘を牛と掏り替えて「救出」する後半とに分けた。これに詐欺師に狙われるきっかけとなった「機縁」、および事件後の「結末」を加えた。

㈡「機縁」と「結婚詐欺」

次に、この表に従いながら構成要素における特徴的な内容について取り上げる。まず「機縁」の部分では、古典の説話・物語において説話の管理者に寺院が想定されるほどに関係が深かったのに、昔話では寺よりも神の事例が多く、また機縁自体のないものもある。その場合には策略を用いることもせず、直に金や娘を要求するなど、きわめて威圧的である。話の全体からすると寺の関与が薄いのに、それに反して和尚の態度が傲慢であるのは、始めから和尚を悪役の詐欺師に仕立てようとする意図が働いているようだ。

一方で、村の若者などが詐欺師となる場合は、策略を用いた詐欺行為をする。その策略には神仏の陰に隠れて自分の名前を読み上げるものの他に、特定の場所や順番を指示して先回りするなど、古典の策略と同様である。なお、策略で「最初に遭う男」と指示をして、その通りになる場合とならない場合とがあり、それを「成否」の項目において○×で示した。たとえば表の3と13、17では指示通りにして詐欺師が女を手に入れ、所定の場所に輿で運ばせる。これに対し、1と4の「×」すなわち詐欺師の前に別の男が女と出遭い、女を連れて行ってしまう。したがってその後の展開における牛との「掏替え」は無くなる。この「最初に遭う男」という設定を崩して遭えなくする1・4の趣向は、その後の展開が大きく変わるなど、物語の生成からすると少し不自然さが残り、これは差異化をねらっての後からの変化と考えられる。

ところで、「策略」の中に古典には見えないが、昔話では牛および娘の凶相が悪いので祓い（12、22）を行なうとい

表Ⅰ　日本の「嫁の輿に牛」一覧表

	説話・物語／伝承地	発端		詐欺			救出		結末	出典
		主人公	機縁	詐欺師	策略	成否	救出者	掏替え		
1	沙石集	若女房	地蔵参詣	若法師	耳元で最初の男を	×	武士入道	―	祝言から追放	沙石集
2	雑談集	姫君	鞍馬寺詣り	鞍馬の房主	房主に嫁げと示現		中将	子牛	子牛大暴れ	雑談集
3	地蔵菩薩霊験記	孫姫	壬生地蔵参詣	血気の僧	竹筒で最初の男を	○	大名	子牛	子牛が大暴れ	地蔵菩薩霊験記
4	鷲林拾葉集	女房	清水参詣	法師	竹筒で最初の男を	×	富有者	―	坂の者の娘と結婚	鷲林拾葉集
5	ささやき竹Ⅰ型	姫君	鞍馬の花見	別当	竹筒で別当に嫁げと示現		宮内小輔	子牛	子牛大暴れ	ささやき竹
6	ささやき竹Ⅱ型	姫君	僧正を呼び祈祷依頼	西光房	竹筒で西光房に嫁げと示現		関白	牛	牛大暴れ、群集殺到	ささやき竹
7	落語「お玉牛」	お玉	娘の噂	茂平	強制的な夜這い		―	牛	牛と同衾	落語「お玉牛」
8	青森県木造町	さん子	―	金持ち	強引に嫁に貰う		殿様	子牛	娘は殿の嫁、牛は実家	木造町のむがしコ集
9	岩手県遠野市土淵	娘	―	隣村の和尚	娘と五十両を寺によこせ		殿様	子牛	娘は戻り、牛は実家	遠野の昔話
10	〃北上市飯豊	姉	―	和尚	娘と五十両を寺によこせ		殿様	子牛	牛を実家に返す	すねこ・たんぱこ
11	秋田県山本郡琴丘町	娘	堂に結婚祈願	別当	寺の別当に出せ		屋形様	牛	娘は戻り、牛は実家	秋田むがしこ第二集
12	山形県新庄市蛇塚	娘	法事に和尚呼ぶ	和尚	牛の相の祈祷に寺に寄越せ		殿様	牛	娘は殿の嫁、牛は実家	新庄のむかしばなし
13	新潟県長岡市西蔵王町	娘	山の神に結婚祈願	うすら馬鹿	帰りに最初に逢う男	○	殿様	子牛	娘は殿の嫁、牛は実家	おばばの昔ばなし

14	山梨県	長者の娘	氏神に祈願	百姓権兵衛	娘を権兵衛に呉れろ		山賊	子牛	牛が大暴れ	甲斐昔話集
15	岡山県御津郡	百姓娘	通うのに根負け	若者	娘の蒲団に忍び込む		―	牛	モオーの声に逃げる	岡山県御津郡昔話集
16	鳥取県琴浦町	娘	賽の神に祈願	堂守	堂守にやれ		侍	子牛	牛は娘に戻らない	大山北麓の昔話
17	島根県松江市八束	長者の娘	氏神に祈願	小僧	社地に来る男が婿	○	殿様	子牛	娘は殿様の嫁	蒜山盆地の昔話
18	香川県	長者の娘	―	―	―		男	子牛	「びんかと思うたらボウ（牛）」	西讃岐地方昔話集
19	鹿児島県喜界島	女	自身が神に誓願	青年	青年と夫婦になれ		殿様	乳飲み牛	乳飲み牛が暴れ回る	鹿児島県喜界島昔話集
20	鹿児島県名瀬市	女の子	自身が寺に祈願	坊主	坊主の嫁になれ		殿の子	赤牛	娘は殿に赤牛は実家に	福島ナヲマツ昔話集
21	鹿児島県名瀬市	村の美人	―	坊さん	長持ちで嫁に来い		―	子馬	子馬が暴れ回る	久永ナヲマツ嫗の昔話
22	沖縄県竹富町小浜島	女の子	娘の結婚の相談	シナの坊主	娘の延命の為坊主に寄越せ		若い侍	子牛	牛と芝居見物で娘に再会	沖縄の昔話

〔出典〕1沙石集（岩波書店、一九六六）、2雑談集（三弥井書店、一九七三）、3地蔵菩薩霊験記（続群書類従25輯下、一九八四）、4鷲林拾葉集（臨川書店、一九九一）、5ささやき竹Ⅰ型（室町物語大成（角川書店、一九七八））、6ささやき竹Ⅱ型（室町物語大成（角川書店、一九七八）、7落語の根太（角川文庫、一九七六）、8木造町のむがしコ集（青森文芸協会、一九八四）、9すねこ・たんぱこ（銀河社、一九五八）、10遠野の昔話（日本放送出版協会、一九七五）、11秋田むがしこ第二集（未来社、一九六八）、12新庄のむかしばなし（新庄市教育委員会、一九七一）、13おばばの昔ばなし（野島出版、一九六六）、14甲斐昔話集（郷土研究社、一九三〇）、15岡山県御津郡昔話集（三省堂、一九七四）、16大山北麓の昔話（三弥井書店、一九六五）、17蒜山盆地の昔話（三弥井書店、一九六八）、18西讃岐地方昔話集（岩崎美術社、一九七五）、19鹿児島県喜界島昔話集（三省堂、一九七四）、20福島ナヲマツ昔話集（自家版、一九七三）、21久永ナヲマツ嫗の昔話（日本放送出版協会、一九七三）、22沖縄の昔話（日本放送出版協会、一九八〇）

う理由で牛・女を呼び出すものがある。これについては後に世界との比較ところで触れることにする。

(三) 「救出」と牛の意味

後半の「救出モチーフ」の構成要素のうち、まず「救出者」について言うと、古典の場合はその時代の権威者の通名で示される。これに対し昔話の場合は、すべて殿様か侍であり、語り手のイメージには江戸時代を背景に話を組み立てているようである。また「掏替え」は、全部と言っていいほど子牛(牛)である。中世の説話・物語も昔話も、この点では一致している。この構成要素の牛だけは、日本における時代を越えた不変性であり、これが外国と比較した場合の、日本の固有性ということにもなる。

最後に「結末」の特徴に触れる。説話・物語においては1と4の「掏替え」のない展開を除いて、女は高い身分の男と結婚しハッピーエンドの形となる。反対に寺僧は大暴れする牛に手を焼く大損害の結果となる。一方、昔話では明確に殿様の嫁になったと語るのは六例(8、12、13、17、20、22)で、他は娘が実家に戻る二例(9、11)、和尚は娘が牛に変化したとして実家に突き返すのが六例(8、9、11、12、13、20)となる。数字上から見れば、昔話は娘との結婚そのものに強く執着しているとは言えない。そのことと関係するのが、突き返された娘の実家では子牛を育て、その牛が縁で娘と再会する(22)という展開に続くものもある。

古典では大暴れする牛は甚だ厄介者であるが、民間の昔話の世界では子牛の行方に強く関心を寄せている。これは牛を育て、また、牛を農耕に利用する現実世界からの発想と考えていいだろう。一つの説話や昔話の背景には、それと深くかかわる人間の実際の生活があり、それを抜きにしてディスクワークにもとづくような安易な判断には慎重を期すべきである。

二　世界の「嫁の輿に牛」の展開

昔話や説話の国際比較に際しては、他言語という問題もあるので、類話と認定する基準を明確にしなければならない。そこで、ここでは話の中に「詐欺」と「救出」モチーフがあることを基本としたが、そのモチーフがどのような契機で表れるのか、また、その度合いについてもさまざま違いがある。しかし、違いこそは地域的特性を示すものであるから、ゆるやかな基準で取り上げた。そして、前章にしたがって十一例の資料を、構成要素表にあてはめて、表Ⅱ「世界の「嫁の輿に牛」一覧表」を作成した。この表を四つの地域区分（東アジア、チベット・モンゴル、インド、ヨーロッパ）にしたがって、それぞれ整理し解説する。

㈠　東アジアの場合

東アジアに韓国、中国に加えヴェトナムを入れたのは、同じ漢字文化圏ということもあるが、それに加え内容面の近さにもとづいている。ところで、これは余談になるが、三年ほど前に一ヶ月ヴェトナムのハノイに滞在したことがある。その際、準備のためにヴェトナムの昔話の邦訳を読んでいて、日本の「嫁の輿に牛」によく似た昔話があってビックリした。実はこれが比較研究のきっかけとなった。その梗概を示すと、次のとおりである。

未婚の娘が寺に行き、高級官僚との結婚を祈願する。商人のモンがこのことを知り、寺の精の振りをしてモンと結婚せよと、居丈高に言う。娘は覚悟を決めてモンを捜し、寺の精の言葉を話す。モンは籠に娘を入れて家に担いでいく途中で、狩りに来ていた王子を避けて、籠を道ばたに置いたまま藪の中に身を隠す。王子が籠を開けると娘がおり、事情を聞いて自分の妻にして、籠にはトラを入れる。モンが籠を担いで家に帰り、母に結婚の準備をさせ、籠を開け

表Ⅱ　世界の「嫁の輿に牛」一覧表

	国名／出典	発端		詐欺			救出		結末	備考
		主人公	機縁	詐欺師	策略	成否	救出者	掏替え		
1	韓国／金徳順昔話集	両班娘	娘の噂を聞く	坊さん	娘を箪笥で連れ去る	―	猟師の一行	トラ	トラに食われる	
2	中国／酉陽雑俎巻十一	莫の娘	―	僧侶	（賊に掠奪される）	―	寧王	熊	僧侶は熊に食われる	
3	ロシア／北方民族の民話	娘	僧院に祈願	貧しい男	仏像の陰で最初の訪問者	○	汗の倅	トラ	トラが引き裂く	娘の素性確認
4	モンゴル／シッディ・クール	娘	観音堂に祈願	貧しい男	仏像に隠れ最初の訪問者	○	汗の王子	トラ	トラに食われる	娘の素性確認
5	チベット／屍鬼四七話	娘	観音堂に祈願	貧しい男	観音に隠れ最初の訪問者	○	隣国の王子	トラ	トラに食われる	娘の素性確認
6	ヴェトナム／世界の民話 アジアⅡ	娘	娘が寺参り	商人モン	寺の精がモンと結婚せよ	―	狩りの王子	トラ	籠からトラ	
7	インド／カターサリットサーガラ	商人娘	乞食行	苦行者	凶相祓いで娘の箱を川に流せ	―	王子	猿	噛まれる	
8	インド／世界民話全集7 インド編	娘	娘の結婚相談	回教僧	夢の示現で川に黒箱流せ	―	隣国の王子	狩犬	犬が噛み殺す	
9	ブルガリア／世界の民話 東欧Ⅰ	花嫁	―	狡猾者	死者と花嫁との交換	―	結婚式の立会人	牝犬	男の鼻を噛む	豆・鶏・豚・牛と交換
10	フランス／世界の民話 南欧	女中	―	テュルランデュ	らばと女中との交換	―	宿の人	犬	男の鼻を噛む	虱・鶏・豚・牛と交換
11	イギリス／世界の民話 イギリス	仕立屋	すもも食いの約束	悪魔	悪魔に仕立屋を捧げる	―	牛飼い	雄ヤギ	小悪魔がケガする	悪魔との約束

〔出典〕1金徳順昔話集（三弥井書店、一九九四）、2酉陽雑俎（東洋文庫、平凡社、一九八〇）、3北方民族の民話（上）（大日本絵画巧芸美術、一九七八）、4シッディ・クール（淡水社、二〇一三）、5チベットの屍鬼四七話（テクネ、二〇一六）、6世界の民話　アジアⅡ（ぎょうせい、一九九九）、7カターサリットサーガラ（岩波書店、一九五四）、8世界民話全宗7インド編（宝文館、一九五八）、9世界の民話　東欧Ⅰ（ぎょうせい、一九九九）、10世界の民話　南欧（ぎょうせい、一九九九）、11世界の民話　イギリス（ぎょうせい、一九九九）

ると中からトラが出てくる[8]。

ヴェトナムの話の詐欺師は抜け目のない商人であったが、韓国、中国の場合は悪質な僧侶である。そして両話とも「詐欺」の部分はなく、いきなり暴力的に娘を拉致する。しかし、運搬途中で猟師あるいは実在の寧王に娘を奪われ、トラ、熊に掏り替えられ、あげくに僧侶は食われてしまうといった容赦のない結末になる。中国の『酉陽雑俎』は九世紀の唐・段成式の著であり、この頃からすでにこうした救出モチーフがあったことが知られる。

(二) チベット・モンゴルの場合

中央アジアの周縁に位置するチベット、モンゴル、そしてロシア・シベリアの北方民族は、遊牧とオアシス農業などが中心の国々である。地域環境が共通していることが関係しているせいか、その話は近似しており、同じ系統の直接的な関連も考えられる。

ある貧しい男が、老夫婦の会話を盗み聞きし、翌日、観音堂に老夫婦が参詣に来る前に、男は仏像の陰に隠れている。そして、「明日、最初に訪ねてくる男に娘を与えなさい」と言う。こうして首尾よく娘と財宝を手にした男は、娘を箱に入れ自分の村に帰る。まず箱を大地に埋めて置き、自宅に戻って家族に金持ちになる儀式を行なうと言う。一方、箱を埋めた場所を通りがかった王子は、黒くなった砂山に矢を射り、突き刺さった箱から娘を救出し、その代わりにトラを入れて去る。それと知らずに男は家に運んだ箱を開けると、中からトラが飛び出し、男は食われてしまう。

その後、娘は王の妃として三人の子を儲け、幸せに暮らしているが、家臣が后の出自を疑うようになり、気に病んだ后は、城から逃れるように故郷に帰ってくる。すると実家の辺りに立派な御殿や寺院が建っており、弟や両親は王妃を迎え入れる。一緒に来た家来たちは、このことを確認し城に戻る。翌日、目が覚めるとすべては幻影であったが、后は威信を取り戻すことができ、再び城に帰って暮らすことになった[9]。

この後日談の現実的な背景には、結婚は相応する相手とするものという、強い身分制が介在しているのかもしれない。この展開がこの地域における話のリアリティーを保証しているのであろうから、その意味では、「嫁の輿に牛」のユーラシア内陸部の地域的特性を示すものといってよいのかもしれない。

ところで、4のモンゴルの事例が載る『シッディ・クール[10]』は、インドの『屍鬼(しき)二十五話[11]』のモンゴル版と言われ、チベットにも何冊かのチベット版がある。しかし、インドおよびチベット版にはこの話が載せられていないので、後に加えられた説話であろう。インドやチベット、モンゴルとの説話の交流は、仏教を通じて行なわれていたことは十分に想像される。

最近、この『シッディ・クール』を訳した西脇隆夫は、巻末で各話の類話紹介を行なっているが、その中に「嫁の輿に牛」の類話もいくつか紹介されている。要約であるために、ここでは取り上げなかったが、この話が中国の周辺には多数あり、広く受容されていることはまちがいない。

㈢　インドの場合

インドの場合は、中世の頃に編集された『カター・サリット・サーガラ』に早く掲載される。梗概を示すと、金持ちの商人の家に、「無言の行」を行なう苦行者が乞食に訪れる。施しを運んできた美しい娘を見て、思わず声を発してしまう。商人が理由を尋ねると、苦行者は娘には不吉の相が現われており、夜間に燈火をつけた黒箱に娘を入れてガンジス川に流さないと、家族の破滅だと告げる。商人がその通りにして川に流すと、水浴に来ていた王子が籠を見つけ、開けると美しい娘がいる。代わりに猿を入れて流したのを、苦行者に遣わされた弟子たちが拾って届けると、中から猿が出て噛まれてしまう。

コミカルな展開で人物の行動が生き生き描写されている。この話の中で、苦行者は娘に不吉の相が現われていると告げ、自分のもとへ寄越すようにと謀る。この部分は日本の昔話の中にも、娘および牛に凶相が出ていると話すのと共通している。といって、これを例にインドから日本への伝播を説こうとするつもりはないが、インドも日本も祈祷僧の手段として、不吉の相を理由に自分のもとで治療等の対処を行なうことがあったからであろう。説話と現実生活との一致と考えたい。

なお、『カターサリット・サーガラ』の話は、現代のインドにも伝えられていることが、『世界民話全集7』などからわかるが、同書の岩本裕の解説によるとセイロンの近くにもあるという。[12] インドの伝承状況は、日本の昔話を考える場合に大いに参考になる。

㈣ ヨーロッパの場合

最後にヨーロッパの例を取り上げるが、実はヨーロッパの場合は、これまでとの内容と大きく変わっていて、前半の詐欺モチーフはない。また、救出モチーフもこれまでの「救出」と違っている。狡猾者が次々と交換を要求していき、最後に手に入れた花嫁（女中、悪魔）の代わりに動物が掏り替えられる展開が一致する。10のフランスの「テュルランデュ」は、次のような内容である。

狡猾なテュルランデュは持っていた虱（しらみ）一つを宿屋に預け、めんどりに食われると、めんどりを要求する。次の宿でそのめんどりが豚に食われると豚をもらう。その豚がらばに蹴られて死ぬと、今度はらばをもらう。そのらばを女中が誤って井戸に落として死なせると、女中をもらって袋に入れ宿に預ける。宿の主人が袋の女中と犬とをすり替えておき、テュランデュは自分の家で女中と思って袋を開けると犬が出て、テュランデュの鼻を噛む。[13]

この交換の展開は日本の「藁しべ長者」[14]と同様で、日本の場合は観音の示現（じげん）で、次から次に高価なものに代わる成功譚で終わるが、フランスの場合は最後の掏り替えによって、どんでん返しの失敗譚になるという違いがある。

9のブルガリアの例では、狡猾者が立て掛けておいた死者を、結婚式に参加していた人が突き倒したので殺されたと騒ぎ立てて花嫁を得るが、牝犬と掏り替えられてしまう。この死者を立て掛け、突き倒されて死んだと騒ぐトリックは、日本の昔話「知恵有殿」[15]とも一致する。

11のイギリスの場合は、すももを食べる際に、これ以上食べたら悪魔にさらわれてもかまわないと約束し、自ら墓穴を掘ってしまう。そのため悪魔に命を奪われるところを、牛飼いの機転で雄ヤギと掏り替えたので助かり、悪魔のもとでヤギが大暴れして悪魔たちがさんざんな目に遭うという結末である。以上の事例は、小澤俊夫の『世界の民話』の「解説編」[16]を参考にし、同シリーズから引用した。

ヨーロッパの事例は、アジアの「嫁の輿に牛」とは大きく異なり、「累積譚」[17]の中のパターンの一つの最後の部分で「掏替え」のモチーフが使われる。説話相互の直接的影響とはいえないが、実生活から起こる発想が、こうした一致の背景にはあるのかもしれない。

三　昔話「嫁の輿に牛」の国際比較

昔話「嫁の輿に牛」をめぐって、日本中世の説話・物語と昔話、および世界との同じタイプ、モチーフの昔話の内容を比較してきた。これを踏まえて、この昔話の誕生から成長、および移動の過程を、昔話の発生、テーマ、伝播の点から跡付けて見たい。

㈠　昔話の発生

一般に昔話がいつ、どこで発生したのかを決めるのは不可能に近い。それは本来昔話が、不特定多数の中で口頭で語られる性格によるものであり、また、必要がなければ文字に記録されることがないからである。それはこの「嫁の輿に牛」の昔話についても同様である。

ただ蓋然性の問題として言えば、仏教のルーツのインドが発生地と言えるかもしれない。というのは、話の展開に寺や寺僧が大きく関っているからである。まずは発端において、良縁を期待して娘が寺参詣に来るが、その美しい娘を見た軽薄な僧が奸計をめぐらす。それも仏像の陰に隠れ、仏を騙る(かた)という非道極まりない行為をとるのは、世俗化する仏教を批判的に見る立場からの発想といえる。しかし、この世俗化の問題はインド特有ということではなく、仏教国押し並べての問題でもある。そのことが仏教国インド発生を有力なものにするのかもしれない。というのも昔話の内容が仏教に関係しているだけでなく、この堕落僧の話を伝承している国々が、インドの他にチベット、モンゴル、日本など同じく仏教国でもあるからである。仏教国であることが、話の信憑性すなわちリアリティーと結びついて語られる理由であり、仏教および僧侶が社会的勢力として強い力を有している環境でこそ、この話題にインパクトがある。

ところで、堕落僧の問題は仏僧に限らず、他宗教の聖職者の堕落の話にもあり、本稿の「はじめに」で、松原秀一が紹介したフランスの『新百物語』の類話の後半で、修道僧が娘を身籠らせ、それを神の子であると欺くなどは、キリスト教にかかわる問題である。また、中世のヨーロッパにおける教会の聖職者の堕落した姿はボッカチョの『デカメロン』[18]にもユーモアに描かれている。同時期の日本の『雑談集』や「ささやき竹」の堕落僧と同様である。何にリアリティーを寄せるかは国々の文化環境の問題であるが、構造的な問題として人間社会が常に内包しているテーマといえよう。

しかし、日本における伝承を通時的に見ると、中世において深く寺院が関わっていたのが、昔話においては仏教の影響が少なくなる。詐欺師が説話・物語における寺僧から、昔話の若者へ移るに連れて、仏教色も薄らいでくる。この問題はテーマ性とも関わってくるので、次の「昔話のテーマ」で再述する。

(二) 昔話のテーマ

この昔話は前半の「詐欺モチーフ」と後半の「救出モチーフ」から構成されていることについては、すでに確認した。ただ、この二つのモチーフをテーマとの関連から見ると、両者のバランスの取り方で、微妙に内容に変化が生じてくる。たとえば、前者の「詐欺」に比重が置かれた場合、詐欺のための「策略」のレトリックにこだわりが強く出て、その結果、手腕を行使した人物の最後は間抜けで滑稽さを強める傾向で終わる。古典の「ささやき竹Ⅱ型」の西光坊や、『鷲林拾葉集』における「坂ノ者」との結婚などがその典型といえる。

一方で、後者の「救出」に比重が置かれると、韓国や中国の事例に見られるように、娘と凶暴性そのもののトラと掏り替えて殺害に至らせる。この殺害という厳罰主義のためには悪僧の非道な振る舞いすなわち娘の拉致や強奪といった凶暴な行動が効果的といえる。いずれにおいても、この二つのモチーフの背景には、不正な行為には相応の懲罰が必要であるという社会悪是正の論理が通底している。その比重の置かれ方により展開に違いが生じてくるということになる。

ただ、寺僧を中心としたこれらの見方から、娘を中心にした見方になると、これによっても微妙な違いが出てくる。日本の説話・物語の場合では、結婚が大きなテーマとされており、その場合には娘が申し子であり、あるいは没落貴族の姫君、また、多彩な能力の持ち主といった人物形象がなされ、叙述も娘の行動を中心に展開していく。そして、救出者の身分に当時の通名が用いられるなど、現実的な様相を濃くする。こうした傾向は話の作り手や享受者層の意向が、娘と高貴な方との結婚への期待となって反映されているのであろう。

この昔話が、結婚を強く意識しているという点では、チベットやモンゴルなどの「娘の出自」の問題も、これに関係しているのかもしれない。庶民層の娘と王との結婚のリアリティーの確保のために「出自の確認」が設定されるのであり、その前提には、高位の方との結婚への関心が高いからでもあろう。その点では、ブルガリアやフランスの「テュルランデュ」の場合においても、ペテン師が最後の交換として花嫁、女中を希望するのは、結婚への執着を示しているからに他ならない。

ところで、この結婚のテーマについては、前の「㈡「機縁」と「結婚詐欺」」のところで触れたように、日本の昔話で娘の結婚と同等に関心を寄せているのは、牛の飼育の問題であった。これは牛を堕落僧に対する懲罰の表徴とする見方ではなく、牛を重視する生活の視点から把握していることに他ならない。古典からの通時性の問題として見ると、結婚のテーマが拡散し、薄れてきていることは、娘の結婚が「殿様」といった類型的な相手となって、いわゆる外国の「王子」と同様に、昔話の図式的な人物設定とも関係している。テーマの変質は、昔話がどのような時代や文化環境で語られるかによって、その内容に変化が生じてくるものであり、言い換えれば昔話が語り手、聞き手とともに生きている証拠でもある。

㈢ 昔話の伝播

文化の歴史や変移を説明する学説に、水が低い方へと流れるように文化も高きから低きに移動すると説く「伝播論」がある。一方、人間の社会、生活環境がある水準に達すると自然に同時期に起こるとされる「多元的同時発生論」とがある。昔話研究法においては、主として地理歴史学的方法が伝播論を、心理学的・構造論的方法が同時発生論の立場に拠っていると単純化してとらえることができる。

さて、昔話「嫁の輿に牛」を仏教をキーワードに解釈すると、伝播論の方が有力である。すでに「昔話の発生」でも述べたように、インドの釈迦が説いた教えの仏教が、「仏教東漸（とうぜん）」の流れによって西から東への道をたどって広まっていった。現在この昔話を伝承する国々をつなぎ合わせていけば、インドからアジアの内陸部を通りチベット、モンゴル、東アジアを経由して日本に入ってくるルートが想定される。そのルートの過程を経る中で、その地域における独自の変容を遂げながら現在の状態になったと考えることができる。

その流れでとらえれば、日本の中世における説話・物語の展開は、仏書あるいは仏教関係者によって取り上げられ、当時の日本の歴史的社会に沿うように再構成され記録されたといえる。一方で、ヨーロッパの異色の「掏替え」モチーフは、インドからの直接の伝播とは言えないが、しかし、判断するには材料が乏しく資料の収集を俟たなければならず、今後の課題となろう。

おわりに

昔話「嫁の輿に牛」は、古典の「ささやき竹」の類話としても知られており、これまで国文学における諸本や成立にかかわる研究はあるが、昔話や国際比較についての研究は紹介にとどまる程度である。本稿は、昔話研究の立場から、この昔話を日本の古典やアジアを中心とした国際比較の視点から追究してきた。

まず、古典との比較でいえば、仏僧の策略による娘獲得はみごとに失敗するが、娘は身分高い人物との結婚を遂げる。ところが、昔話の世界では娘の結婚への関心はあるとしても、それより古典では厄介者に過ぎなかった小牛が、娘の実家に戻され、そこでの飼育にかかわるなど新たな展開を見せる。牛を農耕等に利用する環境での変化といえる。

続いて、国際比較において、日本では軽率な寺僧の振る舞いを揶揄嘲笑するのに対し、韓国、中国の事例では僧侶が娘を強奪するのに対して、殺害という手段で制裁を加えるなど過激な展開といえる。またチベット、モンゴル等では、王子と結婚した娘の出自を追求する後日談が続く。これにはこの地域の身分制が関係しているかもしれない。また、インドでは、信仰の対象であるガンジス川に箱を流すなど、それぞれの地域的特性が表れていて興味深い。

この昔話が、早くインドの説話集に出てくることや、仏教にかかわる寺院や僧侶などの関与から、インドを発生の地と考えるのは蓋然性が高い。それが「仏教東漸」の流れから、中国内陸部を経て、日本に中世ごろ僧あるいは仏書等によって持ち運ばれてきた可能性がある。また、それぞれの国々に定着していく過程で独自な変化を遂げていったと思われる。

ヨーロッパにも「救出モチーフ」の変形と見られる花嫁（女中）の「掏替え」パターンがあるが、この昔話との直接的な関係については、資料の比較にもとづく今後の課題となる。『世界話型インデックス』AT896「好色な聖者と箱の中の少女」の伝承分布地の紹介には、西アジアにも類話があるとされるので、この地域の伝承をまじえて、さらに研究を進めていきたい。

関敬吾は、昔話は博物館の展示品のように死物ではなく、人々の頭と口にあるものとして「昔話生物学（昔話生態学）」を提唱した。昔話は時代とともに変化しながら生きていくものである。その原則に照らしながら、変化する昔話「嫁の輿に牛」の生態に注目してきた。一つの昔話がどのように発生し成長、変化を遂げながら移動していくかということを明らかにするのが地理歴史学的研究法である。本稿はその方法にしたがっていることを記しておく。

注

[1] 市古貞二『未刊中世小説解題』(楽浪書院、一九四二)
[2] 永井義憲「講経談義と説話―『鷲林拾葉鈔』に見えるたるさゝやき竹物語―」(『大妻国文』第4号、一九七三)
[3] 沢井耐三『お伽草子』(貴重本刊行会、二〇〇〇)
[4] 南方熊楠「美人の代りに猛獣」(『民俗学』一九三〇)
[5] 松原秀一「ささやき竹」(『中世の説話　東と西の出会い』東京書籍、一九七九)
[6] アンティ・アールネ『昔話の比較研究』(関敬吾訳、岩崎美術社、一九六九)
[7] 『室町時代物語大成』第六巻にある「ささやき竹物語」(岩瀬文庫蔵)は比較的短くⅠ型、「ささやき竹」(赤木文庫旧蔵)は長編でⅡ型に分類される。
[8] 「寺の精」『世界の民話　アジアⅡ』(ぎょうせい、一九九九)
[9] 「娘のヘマプラデープ」『屍鬼四十七話』(梶濱亮俊訳、テクネ、二〇一六)
[10] 西脇隆夫訳『シッディ・クール　モンゴル説話集』(淡水社、二〇一三)
[11] 『屍鬼二十五話―インド伝奇集』(東洋文庫三二三、平凡社、一九七八)
[12] 岩本裕『世界民話全集　7』(宝文館、一九五八)
[13] 「テュルランデュ」『世界の民話　南欧』(ぎょうせい、一九七七)
[14] 『今昔物語集』第十六巻(観音祈願型)(日本古典文学全集、岩波書店)
[15] 「知恵有殿」『日本昔話大成』第十巻(角川書店、一九七九)
[16] 『世界の民話　解説編』(ぎょうせい、一九七八)
[17] 斉藤君子「累積昔話とはなにか」(『昔話―研究と資料―』第39号、二〇一一)
[18] 『デカメロン』(平川祐弘訳、河出書房新社、二〇一二)

Ⅲ　昔話、説話モチーフの国際比較

昔話「藁しべ長者」の主題と形式

はじめに

「藁しべ長者」は早くに今昔物語巻十六の二十八「長谷ニ参ル男観音ノ助ケニ依リ富ヲ得タル語」に観音霊験譚が載り、ほぼ同じ内容が『古本説話集』や『宇治拾遺物語』『雑談集』などに見られる。また、室町物語集の「大黒舞」では、大悦の助が京の清水観音への参詣で手にした藁しべを、小指に結いつけ鼻血止めに用いて、ありの実売りから梨を三つ戴くことから始まる。今昔物語の身寄りのない「青侍」が、孝行者の主人公に代り、後半は新年に大悦の助の家を訪れた大黒や恵比寿が、盗賊を退治するといった祝儀物で終わる。当時、清水寺界隈に屯(たむろ)していた呪術や芸能を生業(なりわい)とした下層民が、物語の生成に関わっていると考えられる。

ところで、このいっぷう変わった展開の「大黒舞」も、基本的には書承の系列の観音霊験譚になっているが、民間にはこの他にもう一つの「藁しべ長者」が伝えられている。こちらも藁しべから始まるが、蓮の葉や味噌、刀などと交換し、その刀が大蛇を退散させ、大金を得て長者の婿に収まるなどといった展開をとる。前者の書承の話を「観音祈願型」といい、後者の刀が介在するのを「三年味噌型」（あるいは「宝剣退治型」）という。昔話では後者の伝承が優勢である。

本稿では、昔話「藁しべ長者」の主題と形式について考えるにあたって、これまでの先行研究について丁寧な紹介をしながら、問題点を探っていく。何に関心を寄せ、どのように解明されてきたのかを明らかにしながら、日本の二つのサブタイプの特徴について、その背景にある意味や特性を探る。続いて、世界の「藁しべ長者」の昔話と比較し、地域・文化的環境の相違から昔話の特徴を明らかにする。その結果を踏まえながら、日本の「藁しべ長者」の昔話との比較考察を試みる。世界の「藁しべ長者」と日本の昔話との異同、伝播の問題にも言及する。

一　「藁しべ長者」の先行研究

「藁しべ長者」の昔話のテーマをどのようにとらえているか、これまでの昔話分類からみてみると、柳田國男は『日本昔話名彙』で、この話型を「財宝発見」に分類している。藁しべ一本が財宝に変わるところに焦点を置いたものといえる。関敬吾の『日本昔話大成』では「運命と致富」に入れ、『日本昔話通観』では「天恵」の話群に入れる。天の恵みによる幸運や富獲得の話としている。いずれも無一文から多くの富や長者の娘の獲得といったサクセスストリーのとらえ方といってよいであろう。

これに対して、世界のタイプインデックスである『国際昔話話型カタログ』[1]では、この昔話を形式譚の「累積昔話」の中のAT二〇三四C「貸すこと返してもらうこと：損をしていく（よくなる）交換」に分類している。これは交換形式に主軸を置いたもので、結末の致富の結果に注目する日本の場合と違い、世界の場合はタイトルからわかるように、交換により損失する場合の話もあるからである。展開上の形式性に中心を置いた昔話のテーマ設定といえる。まずは日本の「藁しべ長者」における問題の所在を示すために、これまでの先行研究を確認し整理しておきたい。

1、柳田國男「藁しべ長者と蜂」（『国文学論究』一九三六、後に『昔話と文學』に収録）

柳田の昔話研究は昭和に入って始まり、雑誌「昔話研究」（昭和十〜十二年）をピーク辺りとするが、この論文はその頃のもので、文献記録に対峙する意気込みで昔話資料を取り上げ話題にしている。「観音祈願型」以前の口承の存在を示すために、藁しべで結わえられる「虻（あぶ）」に注目する。昔話「難題聟」での蜂の活躍を、同じ昆虫の「虻」に事寄せて、「アニマル・スクラァブルすなわちなんらの義理もないのに、なおある特定の人を助勢する動物があったという話は、かつて精霊のかかる小さな生物の形で去来することもあるように考えていた、上代の信仰の痕跡であったという説が、無理なくこういう場合にはあてはまるように私は思う。」と述べている。「蜂の援助」を虻にも適用しようとするこの推論は、「上代の信仰の痕跡」を動物援助のモチーフと結びつける、柳田の信仰起源説の解釈を示したものといえる。

2、永井義憲「勧進聖と説話集―長谷寺観音験記の成立―」（『国語国文』22号、一九五八）

永井の当該論文は、直接「藁しべ長者」について論じたものではないが、長谷寺にかかわる勧進聖がこの説話の管理に関わったものとする発想から説いていて示唆的である。永井は柳田の前掲論文で、今昔を始めとした写本の筆録や唱導に触れたことを受けて、勧進に「時衆遊行の徒」が関わり、「同じ主題の霊験談を、勧進する寺社に應じて話中の固有名詞を繼えて用いる事も多く、それ等が傳承せられたまま筆録せられた時、この様な名稱の混淆が生じてくるのではなかろうか。」と述べ、勧進の実態から「藁しべ長者」の文献の相違を指摘する。

3、佐竹昭広「藁しべ長者のこと」（『民話の思想』、一九七三）

『民話の思想』のテーマは、昔話に表れる庶民の思想を読み解こうとしたもので、文献資料などの書承と採集された昔話とを丹念に対比、比較することに徹している。この「藁しべ長者のこと」でも、「大黒舞」「梅津長者物語」「大悦物語」などの主人公と昔話の主人公との性格について比較する。御伽草子の主人公における儒教的「孝」思想に対し、昔話の主人公は善良性と遅鈍性を併せ持った「又人（真人）」に近く、親に従順な「善」の理想的な人物像と説く。封建思想と庶民の昔話との影響関連を見る上でも興味深い指摘である。

4、福田晃「「藁しべ長者」と因果思想」（『国文学・解釈と鑑賞』一九七五、『昔話の伝播』に所収）

福田は「三年味噌型」の「藁しべ長者」が沖縄・奄美に濃密に分布し、その交換が「藁しべ→味噌→刀」のパターンが軸になっており、鍛冶には味噌が必需であるとする語りを引きながら、その背景に「鉄文化・鍛冶屋文化」の影響があるとする。そして、「三年味噌型」は「仏教的因果思想」が希薄であり、一見「観音祈願型」とは無関係に見えるが、しかし、その根底に藁しべ一本から「奇瑞」「不思議」による富獲得ととらえると、両者は「その現実生活の切なる夢である途方もない成功も、実は神の意志によるものとする古代発想に従った「藁しべ長者」が、因果思想による寺院の唱導により便利であった」と、その歴史的な先後関係を指摘する。この先後関係は、柳田の信仰起源説と一致している。

5、山口真琴「「藁しべ長者」説話攷」（『言語表現研究』第17号、二〇〇一、兵庫教育大学言語表現学会）

山口は柳田、福田の「三年味噌型」の先行説に対して、現状は「文献説話による昔話が民間伝承化した可能性が高い」と否定的な意向を示しながら、説話集の入念な読解を行なう。したたかな主人公の行動を「逞しい中世的人間像」と評価し、また、品物の交換が「致富プロセスの興趣」を「練達した口語り」の技芸の所為ととらえる。説教唱導の関与に注目しながら、現世を藁、後世を稲とする「稲藁の比喩」を「観音の計らい」とする「観音霊験譚」の新たな解釈を提示する。

6、高岡幸一「「藁しべ長者」の説話的技法」（『言語文化研究』28号、二〇〇一）

高岡の論は「藁しべ長者」の意味内容というより形式性に触れたもので、日本における「藁しべ長者」研究の偏向性に気づかせる。高岡は言語表現における漸進法のレトリックが、説話的構成をとる場合に、鎖状につながる項目の連鎖が「出発点から到達点に進行しながら元の出発点に戻り着く」環状型の「鼠の嫁入り」タイプと、「出発点から到達点まで末広がりに進行する「藁しべ長者」タイプになるという。ただし後者には、「末広がり」とは反対に狭小の形をとるグリム童話の「幸せハンス」の例も含まれる。昔話を構造的な視点からとらえ直すもので、こうした説話形式は世界的に見られ、今昔物語の長谷観音霊現譚と説話構成が似たものに、インドのジャータカの話があるという。これについては本稿の後段で詳しく取り上げるが、「藁しべ長者」を世界の舞台で検討する必要がある。

7、齋藤君子「累積昔話とはなにか」（『昔話―研究と資料―』第39号、二〇一一）

齋藤も昔話の国際比較の立場から、ロシアにおける「累積昔話」すなわち同じ動作や行為が連続する内容の話を八パターンに分けて紹介する。そのうち「藁しべ長者」は「有利な交換」に属し、次に「不利な交換」が続く。ところで、齋藤はこうした累積昔話はバラエティーに富むがシンプルで、因果関係に基づかない「プリミティヴな思考形態」を示しているという。また、「悲劇的結末で終わる話」であり、カオスを現出することにより、新たな再生をもたらす機能に意義があると強調する。

以上の先行研究の要点を整理するなら、日本の「藁しべ長者」における二つのサブタイプの先後関係の問題、そして、勧進聖、唱導者といった語り手の関与による影響の問題、さらには類話の国際比較の立場において物語の意味と累積という形式をどのように整合させてとらえるかなどの問題が上げられる。それらの問題点に留意しながら、以下に日本と世界の「藁しべ長者」について追究していきたい。

二　日本の「藁しべ長者」のサブタイプ

日本の「藁しべ長者」を、世界の「昔話インデックス」が「累積昔話」に位置づける視点から見るとき、「致富」という結末を「交換というプロセス」へと移行してとらえる必要に迫られる。いうなら致富譚から累積譚への転換であり、また同時に、この方向転換は観音の霊験を説く「観音祈願型」と宝剣の不思議を語る「三年味噌型」のサブタイプの内実の問題とも関連してくる。仏への信仰や富獲得がどのような基盤、背景をもっているのかという問題の照射へとつながっていくはずである。次に、それぞれについて見ていくことにする。

「観音信仰型」は観音の霊験に導びかれて高次の物に品物が変わっているように見えるが、これを語りの意匠という点はひとまず置いて、交換の原理から見た場合、藁の虻が蜜柑三個、その蜜柑が布三反と代わる交換は、法外で合理的とはいえない。それは交換相手も交換物も対等な「等価交換」とはいえず、富める貴族階層から貧乏人への施しに近い「贈与」といえる。このことは「三年味噌型」の交換と対比すると明らかである。

表1の「日本の「藁しべ長者」一覧表」の「交換物」を見ると、その交換の実態が明らかである。いま22の新潟県栃尾市（『日本昔話大成』の例話）の事例を上げると、若い男が藁しべ三本を、刈りとった蓮の葉を縛る藁と交換し、その蓮の葉を俄か雨に味噌桶の蓋代りに味噌と交換する。これらの交換は等価交換に近く、いわば市場原理にもとづく「需要と供給」の交換といえる。この交換が農耕生活を背景に行なわれているのは、この昔話の語り手の現実にもとづく発想といえる。

冒頭で話題にした「大黒舞」では、大悦の助が鼻血を流す「ありの実売り」の小指を藁で結んで、梨三つを手にし、

表1 日本の「藁しべ長者」一覧表

	伝承地	主人公	動機	交換物 ①	交換物 ②	交換物 ③	交換物 ④退治モチーフ	交換物 ⑤	交換物 ⑥	結末
1	沖縄県宜野湾市	男		藁1本	味噌屋50文	奉公50貫		死体		黄金
2	島尻郡	加那志金		藁束1つ	味噌	鉄材　刀		金屏風	清水	尚巴志王
3	鹿児島県下甑島	子		藁1本	大根	味噌	瑕刀vs大蛇			お上から大金
4	下甑島	息子	藁を米千俵	藁1本	大根	3年味噌	刀vs大蛇			殿様が米千俵
5	鹿児島市	息子		藁1本	味噌	鍛冶屋から小刀	小刀vsふか			多くの米
6	大島郡喜界島	すん		餅	味噌	刀	刀vs鬼			殿の養子
7	沖永良部島	子	遺産に藁	藁	味噌	羽釜	刀vs盗人	破れ屏風	汐と水	王の位
8	長崎県壱岐郡	貧乏人	長者の娘貰い	藁	芭蕉の葉	味噌	剃刀	脇差	大金	娘と結婚
9	北松浦郡	息子		藁3本	葱	3年味噌	錆刀vs蛇	1，300円		
10	長崎市五島列島	息子		藁	葱	三年味噌	刀vs			
11	愛媛県温泉郡	貧乏息子		藁3本	三年味噌		錆刀うわばみ	節季払い		
12	北宇和郡	男子	勘当	藁3本	大根3本	刀				武士の家来
13	北宇和郡	男子		藁しべ	大根10本	つけだち		焙烙買う		大商人
14	香川県高松市	なま太郎	勘当	蓮葉2枚	味噌	刀	刀vs大蛇			米や金
15	徳島県美馬郡	息子		縄	大根3本	包丁	弓矢vs盗人	麦粉vs大蛇		長者の聟
16	美馬郡	貧乏息子		藁3本	3年味噌		錆刀vs蛇			殿の養子
17	広島県呉市	男	観音に祈願	藁1本	藁虻	蜜柑		布3反	馬	家の主

18	岡山県岡山市	貧乏息子		藁3本	蓮の葉	味噌		米1俵		
19	島根県邑智郡	弟		藁3本	3年味噌		名刀vs狼			長者
20	岐阜県吉城郡	怠け息子	勘当	藁	藁虻	大金				庄屋
21	郡上郡	若者		藁	藁虻	果物菓子		反物		金持ち
22	新潟県栃尾市	若者	娘の婿（藁を千両）	藁3本	蓮の葉	3年味噌	刀vs大蛇	千両		長者の聟
23	福島県いわき市	若者	寺詣り	藁1本	藁虻	果物				長者の婿
24	いわき市	若者		縄	蜜柑	反物		馬		家来に出世
25	いわき市	若者		藁虻	蜜柑	反物		馬		長者
26	岩手県紫波郡	男	観音に祈願	馬毛蜻蛉	蜜柑	馬				村の殿様
27	花巻市	若者3人	長者の婿の立札	蜂	朴葉	3年味噌		千両	蜂の竹数え	娘の婿
28	上閉伊郡	ならず者	勘当	藁1本	朴葉	味噌	化物退治			殿様から褒美
29	上閉伊郡	怠け者	遺産を食い潰す	藁	草草鞋	繭草		煙草		煙草屋
30	青森県黒石市	兄		藁1把	蓮華葉	味噌玉		侍に握り飯		侍から金

◇「日本の「藁しべ長者」一覧表」資料

1 南島説話 大正一一年 2 島尻郡誌 昭和一二年 3 鹿児島県甑島昔話集 昭和一九年 4 鹿児島県甑島昔話集 昭和一九年 5 久永ナオマツ媼の昔話 昭和一四年 6 喜界島昔話集 昭和一八年 7 沖永良部島昔話 昭和一五年 8 壱岐島昔話集 昭和一〇年 9 五島民俗図誌 昭和九年 10 五島民俗図誌 昭和九年 11 武田明稿本 12 広見町昔話集 昭和四九年 13 広見町昔話集 昭和四九年 14 讃岐民俗 15 阿波祖谷山昔話集 昭和一八年 16 阿波祖谷山昔話集 昭和一八年 17 安芸国昔話集 昭和九年 18 岡山県御津郡昔話集 昭和四九年 19 昔話研究―邑知郡昔話― 昭和一一年 20 昔話研究―吉城郡昔話― 昭和一一年 21美濃大和村の昔話 昭和五〇年 22 吹谷松兵衛昔話集 昭和四二年 23 磐城昔話集 昭和一七年 24 磐城昔話集 昭和一七年 25 磐城昔話集 昭和一七年 26 紫波郡昔話 大正一五年 27 すねこたんぽこ 昭和一八年 28老媼夜譚 昭和二年 29老媼夜譚 昭和二年 30津軽百話 昭和四二年

その梨が上臈（じょうろう）の喉の乾きに与えて衣（きぬ）に替わり、針療治するが治らない馬を衣一疋（ぴき）と交換する。この交換は、清水観音への参詣を出発とする点では観音祈願型であるが、主人公は孝行者でその振舞いは呪術師的であり、御伽草子「大黒舞」は、清水寺に寄生する立場の下級宗教者の語りといえる。

翻って『今昔物語』の長谷寺の観音霊現の語り手とは誰であろうか。永井義憲によると、火事等による長谷寺の再建に関ったのは勧進聖と呼ばれる職掌の者であることを『長谷寺観音験記』の記事を引きながら指摘する。勧進聖は「勧進する為には當然その寺の因縁来歴と共にその靈験が語られねばならない」という。貧乏な青侍が交換のたびごとに「藁筋一ツガ大柑子三ツニナリヌル」「藁筋一ツガ布三段ニナリヌル事、此レ観音ノ御助ケ也ケリ」「我レ観音ノ示現ニ依リテ、藁筋一ツヲ取リテ柑子三ニ成リヌ。此ノ馬ハ仮ニ死ニテ、生返テ馬ニ成リテ我ガ馬ト成リテ、布三段ガ此馬ニ成ムズルニヤ」と思案し、交換が高次の物に変換していく語りは、オーラルコンポジションによる観音の霊験を聴き手に訴える語りの趣向といえる。

山口真琴が前述の論文で、『古本説話集』『宇治拾遺物語』における男の現世利益による富獲得を、「「藁しべ長者」本来の醍醐味というべき致富プロセスの興趣」ととらえるのは、交換プロセスが本来の形とする認識を示したものと受けとめることができる。さらには、男の交換相手の富裕な素性を「藤原摂関家に縁がありそうな交換相手」と想像するのは当を得た発言といえる。寺参りする高位の貴族と貧乏人との構図を確認することは、「三年味噌型」の交換相手が対庶民であることと対比することによって、より明確になるであろう。初めに「観音の霊験ありき」ではなく、貴族の「贈与」であったと考えるべきであろう。

ところで、両者の対比の問題に移る前に、勧進聖の活動や動向についての、永井の指摘に注目しておきたい。

……平安末期以降朝廷ならびに貴族の政治的經済的支配がおとろえるにつれ、寺社に對する援助が困難となつた事が大きな原因となつて、勸進が最も大きな資金を集める方法となつたのである。從つてこの募金の形式が廣く行はれる様になつたのは平安末期からであるが、行仁上人が嘉保元年（一〇九四）の長谷寺第五度の炎上の時勸進聖となつたという事は、初期の勸進聖についての重要な傳承であると共に、その事實は認めてもよいと思う。[2]
平安時代末期以降、貴族の政治経済における力の衰退によって、乏しくなる寺への寄進を補うために勧進活動が始まるという。貴族の政治経済的な貧困の理由は、一方で宗教的な面とも関係しているはずで、奈良の南都六宗の旧仏教に対し、新たに台頭してくる鎌倉新仏教の時代機運が背景にもあろう。一般庶民への信仰の普及と浄財とをセットに宗教的財政的基盤を安泰にしていこうとする戦略があった。

師とする僧もなく勝手に本堂に上がりこんだ青侍に、僧どもが交替で食事を与えるのは、「干死（ひじに）」による死穢を怖れてというよりも、庶民の参拝や布教にシフトした寺院の現実的な姿勢を示すものといえようか。牛車や「旅籠馬（はたごむま）」の行列で参詣に来る貴族の上臈が、青侍に布三段を振舞うのは、華やかな寺社参詣の風景の名残といえる。また、九条渡りでの田居（たい）・米と馬との交換も、地方の荘園に居住を移す旅を思わせる。こうした過渡期の社会状況を知悉した語り手の勧進聖は、それを語りに投影させているようである。「観音祈願型」を古代から中世へと移行する時代の象徴として読み解く場合に、一方の「三年味噌型」からどのような風景が見えてくるであろうか。

表1「日本の「藁しべ長者」一覧表」の「交換物」三十例中で刀が出てくるのが十五例と半数である。表2「世界の昔話「藁しべ長者」一覧表」には一例も出てこない。福田晃が南島における交換の柱は「藁しべ→味噌→刀」であり、これには鍛冶屋文化が背景にあるとしたがこれは内地も同様で、日本の独自性といえる。味噌がなくては刀はできぬと言うが、具体的にはどういうことなのか。

かくまつとむ『鍛冶屋の教え　横山祐弘職人ばなし』によると、刃物の製造では「焼入れと焼き戻し」の熱処理が大事で極秘とされる。鍛造した鋼を熱し・冷やす温度が刃物のでき栄えに大きくかかわるとして職人の腕が試される。その冷却材に水や油、焼刃土などの他に、味噌も用いるという。「味噌の塩分だと蛋白質の焼けたもの、水に触れたとき沸騰を抑えるような効果があるらしくて、昔、このへんではウルカを塗ったこともあります。そう、アユの腸の塩辛ですよ。」「ヤスリの焼き入れもまだ味噌でしょう。ヤスリ工場の多い広島あたりでは、焼入れ専用の味噌っていうのがあるらしいですよ」[3]と野鍛冶の職人は言う。

日本刀の焼入れの場合、熱した刃を水に浸けると表面に水蒸気の泡が表面を覆うので良好な焼入れができないので、そこで、味噌を塗って被膜をつけるのだという。こうした工法は古くから伝承されている。江戸後期に米沢藩士の刀工の水心子正秀による『劒工秘傳志』巻之下の「焼刃土ノ事」に、「……能キ鋼ヲ凡ソ十遍余鍛ヘテ打延シ能クカラ打ヲシテ鉄ヲ能クシメル事秘傳也焼刃ハ焔硝味噌ヲ塗テ火色ハ至テ薄ク誠ニ小豆色ニテ晝ハ火色見ヘ兼ル程ニ焼事肝要也」[4]とある。

塩分を含む硝酸カリウムの「焔硝（煙硝とも）味噌」を刀やヤスリの製造に用いたことを、昔話では塩分の濃い「三年味噌」が刀の製法に欠かせないものとして伝えているのであろう。味噌が刀の製法に用いられるという意外性が、続く妖刀の大蛇退治を引き出し、その結果、千両の獲得という「致富プロセスの興趣」が完遂する。

日本の「藁しべ長者」を交換プロセスから見ると、「観音祈願型」は貴族の財の「贈与」の振舞いを観音の霊験に仕立てて語るものであり、「三年味噌型」は中世の新しい時代の権勢を「武家の刀」という装いで表徴したものといえる。といってこれが「観音祈願型」から「三年味噌型」への移行を示しているものではない。それぞれがある時代の意匠に過ぎず、いずれが先かを論ずることよりも、交換プロセスの形式が先行するものであることを確認すべきであろう。この地平に立つなら、海を越えたところの「藁しべ長者」が、当然ながら問題となってくるであろう。

三　世界の「藁しべ長者」の交換の種類と形態

世界の「藁しべ長者」を、表2「世界の「藁しべ長者」一覧表」で概観すると、日本に比べてバラエティーに富んでいることがわかる。「主人公」が動物であるインドの事例（10、11、12）において、交換物に家畜が登場しないのは家畜の売買が人間だけの営みであると強く思っているからであろう。

「動機」が示されていないもの、ある場合でも理由がさまざまで、全体として共通性や明確性に欠けるが、比較的多いものといえば旅であろうか。住み慣れた世界から新たな世界へ旅立つのに動機や目的が明確でないのは、現実の世界では行き会ったりばったりの無計画な行動といえるが、話の世界においても「動機」と「結果」が緊密に結びつかずに因果関係が希薄なのは、結果よりも途中経過のサプライズに関心を寄せるからではあるまいか。つまり「交換プロセス」そのものが話の中心にあり、そのことへの期待感を潜在的に示しているからなのであろう。

主人公は旅に出て何を交換しているのであろうか。事例の1から9のアジアでは、動物の交換が半分程度で、それ以外は日常生活の道具類や資材などさまざまである。10から14のインドの場合は、主人公が動物と商人とに分かれ、それによって交換物の種類も異なっている。このインドの事例については、次で改めて話題にする。15から21の交換の家畜は、インドを越えた中央アジア、東ヨーロッパにまたがる地域である。日本の「三年味噌型」の伝承が、藁しべから蓮の葉、味噌、刀と一様であり、それも農耕を基盤とした交換であるのに対し、ここでの伝承の背景にある生活基盤は大きく異なり、家畜の交換が主流であるのは、この地域がどのような生活背景に基づいているのであろうか。

表2　世界の「藁しべ長者」一覧表

	伝承地	主人公	動機	交換物①	②	③	④	⑤	⑥	結末	型
1	韓国	男	旅	粟	鼠	猫	馬	牛		娘と結婚	B
2	韓国	怠け者	勘当	藁一束＝縄	甕	米三斗	ロバ	娘の蘇生		絹商人と賭け	B
3	朝鮮	若者	科挙	粟	鼠	猫	馬	牛		娘と結婚	B
4	中国リス族①	弟		しらみ	雄鶏	犬	金の竹	鳥の卵		金銀の碗や皿	B
5	中国リス族②	若者		狐	瓢箪	麻縄	金槌	刀		(王城破壊)	A
6	インドネシア	子ども		蚊	ニワトリ	杵	ナンカ(果実)			姫と結婚	B
7	ベトナム	貧乏男	友人と旅	籠	雌鶏	象	言葉	金二パン		裁判官の妻	A
8	フィリピン	博打	旅	菓子	鶏	犬	鉄棒	川		王女と結婚	B
9	セイロン	養子	旅立ち	30頭の牛	12頭の馬	象2頭	12匹の犬	犬6匹と大小甕		亡王の後継者	A
10	インド	猿		尻尾	剃刀	薪	菓子			太鼓で猿は死ぬ	B
11	インド	鼠	畑の作物盗み	尻尾に棘	剃刀	毛布	さとうきび	砂糖菓子	牝牛	王の娘、鼠は死ぬ	B
12	インド	ジャッカル	茄子盗み	鼻に棘	剃刀	土釜	婿の冠	花嫁	破れ太鼓	ジャッカルは死ぬ	B
13	インド	わたし	商人の資本提供	鼠	豆	水瓶	木材	蓄財		娘と結婚	A
14	インド	若者	豪商の助言	死んだ鼠	砂糖	陶器	五百の草束	船と積荷	二十万カハーパナ	娘と結婚	A
15	ヒマラヤ	息子	籠編み	ヒヨコ	仔牛	仔羊	雌牛	(魔法の笛)	(家と姫)	(母と同居)母は死ぬ	A
16	シベリア	爺	家族崩壊の夢	肩甲骨	鍋	羊	二十頭の羊	狼の毛皮	娘(妻君)	爺は妻に殺される	B
17	アルバニア①	婆	金儲けの旅	麦一粒	雌鶏	豚	馬	(袋に)小娘	犬	婆を食う	B
18	アルバニア②	亭主	市での交換	雌牛	馬	羊	雌鶏	りんご	賭け(女房の反応)	体重分の金	A
19	ブルガリア	男		豆一粒	雄鶏	豚	雄牛	死んだ女	花嫁(＝雌犬)	男の鼻を噛みきる	B
20	フランス	テュルランデ		しらみ	雌鶏	豚	らば	(袋の)女中	大きな犬	鼻を食いちぎる	B
21	ドイツ	ハンス	年期奉公	金塊	馬	牝牛	豚	鵞鳥		砥石から解放	A

1 韓国昔ばなし上　2 世界昔ばなし(下)　3 朝鮮民譚集　4 世界昔ばなし(下)　5 世界の昔話12 幽霊のこわがるもの　6 インドネシア民話の旅―小学生からおとなまで―　7 アジアの民話11 ベトナム　8 アジアの民話7 フィリピン　9 アジアの民話5 セイロンの民話10 インド童話集　11 アジアの民話8 インドの民話　12 インドの昔話(下)　13 カター・サリット・サーガラ　14 ジャータカ全集15 ヒマラヤの民話を訪ねて　16 アジアの民話3 北方民族(上)の民話　17 世界の民話16 アルバニア　18 世界の民話16 アルバニア　19 世界の民話　東欧〔1〕　20 世界の民話　南欧　21 グリム童話

インドから中央アジア、西アジア、そして東ヨーロッパは砂漠や草原などの多い乾燥地帯で、古くから牧畜を主な生活手段として人々は暮らしてきた。ニワトリやイヌ、ブタ、ヤギ、ヒツジ、ウマ、ウシなどの家畜を飼育・生産し、食用や乳製品として利用する他に、その家畜の売買に関わる商取引を行う遊牧民や、キャラバン隊を組んで広域にわたって交易を続ける経済活動をなりわいとする集団もいた。この地域における交換には牧畜民の生活が背景にあり、それが交換物の種類に反映しているととらえることができる。

ところで、昔話「藁しべ長者」における交換の形態には大別して二種類あり、それがサブタイプを構成している。一つは両者の合意に基づく通常の交換である。ただし、現実の世界のような用途に応じての等価交換ではなく、話の世界ならではの上位のランクの物との交換である。

そして、もう一つは詐欺まがいの強引な手法による交換である。たとえば、事例3の『朝鮮民譚集』[5]では、科挙に赴く若者が、一粒の粟を宿に預け、それを鼠が食うと鼠を要求し、次の宿で預けた鼠を猫が食うと猫を要求するなどして、猫から馬、牛、そして最後には政丞（せいじょう）（大臣）の娘を手に入れる。つまりは弁償に付け込んでの不当な要求を押し付けるのである。

この二つのうち前者をA「正当な交換」、後者をB「詐欺的交換」と名づけて表の構成要素の「タイプ」に分けると、「詐欺的交換」が十二例と半数を越える。正当な交換は実際の社会生活の基本といえるが、詐欺的交換はそれをパロディー化したものともとらえられるが、しかし、それに類した不当に近い商取引の交換も現実にはありうることからすればリアリティーのある現実かもしれない。

「詐欺的交換」の十二例中の八例の結末は、最後に暗転して「殺される」（10～12、15～17）か、あるいは「犬に噛まれる」（19、20）など、悲惨で処罰的な結末といえる。「悪の栄えた試しなし」ということなのであろうか。その地域分布を見るとインドからヨーロッパに多い。

概して東アジア、東南アジアの事例においては、結末がハッピーエンドで終わるのが多いが、インドからヨーロッパにかけては悲惨な結末で終わるものが多く対照的である。交換の種類が家畜に限られていることに加えて、バッドエンドの結末はどうしてなのか。これが社会構造や制度の問題なのか、簡単に結論を下せない。

それはともかく、旅の途中における交換物の種類と形態を、東洋と西洋、インド圏と三分して、世界の「藁しべ長者」をとらえることができそうである。

四　日本の「藁しべ長者」の源流と伝播

「交換物」の種類から世界の「藁しべ長者」をインドを分水嶺に東西に二分割し、インドの独自性と併せて三分することを前述した。そのインドの場合の場合は、現代の伝承事例の10・11・12と、古典における事例の13・14とにおいて、内容も異なっている。13の事例は主人公が鼠という商人の話で、鼠が豆、水瓶、木材、そして蓄財という結果になる。この事例は十一世紀の説話集『カター・サリット・サーガラ』に載る話である。この話は事例14の釈迦の前世の物語とされる『ジャータカ』（三世紀ごろ）の「チュッラカ豪商前世物語」と共通する。おそらくはジャータカから「説話の大海」という書名の『カター・サリット・サーガラ』[6]に流れ込んだものと考えられる。

『ジャータカ全集I』[7]によると、ある兄弟が尊師（世尊＝釈迦）のもとで出家するが、兄に比べて弟のチュッラバンタカは愚鈍（ぐどん）で、一つの詩を四ヶ月かけても習得できず、修行をあきらめさせようとする兄の仕打ちに耐え切れず、在家を決意する。それを知った尊師は、弟に一枚の布切れを渡し、触りながら「垢取り」と唱えることを指示する。弟は布切れが手垢で汚れたことから悟りを開く。尊師は修行僧たちにチュッラバンタカが悟ったことを披露し、チュッラバンタカの前生における「財産獲得」の物語を聞かせた。

チュッラカは賢明で有能な豪商で、ある時、王の随行中に死んだ鼠を見つけ、この鼠を手にした人は妻を得て事業を営むであろうと述べる。これを落ちぶれた良家の息子が聞き、鼠を猫のえさに売り、その小銭で砂糖を買い、その砂糖と花と替えて八カハーパナを得る。続いて、掻き集めた枯れ木や葉を売って金と陶器を手に入れる。その陶器に水を入れて草刈人に飲料水を与え、草刈人たちから一束ずつ草束を貰い、それを五百人の馬の仲買人に売って千カハーパナを得る。そのお金でよそから来た船荷を買い取り、二十万カハーパナを得る。そのうち十万をチュッラカに献上する。豪商は四ヶ月間で鼠から財産を獲得した手腕に驚き、その息子を自分の娘の夫にして財産を継がせたという。チュッラバンタカは良家の息子チュッランテーヴァーシカであり、チェッラカ豪商はわたし（釈迦）であると述べる。

修行僧チュッラバンタカの悟りの話は、チュッランテーヴァーシカの「財産獲得」の話を釈迦の前世物語に組み込んで仕立て上げたものであろうから、ジャータカ以前からの古代インドの説話であった。そして、本来は釈迦や仏教とは無縁の出世成功譚で、その説話の骨子を確認すると、ある豪商が死んだ鼠をもとに、大金を獲得した者に娘を与え、財産を継がせるというものである。この「動機」と「結末」は、日本の「三年味噌型」と同様で、長者が藁しべ一本を大金に変えることができた者に、娘の婿にして家を継がせるという婿選びをするのと一致した構造といえる。展開における交換物はそれぞれの国によって違いはあるが、発端における「動機」と「結末」の構造は、同一モチーフの話型ととらえることができる。そのことを踏まえれば、日本の十二世紀の『今昔物語集』の観音祈願型の「藁しべ長者」は、観音信仰を標榜する勧進聖の物語作為であり、構造的には古代インドの説話と一致する。

ところで、日本から遠く離れた地で、しかも古代インドの説話と一致するというのは、説話の世界的展開として認識すべきであろう。人間社会が自然環境や社会形態の違いを越えても同じ話を発生し共有するものなのか、遠い昔から見えない交流があった証拠なのか、興味深い問題である。この後者の交流の視点から、日本の昔話と比較するにふさわしい事例がある。フィリピンの話と、日本の南島の沖縄、奄美の話と類似する部分がある。まずはフィリピンの内容から紹介する。[8]

天涯孤独で赤貧（せきひん）の博打（ばくち）うちが旅に出て、一センタボ拾ったので菓子を買い、一口食べて残しておく。その菓子を鶏が食うので、男は飼主に談判して鶏を得る。その鶏を犬が食べ、その犬を門に繋いでおくと、門が倒れて犬は死ぬ。男は門の鉄棒を引き抜き遊んでいるうちに、鉄棒を川に落とす。金棒が見つからず、そこで川が鉄棒を取ったのだから代償に川は自分のものだと言う。王女が水浴びをしていると、俺の川で水浴びをしたのだからお前は俺のものだと言う。王女が王に話すと、王は男の理由づけの機知に感心し、娘を博打うちに娶らせたという。

最後の交換、川を自分の所有とする利己的な悪知恵の詭弁が奏功して王女を手に入れるハッピーエンドのBタイプの話である。この話が「日本の「藁しべ長者」一覧表」の事例2・7の南島の話と、最後の交換部分が一致する。事例2では、金那志金が母の死ぬ際に渡された藁一束を味噌に換え、その味噌を鉄材に換えて、それで刀を作る。刀を金屛風に換えたのを、他魯毎（たるみい）王が欲しがるので、南山城下の清水と交換する。その結果、他魯毎王は金那志金に屈服し、金那志金は三山を支配下に置き尚巴志王になったという。この話は、琉球国の最初の統一王朝を成立させた尚巴志王の伝説となっている。[9]

藁から味噌との交換に始まる展開は内地の「三年味噌型」と同様であるが、最後の水との交換は独自である。水利権と権力の掌握とは直接には結びつかないように見えるが、水が人間生活の生命線であることからして、これは決定的である。昔話はこうした生活の知恵と深く結びついているのである。

この島尻郡と同じタイプの「藁しべ長者」が、事例7の鹿児島県沖永良部島の話[10]である。殿様のもとを追われた妻が、息子に藁を味噌に交換せよと遺言して亡くなる。息子は味噌と交換し、それを羽釜に換え、羽釜を刀と交換する。その刀を枕に寝ていると泥棒が盗もうとするが、刀は蛇になって盗ませない。これを見ていた船頭が破れ屏風と換えてくれというので換える。王様の庭で屏風を立てると鶯が囀る。王様が欲しがるので、海の汐と陸の水と交換する。しかし、地域の人々が汐と水とが使えなくなって困り、王は汐と水を戻してもらい、息子に王位を譲る。

水利権をめぐって王位を争う点において、沖縄の島尻郡の話と共通している。ただ、沖縄が尚巴志王という歴史的事実に結びついているのに対し、歴史環境が異なる沖永良部島では特定の人物の名前がつかないが、同一モチーフの話型いえる。語りの場において、語り手は既存の昔話を聞き手によって表現レベル上のディティールにおいて変えることがあるとしても、咄嗟の思いつきでストーリー構成を変えることはない。したがって、尚巴志王の話に変えるのは語り手ではなく、尚巴志王の勢力や影響下にある人たちによってであろう。尚巴志の偉業を讃えるために昔話を用いて再構成し、史実の枠組みでの伝説化を謀ったのである。伝説化された昔話は、いわば第二段階のもので、それが島尻郡の「藁しべ長者」といえる。もしそうであるとすれば尚巴志王以前の「藁しべ長者」とはいかなるものなのかということになるが、そこで尚巴志王に変えられた時代が問題になってくる。

尚巴志は一四二九年に南山王である他魯毎王を滅ぼして第一尚氏王朝を築く。尚巴志は国内政治を固めた上で、中国や日本、南方諸国等の交易を積極的に行い、繁栄をもたらす。そのうち南方のインドネシアのパレンバンやジャワ、タイのシャムなどの港と那覇港とを結んだ交易を展開する。この時期に、先述した事例8の話と出逢い、交易の文物と共に輸入されたというのが、ここでの見通しである。実証のレベルに至ってはいないが、わが「藁しべ長者」と東南アジアとの接点を想定し、ここからこのモチーフの伝播のルーツをたどることができるのではないだろうか。

おわりに

「藁しべ長者」の昔話は、立身出世の致富をテーマにした物語とされてきたが、単純にそう言い切れるのかどうかというのが問題の出発である。そこで、これまでのおもな先行研究を俎上に載せて検討を加えてきた。その結果、日本では信仰や致富をテーマにしたものとして、二つのタイプが取りざたされ、その先後関係に関心が寄せられてきた。

しかし、世界の『国際昔話話型カタログ』では「累積昔話」に位置づけて、交換の妙味に中心をおいた形式譚ととらえている。後者の視点からすると、立身出世というテーマは日本の独自な解釈および理解といえよう。日本のサブタイプ「観音祈願型」は、長谷寺の観音聖が資金集めに観音の霊験を強調する意図に展開したもので、古代から中世にかけての時代の所産といえる。

一方、「三年味噌型」は庶民の現実生活を基盤にしていて、「観音祈願型」とは位相が異なり、長者の「婿選び」という「動機」から始まるが、価値のないものがしだいに形を変えて最後に大金を手にして長者の婿に収まる。その交換の中心に味噌が宝剣（妖刀）に換わるという意外性に、武家の時代が象徴的に刻まれていた事に加えて、鍛冶屋という職種への関心がうかがえる。

ところで、昔話の国際比較は、グローバルな現代において必須の課題でもある。世界の「藁しべ長者」を概観した時に、「交換物」にそれぞれの地域事情が見えてくる。それを大きくインド圏とその東西との三つに分けてとらえ、地域の置かれた歴史文化や社会環境の背景、反映としてとらえることを示した。

次に、日本との関係から二つの問題提起をした。一つは古いインドのジャータカに取り上げられる「藁しべ長者」の交換モチーフと、日本の「三年味噌型」との一致である。釈迦の前世物語に取り込まれる以前の古代インドの民間説話と、日本の長者の婿選びは、基本のところで一致する。これは同時発生か、古い時代に交流があったと考えるべきかもしれない。

もう一つは、フィリピンの話と日本の南島の話との共通するモチーフについてである。水利権をめぐる王位獲得モチーフは、日本の場合、琉球の尚巴志王の伝説化として伝承されている。これは、尚巴志の時代に南方地域と文物の交易の際に昔話も一緒に伝播輸入されたものではないかと結論づけた。

ところで、本稿は「昔話「藁しべ長者」の主題と形式」と題したが、テーマと形式の問題については十分に考察を深めるまでにはいかなかった。「国際昔話話型カタログ」における「累積昔話」という形式と、ディスクールとしての財宝獲得あるいはその損失というテーマとの関係をどのようにとらえるか。言い換えればナンセンスな交換形式の言語遊戯と、テーマ性を持つ昔話とがどのような関係にあるのかといった問題点でもある。今後の課題とさせていただくことにする。

注

[1] 加藤耕義『国際昔話話型カタログ』（小澤昔話研究所、二〇一一）
[2] 永井義憲「勧進聖と説話集―長谷寺観音験記の成立―」（『国語国文』22号、一九五八）
[3] かくまつとむ『鍛冶屋の教え―横山祐弘職人ばなし―』（小学館文庫、一九九八）
[4] 川部（水心子）正秀『剣工秘傳志』（国立国会図書館所蔵、文政六年／一八二三）
[5] 孫晋泰『朝鮮民譚集』（勉誠社、復刊　二〇〇九）

［6］ ソーマ・デーヴァ　岩本裕訳『カターー・サリット・サーガラ』（岩波文庫、一九五四）
［7］ 中村元補注「ジャータカ全集Ⅰ」（春秋社、一九八四）
［8］ ディーンS・ファンスラー　サミュエル淑子訳『アジアの民話七　フィリピンの民話』（大日本絵画巧芸美術株式会社　一九七九）
［9］ 島尻郡教育部会編『島尻郡誌』（島尻郡教育部会、一九三七）
［10］ 岩倉市郎『沖永良部島昔話』（民間傳承の會、一九四〇）

アジアの「猿地蔵」

一　先行研究と問題の所在

柳田國男は昭和十一年に雑誌「昔話研究」に「猿地蔵」の論文を載せる。まだ各地からの昔話の資料の収集が乏しい時期に、国内の二十数例を取り上げて論を展開する。この昔話が「隣の爺型」に属し、後段が川を渡る猿の囃子言葉に反応して正体がばれる「笑いの咎(とが)」をモチーフとしていることを確認してから、前段の内容に注目する。すなわち、畑に座っている爺を猿が地蔵と間違えてお堂に運ぶ理由に注目しながら、この昔話を大きく偶然型、計画型、謝恩型に分類する。

この三者の関係について、話の成長変化の原則から「人間の知慮才覚が働いて成功したといふ類の話は、自然に又は思ひがけなく幸運を獲たといふものよりも、後から現はれたと見るのが普通である」と述べて、猿をあざむく「計画型」が、偶然に寝ていたのをお堂に連れて行き金品を授ける「偶然型」より新しいとする。次に、地蔵の爺に小判や供物を与えるのは、猿が食べた弁当が「彼等を悦ばしむに足りた一種の供養であつた為に、測らざる恩賞を得たものと解せられる」とし、この話は「動物援助譚」に基づくもので、謝恩型がもとの形であろうとする。

そうした先後関係の根拠として、次に主人公の人物像を問題にする。主人公が「笑ひもせずに猿の手車に乗つて行つたり、弁当を食はれてあきらめて寝てしまつたりするやうな、やゝ遅鈍な好い爺」の性格や、「其態度が淡泊であり飄逸である為に、不思議に天然の気にかなつて、一人だけ最も豊かに報いられたので、其の成立ちからいふと、是は所謂動物援助譚の、古い形に属すべきものだつたかと思ふ」と結論づける。主人公の性情が「天然の気」すなわち神の恩寵にかなって、幸福な結末を迎えるのは、「物臭太郎」、「三年寝太郎」など「昔話の常例」であるとする。

続いて柳田は、『雑談集』に登場する「マメ祖物グサ祖」の人物設定に異論を唱える。隣の真似そこないの爺をモノグサ祖としたのは無住らの作為で、本来は「主人公の好い爺」がモノグサであるべきだと説いた。しかし、この解釈に対しては、国語学を援用して佐竹昭広は、マメ祖を「呼称から勤勉性だけを受け取った柳田國男は、そのために、かれらしくもない誤解に落ち込んでしまった」(『民話の思想』平凡社、一九七三)と述べて、マメあるいは「真人(マタウド)」の語は「善良性と遅鈍性」の両方の性情を含んでいるとし、隣の爺型の昔話に登場する好い爺の二面性の性情を分析しながら反論した。

ところで、「マメ祖物グサ祖」の議論はともかくとしても、ハッピーエンドの結末が、神の恩寵にあずかる主人公のタイプに決定づけられているとする柳田の考えは、理念を先行させた昔話解釈のような印象を受ける。隣の爺型の爺の成功を保証するのが神の側にあるのか、物語を語り楽しむ人の側にあるのかどうか、ここは原点に戻ってラジカルに考えてみる必要がある。

というのは、岩手県の『聴耳草紙』の話に登場する主人公の爺は、猿どもを袋に入れて一匹ずつ打ち殺すという、一見残虐な内容である。神の恩寵である爺の行為としては理解に苦しむが、柳田は「実際は此方面限りの座頭どもの新案で、是も亦一種の笑話化であつたやうに、私などは鑑定して居る」と述べ、座頭の改竄(かいざん)とするが、ただ罪のない座頭には気の毒な話である。

佐竹もこの話は看過できないものとして取り上げ、良い爺の成功譚を「誇張して笑話化した変種の一つだった」とする。さらに、フロイトの精神分析を援用し、本格昔話は善の道徳律が支配し、笑話は悪の反道徳律に基づくものであるから、「欲求不満の、より刺激的な解放を求めて悪魔の側に転じ、笑話化への道に走る」のだと、一見それらしい分析を示しているが、本格昔話と笑話の違いは、果たして善悪の論理に基づいて構想されているのであろうか。

いずれにしても、昔話はこうあるべきだという理念を先行させて解釈しているように思われる。昔話の比較分析の研究は、テキストである資料に基づき、語り手の環境から客観的に読み取るところから出発する必要があろう。本稿は以上の問題意識から、まずは国内の伝承事例を確認し、さらには周辺諸国の事例にも目配せして、「猿地蔵」の昔話のテキストに忠実に従いながら解釈し、その意図するところを明らかにしていきたい。

二　国内における「猿地蔵」の伝承

「猿地蔵」の昔話がどのように伝承されているのかを明らかにするために、これまで採集されたデータをもとに、一覧表を作成したのが表Ⅰ「日本の「猿地蔵」一覧表」である。総数八十六を北から順に並べ、話の展開に沿った形で構成要素を「登場者」「主人公の行為」「猿の行為」「取得物」「模倣者の失敗」「備考」に分け、「出典」を添えた。
全体八十六のうち東北六県が四十二と約半数を占めることから、北日本に密度が濃く分布しているといえる。新潟県古志郡山古志村種苧原の話では、猿どもの川渡りの歌を聞いた後、
爺さはおかしくて、どうしょうもねどもに、がまんしていたと。あんまりがまんしていたれば、つい屁をポーンとこいてしもた。ほうしたれば猿が、
「今なったは何だ」

と言うたんだんが、爺さが
「地蔵の太鼓」
と返事した。こんだは
「臭いのは何だ」
と言うたんだんが、
「お香の煙」
と返事した。ほうして爺さを手かごで運んで峠の上にたてた。猿は、山の実をさまざま取って来て、爺さの前に供えた。

表Ⅰ　日本の「猿地蔵」一覧表

	伝承地	登場者		主人公の態度	猿の行為		取得物	模倣者の失敗		分類	備考	出典
		爺	猿		地蔵	運搬先		川渡りの歌	屁問答			
1	青森県田子町	○	○	粟畑に立つ	○	頂上	金	猿はぶらり濡れてもじょうぶうらり濡うらすな		a		上郷の民俗
2	五戸町	○	○	粢を塗る	○	家		猿の金玉濡らしても地蔵の金玉濡うらすな		b	猿を殺す	てっきり姉さま
3	南郷村	○	鬼	粢を塗る	○	―	金、宝物	猿ぺのこ濡れでも地蔵ぺのこの濡れるな		b		奥南新報
4	佐井村	○	○	キミの粉を	○	地蔵堂	金	―		b	鬼の博打	さいのむか

				塗る								しこ
5	深浦町	○	○	一休みする	○	―	木の実、金	猿の尻ぁ濡らしても地蔵の尻よ濡らすな		a		西北のむがしこ
6	八戸市	○	○	猿の蕎麦餅食う。爺畑に立つ	○	猿山	金	お猿の山へわっしょいな川を渡ってわっしょいな		c		南部昔コ集
7	八戸市	○	○	粢を塗る	○	―	銭、酒	猿まし濡れでも地蔵様濡れねばいい		b		昔話研究
8	八戸市	○	○	顔を白く塗る	○	猿の家	金	猿ますの睾丸水についてもよい地蔵様つかねばよい		b		昔話研究
9	八戸市	○	○	蕎麦粉を塗る	○	猿の家	やまか槌	えんやころびさずんじょの尾っぽ濡らすな		b	奉納物問答、猿殺害	奥南新報
10	弘前市	○	○	道端の地蔵化ける	○	―	花、葡萄	猿の尻ぁ濡らしても地蔵の尻つは濡らすな		b	石の槌問答、猿殺害	新津軽むがしこ集
11	岩手県沢内村	○	○	糊餅を塗る	○	向いの山	山の物	猿のふんぐり濡れるとも地蔵のふんぐり濡らすな		b		ゆりいかが聞いた岩手の昔話
12	雫石町	○	○	弁当を食べている	○	―	宝物	猿ぺのこ汚れても地蔵の尻濡らすな		c		ねむた鳥
13	北上市	○	○	胡坐座りで弁当を食べる	○	峰	支えの千両箱	猿ら尻ぁ濡らすども地蔵さまぁ濡らすな		c		すねこたんぱこ
14	北上市	○	○	爺の弁当を食べる。爺は見る	○	―	銭、着物	―		c		江刺郡昔話
15	岩泉町	○	○	案山子に化	○	猿の家	宝物	―		b	問答の後逃	続岩泉の昔

				ける							げる	話
16	浄法寺町	○	○	白餅を塗る	○	別の畑	文えの千両箱	―		b		二戸の昔話
17	二戸市	○	○	黄粉を塗って畑に座る	○	―	―	猿ふんぎり汚れでも地蔵のふんぎり汚れるな		b		陸奥二戸の昔話
18	花巻市	○	○	山神様の前に立つ	神様	―	栗	猿は濡れても神様濡らすな		a		教育資料・笹間村
19	平泉町	○	○	握り飯残し寝る	○	―	―	―		c	礼に金、着物	平泉の民話
20	遠野市	○	○	粢を塗り立っている	○	向かいの堂	―	猿ぺのこ汚すとも地蔵ぺのこ汚すな		b	猿を袋で殺害	聴耳草紙
21	宮城県松島町	○	○	粉を塗り畑に立つ	○	向かいの山	餅、酒、金	猿ふんぐり濡らしても地蔵ふんぐり濡らすな		b		みちのくの海山の昔話
22	川崎村	○	○	糊餅が体につく	○	地蔵堂	栗、茸、アケビ	猿ふんぐり濡らしても地蔵ふんぐり濡らすな		b		陸前の昔話
23	栗駒町	○	人	小麦粉を体にまぶす	○	道端	米、餅、金	―		b	通行人が与える	文字のむかしばなし
24	志津川町	○	○	灰を塗る	○	山の堂	―	―		b		夢買い長者
25	秋田県横手市	○	○	地蔵の真似	○	猿の住居	ごちそう	猿袖濡らしても地蔵袖濡らすな		a	福頭巾、千匹猿	秋田むがしこ二
26	鹿角市	○	○	米粉を塗る	○	川原	果物、酒、葡萄	猿ぺのご濡れでも地蔵ぺのご濡れな		a	石枕、槌で殺害	旅と伝説7―12
27	秋田県鹿角市	○	○	米粉を塗る	○	猿の国		猿のけっちゃ濡れでも地蔵のけっちゃ濡れな		a	猿汁を食べる	村のむがしっこ
28	上小阿仁村	○	○	畑に座る	○	猿の家	金、食物	猿のけっちゃ濡れでも地蔵のけっちゃ濡れな		b		上小阿仁昔話
29	鹿角市	○	○	米粉を塗る	○	猿の家		猿のふぐり濡れでも地蔵		c	石枕、槌で	旅と伝説7

								のふぐり濡れな			猿殺害	―12
30	山形市置賜郡	○	○	糊餅を口につけ寝る	○	猿の家	宝物	（ふぐり、屁問答）		a		昔あったけど
31	上山市	○	○	畑に立つ	○	山の堂	千両支え	―		b		佐藤家の昔話
32	新庄市	○	○	山で昼寝	○	川原	ごちそう、銭	猿ぺのこ汚れても地蔵の尻濡らすな		b		新庄のむかしばなし
33	飯豊村	○	○	昼寝　猿の手伝い　餅をやる	○	峰	金	猿ふんぐり濡らすとも地蔵ふんぐり濡らすな		b		民俗採訪
34	東根市	○	○	蕎麦粉を塗る	○	山の堂	支えの千両箱	―		b		東根市昔話
35	米沢市	○	○	酒を呑んで寝る	○	―	餅、菓子	（ふぐり、屁問答）		a		米沢市簗沢の昔話
36	福島県いわき市	○	○	草原に寝る	○	山の社	柿、栗、小判	―		―		磐城昔話集
37	船引町	○	○	団子を塗る	○	日なた	賽銭、食物	猿のべんのこ濡れでも地蔵べんのこ濡らすな		b		ふなひきのざっと昔
38	舘岩村	婆	○	婆が畑に立つ	○	―	お供え	―		a		会津舘岩村民俗誌
39	桧枝岐村	○	○	昼寝する	○	堂	供え物	猿ふんぐり流すとも地蔵ふんぐり流すな		a	礼に金、着物	河童火やろう
40	福島市	○	○	昼寝する	○	向こう山	多くの土産	猿の尻は濡らすも地蔵の尻は濡らすな		a		遠藤登志子稿本
41	郡山市	○	○	バカ息子が弁当食べる猿を見ている	○	お堂	菓子、果物	お猿の尻は濡らすも地蔵の尻は濡らすな		―		猪苗代湖南の民俗

				る								
42	平田村	○	○	寝たふり	○	お堂	宝物	猿の尻濡れっとも地蔵尻濡らすな		c	鬼の博打	小平の民俗
43	栃木県 栗山村	○	○	昼寝	生如来	猿の屋敷	ご馳走、大判小判	猿ぺんのこ濡らしても爺のぺんの濡らすな		a		栗山村の民話
44	六合村	○	○	湯に入り寝る	○	洞窟	金	猿ん坊は濡れてもいい地蔵さんは濡れんな		a		千葉高民俗
45	栗山村	○	○	昼寝する	○	―	赤い帽子、賽銭	―		a		栗山稿本
46	群馬県 水上市	○	○	地蔵のつぶやき	○	川向こう	酒、ご馳走	猿は濡れるとも地蔵は濡れるな		a		群馬県史
47	埼玉県 和光市	○	○	弁当食べる猿を爺が見ている	○	猿のお堂	木の実、酒	お猿は濡れるとも地蔵は濡れるな		a		川越昔話集
48	神奈川県 津久井町	○	○	―	○	―	―	猿は濡れるとも地蔵は濡れるな		b		昔話―研究と資料―九号
49	新潟県 長岡市	○	○	畑に眠る	○	猿の家	栗、米、銭	猿へんぐり濡れても地蔵へんぐり濡うらすな		b		いきがポーンとさけた
50	山古志村	○	○	顔中白餅に塗る	○	―	金	猿のへっぐり濡らしても地蔵のへっぐり濡らすな	○	b		とんとむかしがあったけど
51	栃尾市	○	○	畑に休んでいる	○	深山	果物、小判	―		b		林ヤスの百物語
52	南魚沼市	○	○	爺が地蔵様を真似る	○	―	山の産物	猿の尻濡らしても地蔵の尻濡らすな		b		佐藤ミヨキ媼の昔話
53	新発田市	○	○	爺が地蔵様	○	向こう岸	葡萄、柿	猿フングリ汚れでも地蔵	○	b		波多野ヨス

				を真似る				フングリ汚れんな				ミ女昔話集
54	富山県八尾町	○	鬼	もじなの宿に泊まる	如来	猿山	銭	―		b	頭巾を被る	富山県明治期口承文芸資料
55	石川県田鶴浜町	○	○	昼寝する	○	猿の家	ごちそう	猿のチンポァ濡れでも地蔵のチンポァ濡らすな		a		田鶴浜町史
56	福井県三方町	○	○	はったいが顔につく	○	向こうの丘	柿、栗、松茸	猿の尻は濡れでも地蔵の尻は濡らすな		b		みかたむかしむかし
57	長野県小川村	○	○	猿が弁当食う。空寝	○	お堂	ごちそう	猿の尻濡れても地蔵の尻は濡らすな		b		信州小川村の昔話
58	栄村	○	○	山中で動けない	○	猿の仏壇	供え物	―		a		信濃の昔話第二集
59	武石村	○	○	地蔵の真似	―	―	栗や芋	猿ほんぐり落とすとも地蔵ほんぐり落とすな		a		小県郡民潭集
60	岐阜県上宝村	○	○	煎粉の袋を被る	○	向山のお堂	宝物	―	○	c		しゃみしゃっきり
61	上宝村	○	○	煎粉の袋を被る	○	―		―	○	b	尻尾の釣	しゃみしゃっきり
62	愛知県豊橋市	○	○	粉糠を体に塗る	○	―	銭、着物	―	○	a		民間伝承1―27
63	和歌山県田辺市	○	○	石に腰かける	○	―	柿	私ら陰嚢沾れても地蔵様の陰嚢沾らさぬよう		a		南方随筆
64	兵庫県和田山町	○	○	担がれていく地蔵の真似をする	○	猿の住家	宝物	猿の尻は濡らしても地蔵の尻は濡らすな		b		糸井の昔話
65	温泉町	○	○	粉を塗り座禅を組む	○	―	銭、果物	猿の金玉ぬらいでも地蔵の金玉ぬらすな		a		温泉町稿本

66	島根県大和町	○	○	猿の家で酒を飲み寝る	○	堂	宝物、酒、銭、餅	―		a		大和村昔話集稿巻一
67	頓原町	○	○	酒を飲み寝る	○	―	金	―	○	a	酒泉	頓原町昔話集
68	石見町	○	○	酒を飲み寝る	○	―	供え物	―	○	c	酒泉	邑智郡昔話集第三編
69	大和村	○	○	―	○	―	ごちそう、金	―	○	a	酒泉	鼻きき甚兵衛
70	木次町	○	○	弁当を食われ石に腰掛ける	○	山	栗、茸、アケビ	―		a	花祭り	陸前の昔話
71	日原町	○	○	昼寝する	○	向こう岸	供物	―		a	地蔵祭り	石見昔話
72	弥栄村	○	○	粉が眼に入る	○	堂	銭	猿どびん濡れてもええが地蔵どびん濡れるな		a		夢買い長者
73	岡山県総社市	○	○	寝す昼る	○	―	栗、梨、柿	―	○	―	担ぎ回る	御津郡昔話集
74	大原町	○	○	めかごに寝る	○	―	米、金	お地蔵のお茶袋お地蔵様のおはしずつ		c		雑誌「北斗」
75	矢掛町	○	○	木の根に寝る	○	―	金	―		―	猿と狐	なんと昔があったけど上
76	川上村	○	○	黄粉を口につけ寝る	○	堂	賽銭	―		a		韮山盆地の昔話
77	愛媛県八幡浜市	婆	○	地蔵に団子を上げ、自ら銜える	○	丘の上	ぶどう、苺	猿のおつべは濡らすともお地蔵のおつべは濡らすな		b		伊予のとんと昔
78	高知県	○	○	粉を顔に塗	白仏	―	金	―	○	a		土佐昔話集

	佐川町			る								（高知新聞社刊）
79	大方町	○	○	はったい粉をかぶる	○	—	小判、宝物	—		b		土佐昔話集（岩崎美術社刊）
80	大分県杵築市	○	○	はったい粉が顔につく	○	川原の堂	お供え	猿のちんちん濡るるとも地蔵ちんちん濡うるるな	○	b		昔話研究1—12
81	宇佐市	○	○	弁当がないので寝る	○	祠	果物	猿の尻濡らしても地蔵の尻は濡らすな		c		旅と伝説7—12
82	国東町	○	○	はったい粉を顔に塗る	○	—	賽銭	猿金玉濡るるとも地蔵金玉濡るんな		b		国東半島昔話集
83	豊後高田市	○	○	はったい粉が顔につく	○	—	供え物	—	○	b		大分昔話集
84	真玉町	○	○	黄粉が顔につく	○	—	賽銭、煎餅	猿べこは濡らしても地蔵べこは濡らすな		b		大分昔話集
85	福岡県鞍手郡	○	○	腰かけ 猿が頭巾、着物を着せる	爺	—	果物	猿は濡れても爺は濡らすな		a	鬼の博打	福岡県昔話集
86	福岡市	○	鬼	藪に隠れている	白仏	—	—	—	○	a	ばれる	背振山麓の民俗
87	八女郡	○	○	石で休む	○	—	供物	—		a	狐、狸、兎も仲間	福岡昔話集
88	熊本県天草郡	○	○	腰かける	—	—	金	—		a		郷土研究

とある。川渡りの滑稽な文句に、さらに笑いを増幅させる効果をねらった「屁問答」が続くが、この展開は全国で十

三例あり、すべて新潟県以西の地域に限られる。西日本の「猿地蔵」の一部は、いちだんと笑話化の傾向が強められているようである。『雑談集』における「猿地蔵」の川渡りの様子は「物グサ祖がウバ」の方にしか記述がなく、「ヤレ袴カキアゲヨ」と言って、尻毛を掻きあげるのを姥が笑って正体がばれてしまうことになり、屁問答はない。この一例を過大に評価することは危険かもしれないが、屁問答は『雑談集』以後の、新たな変化と見ることもできる。

続いて、柳田國男が三つに分けた偶然型、計画型、謝恩型を、表の事例から確認していくことにする。爺の行為とそれに誘発された猿の行動に基づいて構成されたこの三分類は、偶然畑に寝ていることに発する偶然型（aは表における分類記号）、あらかじめ猿を欺くために身体を塗っておく計画型（b）、持参の弁当を猿に食われる謝恩型（c）である。それぞれを小計すると、偶然型三十三例、計画型三十八例、謝恩型十例となる。この結果によると、計画型、偶然型が多数広い地域にわたって見られ、謝恩型は散発程度である。

ヨーロッパの地理歴史的研究法を提唱したアンティ・アールネによると、「一般的にあらわれる形は、比較的少なくあらわれる形よりも本来のものであることが多い」「比較的広い範囲にあらわれる形式は、一般に比較的狭い範囲に見られる形式よりも優れている」（『昔話の比較研究』関敬吾訳、岩崎美術社、一九六九年）という。

この法則に照らせば、謝恩型が計画型、偶然型より古いとは言えない。柳田は猿が食べる弁当を供養ととらえたが、果たしてそうであろうか。偶然食われるか、あるいはせっかくの弁当を猿に奪われるのは爺の遅鈍を強調するための表現と見ることもできるし、その爺が財宝を得るといった意外性と対応した叙述とも読み取れる。計画型、偶然型は、猿への敵対意識が強いか弱いかといった度合いの差に過ぎず、また弁当を食われるのも猿への防御意識がまったくない状態といえる。これは語り手レベルにおける猿への意識の違いを示すものではないだろうか。

柳田が、爺の性情を「天然の気」にかなった者といった人物評価を与えるのは、テキスト（事例）の読みに基づくものとはいえない。いうなら「猿地蔵」の昔話の発生を神話を前提にした解釈を施しているようである。昔話をある理念のもとに解釈する前に、表現された言葉として、また採集された資料の全体の比較数を通して解釈することを重視していきたい。次に、日本以外のアジアの「猿地蔵」について問題にしていく。

三　アジアの中の「猿地蔵」

二〇〇七年から三年間、毎夏一週間ほど、中国の貴州省黎平県の侗族（トン）での昔話採集を、日本からいった十人余りの調査者に侗族の研究者を交えて試みた。その成果を『中国民話の旅』（三弥井書店、平成二十三年）にまとめることができた。この時の調査で、「猿地蔵」に似た話を二話聞くことができた。内容をかいつまんで言うと次の通りである。

欲深い兄と正直な弟がいたが、父が亡くなると、兄は財産を一人占めして、弟には何も与えない。弟は、父を葬った山の墓のそばに南瓜（かぼちゃ）の種を蒔く。南瓜はたくさんの実をつけるが、その数が減っていくので、ある日弟は大きな南瓜の中味を抜き取り、その中に隠れる。夜になると、猿たちが南瓜を洞窟に運んでいく。その途中で、村の入口の銀杏の木の地面の下に、金銀が詰まった甕（かめ）があることを話している。弟は夜が明けてから、そこを掘ると甕が出てきたので、豊かになり家を建て嫁ももらう。放蕩生活の兄はすべて財産をなくし、弟の所に物乞いに来て、南瓜の話を聞く。兄も真似て南瓜を植え、実の中に入ると同じように猿たちは運んでいく。しかし、兄は腹いっぱい食べてから入ったので、揺られて下痢をしてしまう。臭いを嗅いだ猿たちは、腐った南瓜は崖から捨てようと言って、落としてしまったという。

この話を小学校の教員をしている四十代の男性から聞いた。他にも別の老翁からも聞いた。その老翁の話では、亡くなった父が弟の夢に現れて、墓に生えた竹を揺らすと金が落ちると言い、その通りにして金を得る。兄が真似をすると毛虫が落ちてくる。その竹で籠を造りアヒルの卵を入れるといっぱいに増える。借りていった兄の場合には、アヒルの糞だらけになる。花咲爺に似た内容の後、南瓜の種を蒔く話へと展開し、最後は兄が崖から突き落とされる。

侗語で語ってもらった話を北京語に訳し、それを日本語に訳すという二重通訳の聞き取り調査であったが、この話は日本の「猿地蔵」の昔話だと直感した。主人公が猿によって洞窟に運ばれていき、そこで財宝を取得するが、羨(うらや)む模倣者が失敗するという展開は共通しているからである。言語も歴史、文化も異なる国で、日本と同じ昔話と出会えることができたのは快哉である。日・侗で共通する話型は、他にも二十話ほどあった。

ところで、この「猿地蔵」の昔話は中国の漢民族でも知られており、また、中国以外にも伝承されている。そこで、次にそれらを含めて比較対照するために、表Ⅱ「アジアの「猿地蔵」一覧表」を作成した。これをもとにアジアにおける「猿地蔵」の昔話を概括し、その傾向を明らかにしておきたい。

まず「登場者」は中国では兄弟譚が主流で、その場合遺産分割は極端な非対称である。中国以外の話の中には模倣者の登場しないものもある。要素項目の「主人公の行為」においで、死んだ振りをする主人公は果樹園や畑から洞窟に運ばれるが、「猿の行為」では、猿が死者と認識した場合には、葬送や葬儀を行なうし、神仏と認識した場合には祀り始める。「拾得物」の項目で、主人公はその供物等を得て帰ってくるが、模倣者は失敗する。構成要素にもとづく大まかな傾向をとりあげたが、シベリア・アイヌはこれらと大きく異なっており、近づく狐などの動物を殺害する。これは狩猟を前提に押し出しているが、他の話は農業を背景としており、地域の生活環境が影響していると考えられる。

さて、これらを通観したところで、この話の骨子を確認するなら、主人公が死んだふりをするのを猿が無縁仏と

表Ⅱ　アジアの「猿地蔵」一覧表

	伝承地	登場者		主人公の行為			猿の行為		取得物	備考	出典
		主人公	敵対者	生活環境	栽培物	態度	対象	運搬理由			
1	シベリア	貧乏爺	物持ち爺	極貧状況	—	ハマナスの実と雪に寝る	死体	爺の家に運ぶ	兎、狐など		世界昔ばなし（下）
2	アイヌ	パナンペ	ペナンペ	貧乏	—	河原で死んだ真似	死体	哀哭する	大勢のキツネ	ペナンペは失敗	アイヌ民譚集
3	中国山東省	次郎	一郎	不公平な遺産分割	—	山神像に隠れる	—	—	小さなドラ	兄は失敗	中国民話集
4	中国浙江省	秀才	—	貧困	—	猿に石を落とす	—	洞穴に運ぶ	宰相の娘と結婚		中国の昔話
5	中国浙江省	弟	兄	不公平な遺産分割	桃	猿を見て茫然となる	神様	洞窟に祀る	洞窟内の金銀	兄は失敗	中国昔話集
6	中国江西省	弟・小郎	兄・太郎	不公平な遺産分割	南瓜	大南瓜に入り見張り	南瓜の王	供物を捧げる	金銀の杯	花咲爺モチーフ兄失敗	錦の中の仙女
7	中国貴州省	弟	兄	不公平な遺産分割	南瓜	南瓜に入り見張り	—	甕の埋場所を聞く	金銀財宝	兄は南瓜で下痢して失敗	中国民話の旅
8	中国	弟	兄	不公平な遺産分割	粟	粟を口につけ寝る	死体	猿山で葬儀	金銀の財宝	放庇モチーフ	世界昔ばなし（下）
9	ネパール	爺と婆	—	猿に畑を荒らされる	イモ	爺が死んだふり	死体	猿を葬儀に招く	猿は許しを乞う	手足を結び釜湯に入れる	ヒマラヤの民話を訪ねて
10	ビルマ	青年	—	夜這いの失敗	—	綿花をつけて座る	仏像	女は仏像に供物	—	針で刺され逃げる	ビルマの民話
11	ベトナム	貧乏男	—	—	メロン	死んだふり	死体	金の洞窟に葬る	金	近所の者は失敗	ベトナムの民話
12	ベトナム	弟	兄	不公平な遺産分割	（蕉）	切り株で涼む	死体	金の穴に埋める	金	兄は失敗	世界の民話アジアⅡ
13	パラウン族	貧乏夫婦		開墾	—	体に味噌を塗る	死体	猿は盛大な葬儀	金銀ルビー太鼓	友人二人は失敗	世界口承文芸研究2号

思って洞窟に運び供養する。そこから財宝を窃取し、それを真似た者は失敗するという内容で日本の「隣の爺型」と同様といえる。しかし、これが何を意味するのかは不明である。ただ、これをブラックユーモアに暗転させたものとして、AT一五三五「金持ちの百姓と貧しい百姓（ウニボス）」や日本の「俵薬師」などを取り上げることができる。すなわち柴漬（ふしづけ）にされそうな男が詐術を用いて海底から宝物を得てきたと嘘をつき、真似る敵対者を死に陥れるというモチーフである。洞窟を海底に変えた両者の関係については、今後の課題である。

以上の問題点や課題を指摘したところで、次には再び日本の「猿地蔵」を検証することにしたい。

四　比較から見えてくる「猿地蔵」

アジアの「猿地蔵」と日本の伝承とを比較した場合、大きく次の二点の問題を取り上げることができる。その一つは、話における地蔵の実体についてである。アジアではまったく登場しない地蔵が、日本では如来、神様の四例を除いた他のすべてが地蔵である。これは民間における地蔵信仰の隆盛を物語るものであろう。日本における地蔵信仰は、中世以降に主として受苦の身代り、現世利益として広範に浸透したといわれる。そうした庶民信仰のポピュラーな姿の地蔵として、この昔話をとらえることができるかもしれない。ただ、話における地蔵の解釈を、信仰史に単純に結びつけて理解していいのかどうか問題がある。

たとえば、猿たちが爺をどこに運ぶかを表で見ると、お堂が十七例、山十四例、猿の家十四例、川原・洞窟七例となる。お堂から出て歩く地蔵をもとの場所に戻すという理由は、決して多いとはいえない。それよりも、山の上や猿の家に運ぶのはどうしてなのか。また、爺が顔や身体を粉等で塗るのが三十四例あるが、それがどうして地蔵に変身したことになるのか、合理的な説明に欠ける。

ところで、唯一の記録資料である『雑談集』には、「或時畠作リクタビレテ、居眠リシタルヲ猿ドモ見テ、佛ノオハシマス供養セントテ、薯蕷野老栗椎ナド多ク将来テ、山塚ト前ニトリオキテ去リニケリ」とある。供養のために山の幸を採ってきて置いたとすれば、「佛」を仏像ではなく死者の意に解して、ここでは死者供養を行なっているととらえることができる。アジアの「猿地蔵」がほとんど死者であることを考え合わせれば、その可能性も十分に考えられる。また、地蔵を白く塗る習俗があるのかどうかについては何の知識もないが、爺が顔や身体に粉を塗るのは、死に化粧をほどこした死体の表徴ではないだろうか。少なくとも生身の人間ではないことを示すための偽装の意味が、後に地蔵へと包摂されていったと解釈することができる。アジアの周辺諸国の伝承が死体であることとの整合性をはかるために、そのように理解する必要があるのかもしれない。

もう一つの問題は、柳田國男が東北の地の一部にある猿を殺戮した昔話を、「座頭どもの新案」としたことについてである。柳田は『聴耳草紙』を例にあげたが、ここではその後に採集された事例を紹介しよう。青森県五戸町の『手っきり姉さま』（能田多代子編、未来社、一九五八年）に載る「猿汁こ」である。

昔、爺ッこあらぎ起していると、猿がきては荒して困った。何ぼ追（ぼ）っても、悪いことばかりするので、爺ッこァ婆に粟しとぎはたかせて、それを体に塗って畑に行った。そしてそこへ坐っていると猿どもが出はってきて、地蔵見ッけだといって、猿の家さ担いで行った。途中大きな川があった。すると猿どもは、

猿のきんたま濡らしても
地蔵のきんたま濡らすな

と歌って連れて行った。そして座敷に祭っておいて、猿は居眠りを始めた。それで爺ッこは猿を打ち殺して、担

いで戻って猿汁こして食っていた。

　そこに隣の婆が、「火こたもれ、火こたもれ」といってやってきた。爺婆は、「火こもたもるし、猿汁こも食てごんぜァ」といって猿汁をご馳走して、戻りには爺ッこの分も持たせてやった。慾深婆はその途中で半分食って、小便と糞を入れて行って、爺ッこに食わせた。爺ッこは「小便臭ェども甘ンちょ、糞臭ェども甘ンちよ」といって食べた。それだからあらぎ起せば、栗もとれるし、猿も捕れる。からやぐものでない。（話者、工藤明）

「あらぎ」すなわち新地開墾のために、猿の棲息地域に侵入した爺を、地蔵と思って猿の家に連れて行くが、猿が寝たところを見て爺は打ち殺し、猿汁にして食うといった、一見残虐な内容である。しかし、「それだからあらぎ起せば、栗もとれるし、猿も捕れる。からやぐものでない。」という結びには、倫理的な罪悪感は見られない。これをどのように理解すればよいのだろうか。

　この猿を殺戮する事例は、青森県弘前市、五戸町、八戸市、岩手県遠野市、秋田県鹿角市（三例）の七例で、いずれも山間部に連なる地である。北奥羽のこの地域は、かつて古代には蝦夷が居住していた土地である。蝦夷がアイヌそのものであるかは微妙な問題であるが、少なくとも生活的には深い関係を持っていたことは事実である。それを踏まえていうと、猿を殺害する内容の「猿地蔵」の話を、北海道アイヌ、さらには北方地域と関連づけてとらえていく必要があろう。

　そこで、先述したアジアの「猿地蔵」のところで、シベリアとアイヌの例は狩猟を前面に押し出していると述べた。確認のために概略を述べると、シベリアの話は、食糧の乏しさに困った貧乏爺さが、ハマナスの実を口や目、鼻、耳に詰めて雪に寝ていると、うさぎや狐、てん、りすなど森の動物が集まってくる。死んでいると思って爺さの家に運び入れると、婆さはすばやく戸や窓、通気口などをふさぐ、すると爺さが起き上がり、獣を残らず叩き殺すという内容である。アイヌの昔話は、パナンペ（下の太郎）が、川原で死んだふりをして寝ていると狐が多く現れ、死んだと思って哀哭（あいこく）していると、パナンペは隠し持っていた棒で十匹ばかり叩き殺す。皮を剥ぎ、肉を鍋で煮て食べていると、ペナンペ（上の太郎）が来る。話を聞いて羨ましく思い、自分も獲ろうとするが失敗して噛みつかれたり引っ掻かれたり、さんざんな目に遭い帰ってくる。

言うまでもなく、ここでの死んだふりは動物をあざむく手段で、実際は狩りの擬態といえる。実際にこのように狩りが行われることはないであろうが、狩猟を生業としている地域では、このような話はリアリティーをもって語られるに違いない。シベリアからアイヌ、北奥羽の地域を連続体としてとらえ、この殺戮型の「猿地蔵」を狩猟民の反映の結果ととらえることができる。

柳田國男は、座頭の口承文芸への関与を『東北文学の研究』や「米倉法師」（『桃太郎の誕生』）等で縷々（るる）説き、その延長上に「猿地蔵」の狐の殺戮型を座頭特有の陰惨な叙述の問題として指摘したが、今はそれに修正を加える必要があろう。昔話が伝播し定着していく過程において、その地域の自然や生活環境に応じて変化していくことを、この昔話は明確に示しているからである。

イソップ寓話と「鳥獣合戦」

はじめに

塚崎幹夫『新訳　イソップ寓話集』の「はじめに」に、イソップ寓話は「現実主義というよりさめた自然主義」であり「透徹した現実認識」に支えられていると述べ、イソップは「奴隷の反抗の正義を説いた先覚的思想家[1]」であるといった結論は、目から鱗が落ちるように新鮮であった。

イソップが奴隷身分であるとか、また、「イソップ伝[2]」やフランスの「シャンブリ版」が何であるのかの知識に乏しかったので、まずは「イソップ寓話集[3]」を比較しながら読み、また、解説書や研究書を繙(ひもと)くうちに、日本の伝承研究や昔話の研究に有益であることは確信できた。

しかし、イソップ寓話がどのような形式・内容を持ち、近世初期に日本で出版され、また、近代に入って翻訳されたイソップ寓話が、どのような方法、経路でそこに至ったのか、それがどのような系統のものであるのかなどが、当面の課題であった。その追究の過程で、「鳥獣合戦」の昔話が浮上してきた。

文学史の順当な流れからすれば、「鳥獣合戦」は御伽草子の「異類合戦物[4]」に続く内容といえるが、しかし、貴族趣味の歌合せの趣向を好む異類や、『平家物語』や『太平記』などを利用した文芸愛好者の遊戯の延長上にすぎない合戦のとらえ方には戦争のリアリティーは感じられず、貴族階級の自足した世界に閉じこもった作品形成でしかないことがわかる。昔話「鳥獣合戦」は、それらとは別のイソップ寓話の系列に属するものであることは明白である。ところで、洞窟の天井にぶら下がるコウモリの習性を結末にもつ昔話「鳥獣合戦」を、日本的土壌の陰湿な内容と決め込んでいたが、イソップ寓話を読みながら、それが偏見であることに気づかされる。中世末期および近代の初めに翻訳されたイソップ寓話は、ドイツのシュタインヘーヴェル本にもとづくもので、偶然にも同系統の「鳥獣合戦」であった。それと同じものがヨーロッパにもあり、さらにはギリシアへと遡るものであることがわかってきたからである。一方、これと異なる「鳥獣合戦」があり、また、コウモリが仲間たちとの共同事業で、資金調達の役目を担うが事業が失敗して借金を抱え込み、借金取りを避けて夜に活動するという寓話[5]を知り、イソップ寓話がさまざまな地域の伝承からなる雑種性の特徴を有するものであることを知らされた。

さらには、単なる動物同士の葛藤ではなく、的確で無駄のない会話や行動の背景に、厳しい争いや戦争の現実が想像される。対立者を前にして「変節」し、また、絶命の窮境を「命乞い」して切り抜けようとする、生死の瀬戸際の葛藤の現実は、いわば戦争の論理にもとづいていることが確認できる。その問題追究のために「「変節」する動物たち」、「「命乞い」する動物たち」の項を設けた。さらに、それらを通して見えてくる弱者としての民衆の争いや暴力に対する姿勢を取り上げた。本稿は以上の構成からなる。

一　イソップと「イソップ寓話集」

「イソップ寓話集」の作者とされるイソップは、紀元前五、六世紀頃の人で、小アジア（現、トルコ）のフリュギアに生れ、エーゲ海のギリシャ領サモア島で奴隷として使われていたとされる。醜く背中に瘤のある不格好者であったが、エジプトのイシス女神を信奉したおかげで、見栄えはともかく巧みな弁舌と機知を取得したという。やがて、知恵者の名声により奴隷の身から自由人となり、諸国を巡り、バビロニアのリュクルゴス王に一時仕えたりする。ただ、ギリシャのデルフォイに滞在した時に、アポロンの神殿から聖杯を盗んだ咎で捕らえられ、崖から突き落とされて殺される。デルフォイ人は後に、濡れ衣であることを反省し、賠償したという。以上は、「イソップ伝」(「イソップの生涯」とも。紀元一、二世紀ごろの成立)による。

しかし、ドイツの宗教改革者マルティン・ルターのように、イソップ寓話を評価しながらもその実在を疑う人もいるが、実在の否定は極端としても、「イソップ伝」が事実そのものといった見方は危うい。そのことは「イソップ寓話集」においても同様で、すべてイソップの作った寓話とは言えない。イソップの作った寓話が中核にはあるとして、それ以外に多くの寓話が、イソップの名を冠して通用していたことは十分予測がつく。ここではこれまでの研究を参考に、「イソップ寓話集」の歴史を概括しておきたい。

イソップ没後の紀元前四世紀ごろ、ギリシヤのデメトリオスが、口承のイソップ寓話をまとめたとされるが、その本は残されていない。その後、紀元一世紀ごろ「同じ世紀に相前後してイソップ寓話の口承的散文素材を」「ギリシア生まれのファエドルスがそれをラテン詩、血筋から見ればイタリア人であるバブリウスがそれをギリシヤ詩」[6]に改めたという。小堀桂一郎はイソップ研究の権威とされるアメリカのベン・エドウィン・ペリー博士の研究に基づきながら、二つのイソップ寓話がまずできたことを述べている。

「イソップ伝」のイソップ像

やがて、地中海のイソップ寓話はヨーロッパへと波及、浸透し、中世ヨーロッパではさまざまな写本や稿本が生まれ、印刷本もできあがっていく。その詳細については専門外の筆者のとうてい及ぶところではないが、このあとの論の展開上、また、現在の日本におけるイソップ寓話集の流れの大筋だけは述べておかなければならない。

現在、広く読まれているイソップ寓話集は、一九二七年にフランスのエミール・シャンブリの校訂したイソップ寓話集（シャンブリ本）とされるが、これは十三、十四世紀にドイツで発見された「アウグスターナ稿本」をもとにしている。「アウグスターナ稿本」は、紀元前四世紀に初めてデメトリオスによって編まれたイソップ寓話集の姿をとどめているという。この稿本をもとに、シャンブリ以外にもドイツのアウグスト・アウスラーなども校訂しているが、アメリカのエドウィン・ペリーも一九五二年に『アエソピカ』（ギリシャ語の寓話471、ラテン語の寓話254、その他を収録）を編集している。この『アエソピカ』のギリシャ語寓話だけを翻訳したのが岩波文庫『イソップ寓話集』（中務哲郎訳）で、手軽に入手できる。

ところで、イソップ寓話はキリシタン神父らによって中世末期に日本にも輸入され、文禄二年（一五九三）に九州の天草でローマ字体の天草版『伊曾保物語』[7]が出される。また、国字本の『伊曾保物語』[8]（日本古典大系『仮名草子集』に所収）が仮名草子として出版され、その後も続く。また、明治六年に、渡部温のトマス・ジェームズ英訳の『通俗伊蘇普物語』[9]が刊行される。これらの日本で出版されたイソップ寓話集は、遡ればドイツの十五世紀末に編集された「シュタインへーヴェル本」に基くものである。「シュタインへーヴェル本」は紀元一世紀のファエドルスによる寓話を多く含むものとされ、中世のヨーロッパの庶民に広く親しまれたポピュラーなものだったという。

イソップ寓話が二千五百年の長きに亘り、ギリシャからヨーロッパ、そして東洋の日本まで至るイソップの受容史を稿本や写本、出版物の多様な流れを見るだけでも、世界的規模における伝播や文化影響の大きさが知られる。もちろん、これらの文字資料の背景には多くの地域の口承の寓話が取り込まれ、イソップ寓話として世界に流通してきた点をとらえる必要がある。アメリカのベン・エドウィン・ペリーが『アエソピカ』の本の副題に、「イソップに関する、もしくはイソップに帰せられる、もしくはイソップの名を負う文芸伝統と密接に結びついた、一連のテクスト[10]」と記したとされるが、そのテクストには文字に加え、口承のイソップをも含めたものと認識してよいであろう。次に、以上のような伝播、受容の経緯を踏まえて、イソップ寓話の一つ「鳥獣合戦」の昔話を話題にしていきたい。

二　イソップ寓話集の「鳥獣合戦」

まずは日本の昔話「鳥獣合戦」から取り上げる。関敬吾の『日本昔話大成』では、この昔話は「動物昔話」新話型に収められているが、新話型二十一話のうち「欲ばり犬」「猫の首に鈴」「熊の忠告」「蟹の親子」など、イソップ寓話で有名なもの十四話型が取り上げられている。各話型ごとの報告事例数は多くはないが、絵本や教育等を通じて周知されていることを踏まえて話型登録をしたのであろう。

なお、『日本昔話大成』では新話型十六番の「鳥獣合戦」の例話に、広島県山県郡と山形県新庄市の二例が載せられている。その内容の違いは、山県郡の場合には、狸と狐が鶯の巣の卵を殺したことが原因で戦争となり、獣側が狐の尾を軍配にするという情報を得た鳥側が、蚊が狐の尾を刺して獣側の攻撃を混乱させるという展開の後、講和による停戦となる。そこで、コウモリが戦況により自分は鳥だ獣だと、優勢な側に態度を変えるダブルスタンダードが批判され、両者から嫌われ、夜に餌を求めることになったという。新庄市の場合は、鳥獣の戦争が始まると、コウモリは状況を見て態度を変えるため、両者から締め出されるなど、前者に比べるとコウモリに焦点を置いた単純な展開になっている。

前者は、グリム童話の「みそさざいと熊」に近いタイプで、「国際昔話話型カタログ」でいえばAT222「鳥（虫）たちと四つ足動物たちの戦争」に相当し、後者はその222A「鳥たちと四つ足動物が戦争をしている間のコウモリ」のタイプである。関敬吾はATのタイプインデックスを踏まえて、例話を二つ載せたのであろう。

ところで、イソップ寓話集には後者のタイプが見られる。近世の仮名草子『伊曾保物語』「鳥けだものと戦ひの事」では、鳥獣の戦いで鳥が劣勢の状態の時、「かうもり畜類にこしらへ返る（寝返る）」が、次に鳥が優勢になり和睦にこぎ付ける。そして、「かうもりは二心あり」と罪科の対象になり、鳥との交わりを絶たれ、つばさを剥ぎ取られ、今は渋紙の破れを着て、やう〳〵日暮にさし出けり。」と罰を被ることになる。教訓として、「そのごとく、人も、したしき中を捨てて、無益の物と與する事なかれ。「六親不案なれば、天道にも外れたり」と見えたり。」と記す。六親（父・母・兄・弟・妻・子。あるいは父・子・兄・弟・夫・婦とも）を教訓に担ぎ出すところに、近世の家族意識の根強さが伺える。

明治六年刊行の渡部温訳『通俗伊蘇普物語』「鳥と獣との戦の話」では、蝙蝠は初め中立を装い、旗色を見て獣に加わり、鳥の勝ち戦には鳥に混じる。やがて、両者が和睦に至り、蝙蝠の「二心ある行状」を憎み、双方の同盟から外され、それから「軒の片隅やきたなげなる洞穴に潜栖みて」、黄昏に出るなど世を狭めることになった。教訓を、「人もその如く。義もなく信もなく心常に定まらずして。或左或右へ身を倚るものは。果は誰にも憎れて。身の置処なくなるものぞ（補）」とある。

日本における近世から近代にかけての「鳥獣合戦」の話は、コウモリの二心の戒めとその習性を説く内容として、その後昔話に定着していったといえる。このタイプは、イソップ寓話の伝本では十五世紀末の「シュタインヘーヴェル本」の系統を引くものである。これに対して、十三、四世紀の「アウグスターナ稿本」系統では、これらの「鳥獣合戦」とは少し形を変えたコウモリの話となる。シャンブリー本やペリー本にもある「蝙蝠と鼬」の話を、岩波文庫の『イソップ寓話集』（中務哲郎訳）「一七二　蝙蝠と鼬」から引用する。

> 蝙蝠が地面に落ちて、鼬に捕まったが、今にも殺されそうになって命乞いをした。すべて羽根あるものとは生まれつき戦争をしているので、逃がす訳にはいかない、と鼬が言ったが、蝙蝠は自分は鳥ではない、鼠だと言って、放免してもらった。
>
> 暫くしてまた落ちて、別の鼬に捕まったが、見逃してほしいと頼んだ。今度の鼬は、鼠はみな仇敵だと言ったが、自分は鼠ではなく蝙蝠だと語って、またもや逃がしてもらった。こうして蝙蝠は、二度名前を変えて生きのびたのだ。
>
> そこで我々も、状況に合わせて豹変する人は、しばしば絶体絶命の危機をも逃げおおす、ということを弁えて、いつまでも同じ所に留まっていてはならないのだ。

ここではタイトル通り、蝙蝠と鼬との対立で鳥獣の全面戦争ではない。仇敵同士であるのに一方で鼠と言い、他方で蝙蝠だと言って逃れられるのは、蝙蝠からすればフリーパス同然といえる。これでは蝙蝠の狡さの指摘ではなく、鼬の愚かさを示すことになる。鳥や動物といった異なる種族間を、両義性を盾に擦り抜けるコウモリの狡猾さへの批判にはならない。したがって、その教訓において「状況に合わせて豹変する人は、しばしば絶体絶命の危機をも逃げおおす」といった、豹変を推奨する蝙蝠評価になってしまう。「蝙蝠と鼬」は、「鳥獣合戦」とは明らかに異なる評価基準、社会倫理の上に成り立っていることを表している。

ところで、岩波文庫『イソップ寓話集』ではこの話の前に、「一七一　蝙蝠と茨と水薙鳥（みずなぎどり）」という話を載せている。

蝙蝠の習性にまつわる異なる解釈でもあり引用する。

蝙蝠と茨と水薙鳥が催合(もやい)で商いの旅に出ることにした。蝙蝠は金を借りて来て資金に差し出し、茨は着物を積みこみ、水薙鳥は銅を買いこんで運び入れて、船出した。ところが激しい嵐が起こり、船が転覆して、三人はすべてを失って、命からがら陸地にたどり着いた。

この時以来、水薙鳥は、いつか見つかろうかと、銅を求めて深みへ潜り、蝙蝠は借金取りを怖れて、昼は姿を顕わさず、夜に餌探しに出かける。茨は着物を探し求めて、自分のものを見つけ出すのを楽しみに、道行く人の服につかみかかるのだ。

われわれは以前に失敗したことには一層熱心になる、ということをこの話は説き明かしている。商用の旅が船舶の遭難で商品を失う難儀に遭うが、幸い命は助かった。失ったものを取り戻すための活動が「習性」になったと説く。注意を引くのは、教訓の「以前に失敗したことには一層熱心になる」という部分で、失敗の挽回を目ざすといった前向きな姿勢を示しているものといってよい。蝙蝠の場合、三人のために出資した借金を、貸主の催促から逃れるために夜に活動するという習性の説明には名分があり、陰湿さがない。ここには「鳥獣合戦」における排除の論理による陰湿な仕打ちとは違い、大袈裟な言い方をすれば動物社会（ひいては人間社会）の健全さを示すものといった評価ができる。しかし、この楽天的な結末はどこからくるものなのか、次に検討を加えることになるが、それにしてもイソップ寓話の懐の広さを示すものと意義づけてよいであろう。

三　「変節」をめぐる動物たちの話

前節では、イソップ寓話の「鳥獣合戦」を取り上げ、内容の大きく異なるものを二つ、現在、簡単に目にすることのできる事例を上げて比較した。その一つは、イソップ寓話集の大きな流れといえる十三、十四世紀にドイツで発見された古写本「アウグスターナ稿本」系統の岩波文庫の『イソップ寓話集』である。そしてもう一つは、一四八〇年頃にドイツの医師シュタインヘーヴェルが編んだ「シュタインヘーヴェル本」系統のもので、中世末期に宣教師を通じて日本に入ってきた『天草版伊曾保物語』、仮名草子『伊曾保物語』、そして明治初めの渡部温訳『通俗伊蘇普物語』である。両者は中世ヨーロッパにおけるイソップ寓話の受容の違いを示すものであった。

ところで、ここでは鳥と獣の争いの話を、コウモリを主人公とするものに加え、他の動物が状況や相手によって態度を変節させるものまで、広げて検討していきたい。『イソップ寓話集』（岩波文庫）には黒丸烏（こくまるがらす）や駝鳥の例も出ている。たとえば、「一一三　黒丸烏と烏」の話は、次のようなものである。

ひときわ体の大きな黒丸烏が、同類たちを馬鹿にして、烏の所へ出かけ、仲間に入れてほしいと頼んだが、烏は相手の姿と声を怪しんで、叩き出してしまった。

烏に追い出された黒丸烏は、元の仲間の所へ戻って来たが、こちらは侮辱に憤慨して、迎え入れてやらぬ。こうしてこの黒丸烏は、どちらとも一緒に暮らすことができなくなった。

このように人間の場合でも、祖国を捨てて他国を選ぶ者は、そこでも他所者であるため評判が悪いし、同国人からも、自分たちを馬鹿にしたというので疎まれる。

ある黒丸烏が体の大きさを理由に烏の仲間に入ろうとするが烏に拒否され、元の仲間の所に戻ろうとするがこちらでも拒否される。孤立を余儀なくされる点では、鳥獣合戦のコウモリと同様である。黒丸烏は普通の烏より小さく、首から腹にかけて白（灰）色をしており、日本には棲息していないが、ユーラシア大陸に広くいるという。「一二九黒丸烏と鳩」では、その首から腹の白さが話に関係していく。鳩小屋の餌に目をつけた黒丸烏が、体を白く染めて鳩小屋に潜り込んで餌を食べていたが、うっかり鳴いたために正体がばれて追放される。白い色のまま仲間の所に戻るが、こちらでも締め出されてしまう。

類話はもう一例見えるが、こちらは韻文形式の「四一八　駝鳥」である。

獣と鳥が総力をあげて戦っていた。
駝鳥が捕まったが、こっちでは鳥だと言い、
あっちでは獣だと言って、ごまかした。
鳥には頭を、獣には足を、証拠に見せたのさ。

この話は、『イソップ寓話集』訳者の中務哲郎によると、「ビザンツ期の四行詩から採られた話」だという。イソップ寓話は古く散文詩の形でも作られたりしたので、その一つと言えよう。四行詩の形式のため教訓を付す余裕はないのであろうか、内容的には天草本『伊曾保物語』や仮名草子の「鳥獣合戦」を思わせる。

さて、以上の三例に、前節で取り上げた「鳥獣合戦」の話を加えて、「変節をめぐる動物たちの話」の表を作成したので、これをもとに比較していきたい。

表は、主人公が変節するに至る原因（動機）、変節の前と後の正体および行動と結果（カッコ内）、変節に対する批評という構成要素に分けて作成をした。まず主人公について、飛行の能力差はあるとしてもすべて鳥類であるのは、地上と空中を活動範囲とする二面性が関係しているのであろう。

話の発端となる原因は、大きく戦争と非戦争とに区分できる。4～7の戦争は鳥獣全体における場合であり、個別の事情を訴えるものは敵対者として排除される。これは国民総力戦といった現実認識に基づいていると考えられる。

個別の種族すなわち3の「鼬と蝙蝠」の例は、「生まれつき戦争している」「仇敵」だからという大義を出すが、徹底できないのは当事者同士が直接の敵ではないからなのであろう。1〜3の非戦争には、鳥の帰属先、餌の確保といった問題が背景にある。人間社会の紛争の原因に、民族の対立や食糧問題があることの裏返しと言えようか。

変節の前と後の正体の説明の背景には、その鳥が二領域（飛ぶ、歩行）にまたがる生態、形姿の二面性に起因していることは言うまでもない。二領域にまたがる曖昧な存在に対して、変節を容認しない論理が話の根底を形作っているように思われる。人間（ヒト）が樹上生活から地上に降り、水を走る船や地上を移動する手段として馬や車を取得したことで、ますますこうした二面性を有する曖昧な存在への許容を失っているのであろうか。

「二心への批評」はこの話に限らず、イソップ寓話の教訓をどのように解釈するのかといった全体に通じる問題でもある。その点を踏まえて言えば、ここでの批評は動物の行動に対して、人間社会における社会規範をあてはめて解

表Ⅰ 「「変節」をめぐる動物たちの話」

	主人公	原因	前の正体	後の正体	二心への批評	出典
1	黒丸鳥	帰属	鳥（追放）	黒丸鳥（追放）	祖国を捨て他国を選ぶ者は、両国から疎まれる	イソップ寓話集123
2	黒丸鳥	餌食	鳩の姿（追放）	黒丸鳥（追放）	貪欲はすべて失う。今に満足すべきである	〃129
3	蝙蝠	仇敵	鼠（解放）	蝙蝠（解放）	状況に応じて豹変すべきで同じ所に留まるな	〃172
4	駝鳥	戦争	鳥（頭）	獣の足	―	〃418
5	蝙蝠	戦争	鳥の類	獣に降参	一族を離れて敵方に付くな	天草本伊曾保物語
6	蝙蝠	戦争	鳥の類	獣に寝返る	親しきを捨て無益な者に与するな	仮名草子伊曾保物語
7	蝙蝠	戦争	中立	獣に加わる	信義なく他に身を寄せる者は誰にも憎まれる	通俗伊蘇普物語

釈しているととらえることができる。その場合、3の事例を除いて人間の社会規範に押し込めようとするネガティヴな見方であるのに対し、3はポジティブな人間理解といえる。一般的な見方と異なるこの話の形成が、どのような社会内部から生成されてくるのか興味深い問題といえる。

「鳥獣合戦」の寓話や昔話を鳥の生態、習性の問題として客観的に眺めることもできるが、しかし、一歩踏み込めば、これは人間の合戦、戦争を下敷きにした物語構成であることは明らかである。民衆の視点に立つイソップが、この寓話をどのようにとらえ語っていたのかを理解するためには、「イソップ寓話集」における戦争がいかなるものであったのかを検討する必要がある。次にイソップ寓話に見られる戦争の問題を話題にしていくことにする。

四　イソップ寓話と戦争

岩波文庫の『イソップ寓話集』の「三六七　戦争と傲慢」は、神々の結婚相手を決める時に、戦争（ポレモス）の神が遅れて来たために、傲慢（ヒュブリス）のクジしか残っておらず、この女神を娶った。しかし、戦争は傲慢の神が気に入り、女神の行くところにいつも随行する。その結果、傲慢の後に戦争が起こるのだという。この話はギリシア神話に基づいているとされ、戦争の原因が傲慢による結果であると古代ギリシアでは観念されていたのかもしれない。

しかし、為政者の起こす戦争に巻き込まれて苦しむのは民衆である。「二二八　鵞鳥と鶴」の話は、餌を漁る鵞鳥と鶴の近くに猟師が現れた時に、身軽な鶴はすぐに飛び立ったが、体の重い鵞鳥は捕えられてしまった。その教訓は、人間の場合でも内乱が起こると貧乏人はすぐに別の町に移動するが、金持ちは持物が多くて身動きが取れずに身を滅ぼすことになるという。「身を滅ぼす」という意味を、渡辺和雄『イソップ寓話集Ⅱ』[11]では「奴隷になる」と訳している。当時の都市国家（ポリス）のギリシアは戦争が多く、敗れた国から奴隷が多く生まれたという。戦争に巻き込まれて奴隷になることを、動物にたとえる寓話ではあるが、冷厳な現実を踏まえたものといえる。

明治初めに邦訳された『通俗伊蘇普物語』「第二一三　驢馬と牧翁」は、驢馬を牧場に放していると、敵が攻めて来る様子が見え、牧翁が驚愕してすぐに逃げろと言う。しかし、驢馬は緩慢な返事で、「主翁。にげるので御坐りますか。汝は恐く御思ひなさるのか。駑は誰にでも脊上に二箇の荷を附けさせ様とさへ思つてゐれば。何様な変事があらうとも。少許もこはくは御坐りませぬ」と言う。敵を前に怖れて逃げようとする主人に対して、驢馬はいつも通り荷物を背負わせてくれるのであれば何も怖いものはないと言う。教訓に、戦争で支配者が変わるだけで下民にとって少しでもいい方に変わってもらえればよいだけであると述べる。これを戦争という非常時をしたたかに生きる民衆の姿とするのは、適切な解釈とは言えないであろう。ここにはすべてを放擲した奴隷層の諦念が、いまだ小市民に執着する階層に対する憐憫の情を示したものといえる。

戦争が日常的であった状況なしでは生まれないような寓話を紹介してきた。一般にイソップ寓話といえば、動物に仮託した知恵者イソップの人間社会に対する怜悧な観察眼による寓話というイメージが強いが、実際には戦争や奴隷の苦しみを訴えるものが多い。対立や競争の多かった社会がこうした寓話を生み出すのであろうか。次に、戦争に巻き込まれ捕虜となった者が、「命乞い」をする寓話を取り上げて、窮境に陥った状況にどのように対処しようとしていたのかを見ていきたい。岩波文庫版『イソップ寓話集』から「命乞い」をする話を拾い上げて、「「命乞い」をする動物たち」の比較表を作成した。

命乞いする者と捕獲者との関係は圧倒的非対称であり、そのうえ絶体絶命の窮境での「命乞いの理由」は迫真に近

表Ⅱ 「「命乞い」する動物たちの話」（『イソップ寓話集』岩波文庫から）

	命乞いする者	捕獲者	命乞いの理由	可否	可否の判断／感慨	教訓	番号
1	ナイチンゲール	鷹	小さな私は僅かの餌にすぎない	×	大きな餌の為に今の餌を捨てるのは愚かだ	手中にあるのを捨てるのは愚かだ	4
2	鰊	漁師	成長したのを手に入れたら？	×	今の儲けを捨てたらうけつ者と言われる	見込みより今の物がいい	18
3	雄鶏	泥棒	人を目覚めさせる役をしている	×	人の役が私の邪魔なのだ	正しい味方が悪人の敵だ	122
4	喇叭兵	敵兵	私は敵を殺してはいない	×	喇叭で戦に駆り立てるのが駄目なのだ	人を悪事に駆り立てるのが悪い	370
5	犬	狼	痩せより肥えてから食べたら	○	（犬）最初に食べるべきだった	賢い人は次は用心する	134
6	鼠	ライオン	必ず恩返しするから	○	（鼠）鼠は小さいが恩返しするのだ	時勢が変われば弱者に助けられる	150
7	蝙蝠	鼬	最初は鼠、次は蝙蝠と言い逃れる	○	（蝙蝠）二度も名前を変えて生きのびる	状況に合わせ豹変すべきだ	172
8	螽斯	捕食者	私は旅人に憩いを与えている	○	―	「イソップ伝」に類話あり	387

いものもあると思われるが、ここではそれを三つに整理して見ていく。その第一は、捕食の対象として過小、痩身なので不適切であると訴えるもので、1・2・5がそれである。それに対する捕食者の「可否の判断」は1・2の場合、

この機会を逃がすのは愚かなことだと一蹴する。しかし、5では受け入れられ、事後の肥えた状態で約束の履行を迫ると、犬は狼に「今度は…待たぬことだね」とあしらわれる。

第二は3・4・8で、自分は殺害の対象ではないと居直るものである。3は起床をうながす人への貢献の理由に対し、鶏鳴そのものが泥棒の邪魔なのだと判断される。4は戦場で喇叭を吹くだけで敵兵は殺していないとする理由には、兵隊を駆り立てることが罪深いのだと判断される。8は3に近い理由であるが、判断を示さずに放免される。ただし、これはイソップの生涯を記した「イソップ伝」に取り込まれた寓話にある。それによると、イソップが奴隷の立場で雇われていたサモス島が、強国に脅された時に知恵者イソップが身代わりとして差し出される。王の前に引き出されたイソップは、蟋蟀(きりぎりす)が美しい声で旅人を慰めるという話をして、私も人々に言葉で説いて役立っているだけであると述べて跪くと、王は同情心を起して赦す。ただこれは、もともとイソップの知恵を高く評価していた前提に基づく判断でもある。

第三はその他ということで、6は鼠が必ず恩返しをするからと赦しを乞うと、ライオンは余裕から赦すが、後で危難を鼠によって救われる。7の蝙蝠の話は前章で取り上げたように、その場その場で属性を変えて免れるものである。なお、叙述法について一言加えると、「命乞いの理由」によって赦される場合は、続く判断は赦す側ではなく赦された者の「感慨」で示される。これはイソップ寓話の表現がある程度、形式性を持ち洗練された口承の語りを示していると言えるかもしれない。

さて、「食うも食われるも一時の魂のふれあい」という言葉があるが、表Ⅱ「「命乞い」する動物たち」の寓話は、殺戮か捕虜かといった戦争の修羅場をどのように潜り抜けるかといった通底するテーマを内在した寓話群といえる。単に情に訴えて赦される事例がないのは、言葉にもとづく論理を求めることで戦争の意義を問おうとする姿勢が明確に示されているといえる。戦争の論理を話の世界でとらえ返そうとする意図が、イソップ寓話の役割であるのかもしれない。

そのことは、「可否の判断」が一様ではなく真逆に近い判断があることとも関係している。ここにはいろいろな戦場や戦争の状況があることに加え、特定の時代の寓話ではなく、さまざまな地域や時代の話が混在していることを示すものでもあろう。イソップ寓話に首尾一貫の統一性を求めるのではなく、その雑種性を踏まえてとらえる姿勢の中で、個別の寓話の意図を読み取っていく必要があろう。

イソップ寓話は、民衆の立場からの問題提起といえる。その点から見た争いや暴力を話題にしたものを、次に二、三紹介する。『イソップ寓話集』（岩波文庫）の「三　鷲とセンチコガネ」は、鷲に追われた兎がセンチコガネ（センチコガネ科の甲虫）に救いを求めると、センチコガネは鷲に助けるようお願いするが、鷲は相手が小さいのを侮り、目の前で兎を食べてしまう。センチコガネはこの恨みを忘れず、鷲が巣に卵を産むと飛んで行って巣から卵を落としてしまう。困った鷲がゼウスに相談すると、ゼウスが自分の懐で卵を抱いてやると、センチコガネは糞団子を拵えてゼウスの懐の真上から落としたので、驚いて立ち上がろうとして、卵を落としてしまう。以来、センチコガネが出る季節に鷲は巣を作らないことになったという。

教訓に「踏みつけにされていつか仇うちができないほど無力な者はない、ということを考えれば、一寸の虫を侮るべきでないないことを、この話は教えてくれる。」とある。助けを求める者を目の前で無残にも殺害されてしまうことの心痛は、弱者同士であればいっそう強い復讐心として残ることは十分に理解できる。小動物が強者や神までも窮追して恨みを晴らすというところには、民衆にとっての大きな共感がある。

「一二三　鶏と山鶉」の話は、山鶉が鶏と一緒に飼われると、鶏たちから突っ突かれたり追い回されたり苦痛に悩まさせれているが、ある時に鶏同士が血を流し合いながら喧嘩するのを見て、同じ仲間同士でも容赦しないのを知り、自分への苛めが苦にならなくなったという話である。教訓に「賢い人は隣人から暴力を受けても、連中が身内さえ容赦しないのを見たなら、我慢しやすくなる、ということをこの話は説き明かしている。」とする。この教訓の意味は重い。異なる種族間の者が共存する社会でリアリティーを持つものといえるが、しかし、過酷な暴力の連鎖の中で強く生き抜くしか術がない現実を教えてくれる。自分だけへの苛めでないことを知ることが、順応していく道であるというのは消極的選択ではないであろう。他部族間はもちろん同族間においてさえ起こる対立、軋轢が現実であると見なされる社会において、それを容認しながら賢く生きることがこの寓話の教えであろう。

最後に民衆サイドからの理想的な社会を示唆した寓話を見ていこう。「四四　王様を欲しがる蛙」は、支配者が欲しいとゼウスに懇請すると、愚かな蛙たちと見透かして木ぎれを池に落としてやる。動かない木ぎれを蛙たちはやがて馬鹿にして、再び支配者を替えて欲しいと要請した。腹を立てたゼウスは、今度は水蛇を池に遣わすと、蛙たちは捕まって食われてしまったという。教訓は、「支配者にするには、事を好むならず者より、愚図でも悪事を働かぬ者がまだましだ、とこの話は説き明かしている」という。

逆説的ではあるが、真実を突いている。かの古代中国の堯の施政をたたえた「鼓腹撃壌」の現実、すなわち帝王が誰であるか知らずに生活を楽しむことこそが理想社会といえるだろう。社会の進歩が必ずしも幸せを約束するものではないことを、十分に承知しておかなければならない。

おわりに

イソップ寓話集は機知と笑いに富んだ作品ではあるが、本稿は争いと戦争にまつわる話題を取り上げた。健康なイソップからすれば不健康、不健全な負の側面のテーマである。残念ながら、人間の知には無知や奸計、悪知恵が潜んでいる。それを見ずに明るく生きることは困難であることを、イソップはきちんと見据えている。

本稿はイソップ寓話の概説から始めた。徒手空拳の格闘のような結果で、イソップ研究者からすれば、ほんの序の口をなぞったにすぎないであろうが、ここを押さえないと先に進めないという思いからである。まずはイソップ寓話の歴史やテキストの初歩的な学習から始めた。イソップ寓話が長い歴史の中であらゆる時代、地域の話を呑み込んだ雑種性の坩堝(るつぼ)であることを確認できた。この到達点から「鳥獣合戦」を分析することになった。

「鳥獣合戦」の昔話を、これまで日本的土壌の上に形成された陰湿でコウモリの二面性を嫌う日本社会の問題としてとらえていた。しかし、この寓話がドイツのシュタインヘーヴェル本のテキストの系統にあり、たまたま日本でも翻訳されたが、ヨーロッパやそれ以前からあるものと知り、偏見は修正しなくてはならないことを痛感した。

また、もう一つの系統の「アウグスターナ稿本」にもとづく『イソップ寓話集』(岩波文庫)には、鳥獣合戦のコウモリではないが、急難に態度を変える動物寓話があり、これを「変節」をめぐる動物たちとして比較検討をした。「変節」の背景には動物観や倫理観の違いがあるが、そこにはそれぞれの地域や歴史が刻まれているのであろう。なお、この岩波文庫本には蝙蝠の習性を仲間との共同仕事の失敗により、借金取りを避けて行動するのだという寓話がある。蝙蝠の名誉の復権と同時に、世界の広さと人間の脳の可塑性を確認する寓話といえる。

続いて、イソップ寓話には奴隷や戦争を譬えにしたものが多く、そのうち絶体絶命に陥った動物が「命乞い」する寓話を集めて比較分析した。それぞれの動物の特性に準拠した展開の内容であるが、人間社会の現実を反映した物語構成であり、戦争の論理に対して寓話の形で究明する民衆の姿勢を示したものである。戦争はすべて為政者が引き起こすものではないとしても、困窮する者は常に被支配層にいる者たちであることをリアルにとらえ、それへの対処法を模索したものと評価したい。

最後に、戦争や争いの背景にあるものを見通す事例を紹介した。虐げられる弱者ゆえの悲劇や争いの現実をどのように受け止め克服し、民衆の立場から止揚していくべきかを話題提起したものである。そして、もし理想があるとしたらどのような社会がそうであるのかを遠望した。

本稿は、イソップ寓話とは何か、といった問題意識からそれぞれの問題を分析、検討してきたが、常に日本の昔話との比較を念頭に置いている。紀元前に遡るイソップ寓話を前にして、神話を淵源に「動物昔話」を派生昔話と説いた柳田國男の昔話理論が、大きく揺らいでいくのを感じないではいられない。たかが「鳥獣合戦」ではあるが、されどその問題の提起する意味は大きいと考える。

注

［1］『新訳イソップ寓話集』（塚崎幹夫訳、中公文庫、一九八七）

［2］「イソップ伝」（渡辺和雄訳『イソップ寓話集1』（小学館、一九八二）

［3］本稿で取り上げるイソップ寓話は邦訳されたものだけであったが、特定の訳者による場合は二重カギカッコで書名を示し、一般にイソップ寓話をまとめた本という意味で一重カギカッコの「イソップ寓話集」を用いた。

［4］「異類合戦物」に「十二類物語絵巻」「鴉鷺合戦物語」「精進魚類物語」などがある。

[5]『イソップ寓話集』（岩波文庫、一九九九）「鼬と蝙蝠」
[6] 小堀桂一郎『イソップ寓話　その伝承と変容』（中公新書、一九七八）
[7]『伊曾保物語』（新村出翻字、岩波文庫、一九三九）
[8]『仮名草子集』（『日本古典文学大系』九〇、岩波書店、一九六五）
[9] 渡部温訳『通俗伊蘇普物語』（東洋文庫、平凡社、二〇〇一）
[10] 中務哲郎『イソップ寓話の世界』（ちくま新書、一九九六）
[11] 渡辺和雄訳『イソップ寓話集2』（小学館、一九八二）

「走れメロス」の説話世界

はじめに

『千夜一夜物語』の第三九五～九八話「オマル・ビン・アル・ハッタブ教主と若いバダウィ人」は、身代りとの約束は命を賭けても守るという内容で、太宰治の作品「走れメロス」と共通する。しかし、主人公の境遇や立場、動機などシチュエーションは大きく違い、伝播による影響と単純には言い切れない。換骨奪胎といった翻案の可能性も否定できないが、それにしても一つのモチーフが異装とも思える姿で通用していることは、説話伝承の問題としては興味深い。本稿は「走れメロス」の基となる話を取り上げ、『千夜一夜物語』および他の類話と比べながら、説話形成の背景となる社会や地域環境の問題等について比較検討していきたい。

ところで、「走れメロス」にかかわる先行研究に、杉田英明の「〈走れメロス〉の伝承と地中海・中東世界」[1]という詳細にわたった研究がある。杉田は「走れメロス」の素材のシラーの譚詩「人質」がギリシャ神話にもとづくことを指摘する。それがギリシャのピュタゴラス派の迫害に端を発していることを突きとめる。それがアラブ中東に流れ、アラブの町ヒーラのムンズィル王（あるいは孫のヌウーマン王）の話として定着し、やがて八世紀ごろの歌謡書などに記録されるという。それをイスラームに舞台を移したのが『千夜一夜物語』の話であり、中世ヨーロッパではこれらの逸話の再生や改変された物語が享受されたとする。いわば伝播論の立場からの解釈といえる。

続いて、五之治昌比呂の『「走れメロス」とディオニュシオス伝説』[2]は、太宰治の「走れメロス」より三十年前にすでに鈴木三重吉が「赤い鳥」で「デイモンとピシアス」[3]を紹介していた事実を示す。それがシチリアの独裁的な僭主ディオニュシオスの逸話の一つであることを明らかにする。そして、この物語を記録した古代ギリシャやローマの作家たちの作品を取り上げ、その異同について比較する。さらにこの物語が、後世のヨーロッパを中心に展開し、享受されている動向を追い、シラーの「人質」と「走れメロス」との詳細な比較を文学の立場から分析している。

杉田、五之治のそれぞれの関心や主眼点は異なるが、しかし、いずれも文学史における作品研究の立場からのアプローチといえる。いわば一つのモチーフの物語を文学史の線上に載せ、前後の脈略においてその差異を指摘する方法といえよう。ただ、その前提であるはずの伝播や影響関係に対しての確認が十分に取れているとは思われない。本稿が「走れメロス」の類話を比較する際に、その説話がどのような環境や背景のもとに受容、享受されているかの実態を明らかにする。説話をタイプとして認識した場合においても、それがどのように伝播していくかについては慎重に扱う。文化を単純な伝播論からとらえるのではなく、それが置かれている自然や社会・歴史環境のもとで十分に吟味してから影響関係を考えていきたい。

ところで、先行研究の中で「走れメロス」を教材研究の立場から問題とする前嶋深雪・井上明芳「太宰治「走れメロス」論―見覚えのない物語―」[4]は、ユニークな視点からとらえた作品解釈である。メロスという勇者物語には「見えているが見えなかった犠牲物語がすでに書き込まれている」と、プレ物語を問題にする。その「犠牲物語」が、「走れメロス」のはるか遠い時代にどのように展開していたのかが、本稿の課題とする点である。

一 「猶予／人質」モチーフとその類話

「走れメロス」と同一モチーフの話はいくつかある。ここでは、その類話を取り上げ、大まかな共通点や相違点など確認しておきたい。まず、「走れメロス」はシラーの「人質」[5]によるが、シラーはローマのヒュギヌスの『ギリシャ神話集』[6]にもとづいている。ヒュギヌスは、ギリシャがローマの支配下にあった紀元二世紀ごろに図書館長をしていたとされるが、その経歴等については定かではない。ギリシャ神話がすでにローマ人に馴染みでなくなった頃に、ローマ人向けの啓蒙のためにこの本が書かれたのであろうとされる。[7]

その中の「刎頚（ふんけい）の交わりを結んだ者たち」の中に、八つの友情物語が取り上げられ、その一つが「走れメロス」の原話である。ストーリーは同一であるが、主人公名がモエロス、暴君がディオニュシオス（「走れメロス」ではディオニス）、友人がセリヌーンティオス（同、セリヌンティウス）である。

この人物名で注目したいのは、先述した鈴木三重吉の「デイモンとピシアス」では、人質となるのがデイモン、メロスがピシアスと大きく違っている。しかし、僭主（せんしゅ）の名前のディオニュシオスは変わらない。また、「デイモンとピシアス」では、僭主ディオニュシオスの逸話を他に六話紹介している。つまり鈴木が紹介した話は、一連の「ディオニュシオス伝説」といえるもので、友情物語の『ギリシャ神話集』とは、テーマの扱いの上で異なっていることがわかる。この問題は、次章でさらに追究することにする。

ところで、先行研究で紹介された類話で、その邦訳に直接当ることができた資料で最も古い記録が、紀元二世紀に書かれたイアリンブスの『ピュタゴラス伝』で、紀元前四世紀にアリストクセノスの『ピュタゴラス伝』[8]から引用したものという。ここではそれを紹介する。

ギリシャの哲学者・数学者のピタゴラスを信奉する教徒を快く思っていなかったディオニュシオスは、仲間の結束力を乱すために、ピンティアスを捕らえて謀反の罪で死刑に断じた。ピンティアスは仲間のダモンからの借用物などの整理のために、一日の猶予を願い出る。僭主は戻ってこないだろうことを見越して、ダモンを人質に釈放した。しかし、陽が沈む前にピンティアスが戻ってきたのに王は驚き、自分も仲間に入れてくれるように頼むが、二人は拒否したという。

人質の代わりに死刑執行の猶予を願い、その約束を守るという点では、ヒュギヌスの『ギリシャ神話集』と共通するが、その動機や結末は大きく異なる。いま、この両者の違いを明確にするために、物語の展開を次のように抽象度を高めて構成要素をとらえてみる。
1　王に死刑を宣告される（宣告の基因）
2　執行の猶予を願う（猶予の理由）
3　身代わりを立てる（人質の決定）
4　約束を遂行する（事件の結末）
これによれば、『ギリシャ神話集』は、1　王への義憤から単独で王城に乗込み、捕縛されて磔刑（たっけい）に遭う。2　姉妹の結婚のため刑の執行の猶予を願う。3　友人セリヌーンティオスを人質に出す。4　王は誓いを遂行した相手に懇請し友人として受け入れられる。一方『ピュタゴラス伝』は、1　僭主は敵視するピュタゴラス派を排斥するための策略から死刑を決める。2　死刑囚は仲間への荷物整理のために猶予を乞い、3　その仲間の一人を人質にあてる。4　僭主は約束を遂行した相手に友を懇請するが拒絶される。

このように対比すると、執行猶予のために人質を出す点では共通するが、発端の死刑宣告の動機や執行猶予の理由、約束遵守の結末等においては異なっている。このうち共通部分を「猶予／人質」モチーフと呼んで、この話の主要モチーフとして類話選定の基準におくことにする。そして、主要モチーフおよびその他の部分などから、話の背景や環境を問題にしていくことにしたい。

続いて、十世紀ごろの中東のアラブの町ヒーラでのできごとを記したイスファハーニーの『歌謡書』[9]に載る「猶予／人質」モチーフの話を、杉田論文から引いて説明する。この話の場合、まず前段となる次のような事件がある。ムンズィル王が酒の席で二人の友人を殺してしまう。酔いが覚めて王は激しく後悔し、友人の供養のために二つの塔を建てる。そして年二回、この塔に跪(ひざまず)くことにするが、その時「幸福の塔」に最初にやってきた者には、百頭のラクダを与えて歓待し、もう一つの「不幸の塔」に来た者は殺害し、その血を塔に塗りつけることにする。これに続いて、次のような「猶予／人質」モチーフの話が展開する。

ある年の「不幸の日」に、タイイ族のハンザラがムンズィル王に恵みを請うために訪れた。王はハンザラに死刑を命じたが、何か望みがあれば申せと言うと、ハンザラは身辺整理のために一年の猶予を願う。王が身代わりを求めると、ハンザラはその場に居合わせた王の取り巻きから、シャイバーン族のシャリークを指名した。シャリークが承知したので、ハンザラは釈放される。一年後にハンザラが戻ってくると、王は二人の誠実さ、寛大さに感嘆し、死刑の習慣を廃絶したという。

この話の特異さは、「猶予／人質」モチーフにおいて、身代わりを友人や知人ではなく、見ず知らずの他人を指名し、またその指名された者も応じるという、いわば常軌を逸したような振る舞いがたやすく行われていることである。この背景に何があるのかが問われなければならない。これに近い事例が、『千夜一夜物語』[10]の類話にも見られる。

表Ⅰ「猶予／人質」モチーフ比較表

	地域	死刑宣告の基因	猶予の理由	人質の決定	事件の結末	出典
1	ギリシャ	ディオニューシオスは、ピュタゴラス派排斥の為ピンティアスを死刑にする	ピンティアスは親友からの借り物の整理のために1日の猶予を願う	ピンティアスは親友のダモンを人質に頼む	王は二人の信頼の篤さに驚き、仲間加入を求めるが拒否される	ピュタゴラス伝
2	ギリシャ	モロイスは暴虐のディオニュシオスの殺害を企てるが捕縛され死刑を命じられる	モロイスは妹を嫁がすため3日間の猶予を乞う	モロイスは友人のセリヌーンティオスを人質に立てる	王は友情の仲間を頼み受け入れられる	ギリシャ神話集
3	アラブ	「不幸の塔」を訪れたハンザラにムンズィル王から死刑が下される	ハンザラは身辺整理のために1年間の猶予を願う	ハンザラは王の取り巻きのシャーリクを保証人になってもらう	王は二人の誠実さに感銘し死刑の習慣を廃絶する	歌謡書
4	イスラーム	父を殺した男を兄弟が捕え、教主のもとで死刑に処される	男は弟に遺産を継承させるため3日間の猶予を求める	その場に居合わせた見知らぬアブ・ザルに保証人を求め受け入れられる	教主は三者の寛容心を賞賛する	千夜一夜物語

その内容のあらましは次の通りである。父親殺しの男を捕えた若い兄弟が、教主のもとに連れて行く。男は自分のラクダを殺害した老人に石を投げ返して殺したことを認め、ただ刑の執行について、弟への財産の譲渡のために三日間の猶予を願う。教主がそのための保証人を求めると、男はその場に居た見知らぬアブ・ザルに要請し引き受けても

らう。三日後に男が帰ってくると人々は感嘆するが、男は信義を守るためにと述べ、アブ・ザルは保証人に指名してくれたことへの義侠心から、二人の若い兄弟は人情心から男を許すと述べるのを聞いた教主は、三者を賞賛する。

居合わせた者が保証人を引き受ける理由を、「義侠心から」とする理由の背景に何があるのであろうか。興味深い問題であり、本稿はこの問題を中心において、説話の解釈をすすめていくことにする。ところで、これまでに取り上げてきた類話を、前ページの表Ⅰ「「猶予／人質」モチーフ比較表」のようにまとめて整理しておく。

「死刑宣告の基因」を比較すると、1・2は王の強権、3は身勝手な法による特権、4はコーランの掟といった違いがある。続く「猶予の理由」は、それぞれ個人・家庭の事情と一括できる。「人質の決定」は、1・2は親友を差し出すのに対し、3・4は見知らぬ人を指名し、その人は受け入れる。両者の違いにはそれぞれの異なる文化背景がある。「事件の結末」は友情にかかわる1・2に対し、3は不都合な制度の廃止、4は宥和(ゆうわ)による解決といえる。以上の相違点を確認しながら、次にそれぞれの違いを文化や歴史、地理的環境等に注目しながら追究していきたい。

二　ピュタゴラス派とギリシャ神話

ディオニシュスとピュタゴラス派との対立は、イアンブリコス（AD240–325）の『ピュタゴラス伝』、キケロ（BC160–43）『義務について』、ポリュアイノス（AD200頃）『戦術書』などに出ている。年代的には紀元前のキケロの著述が古いことになるが、実はイアンブリコス『ピュタゴラス伝』に載る話は、紀元前四世紀頃のアリストクセノスの記述をそのままに載せたとあるから、相対的にはこちらが古い記録といえる。ここではまず『ピュタゴラス伝』から見ていくことにする。

ピュタゴラスは紀元前五世紀頃のギリシャの哲学者、数学者で、その教えは次世代のピュタゴラス派に引き継がれていく。そのピュタゴラスおよび流派のことを記したのが『ピュタゴラス伝』(全三十六章)で、その三十三章に、教団の一門は「真義を捨ててはならぬ」という喩えとして、「ピンティアスとダモンの逸話」を取り上げる。その内容については、前に示したので再び触れないが、人質ダモンの前にピンティアスが現れ、ディオニュシオスは驚き、仲間へ入れてもらうことを頼むが拒絶される。

このあと続いて『ピュタゴラス伝』は、アリストクセノスが言うにはとして、ピュタゴラス派の仲間は面識がなくても友の勧めを果たすということの実例を上げる。仲間のある人が旅先の宿屋で重病の床についた時、宿の主人は憐れんで介護を尽くす。しかし、病は悪化し、危篤に陥った病人は、死んだら書字板に密印を書いたものを宿の入口に吊るしてくれるよう遺言する。それから大分たって、一門の者がその場を通った時に密印を見つけ、多額の治療代や葬儀代を主人に支払ったという。見知らぬ者でも「一門の愛への熱意」を示すという、ピュタゴラス派の結束の固さを示す説話といえる。

こうした仲間の結束の固さを個人の人格の陶冶(とうや)からとらえる立場がキケロの『義務について』[11]である。

ピュータゴラース派のダーモンとピンティアースの二人の間の心事について、こんな話がある。この二人の一方に僭主ディオニューシオスが刑死の期日の申渡したことがあった。宣告をうけた一方は、身内のものたちの後事を友人に依頼するために数日の猶予を乞うたが、その間、他方は友人の身柄の保証人に立ち、もし一方がその日に出頭しなければ死は自分に与えられるように願い出た。一方がその日に立ち帰ると、二人の信義に感じた僭主は、その友情の第三号者として、自分を入れてくれるよう、二人に頼んだというのである。

刑死者と人質とが特定されていないのは、キケロ自身の記憶を頼りに記したものかもしれない。これに続いてキケロは友情論を展開する。友情においては「有利と見えるものと道徳的に高貴なもの」とを並べた場合、道徳的な高貴さを優先しなければならない。仮に高貴でないことがらを要求されても、常に「良心と信義」を友情の上位に置くべきだと説く。信義の尊さを個人の人格の高潔さからとらえる「ダーモンとピンティアース」の話は最適な例であった。

続いて『戦術書』[12]のデイオニュシオスの話に触れる前に、この時代のシチリアをめぐる状況について見ておきたい。栗田伸子によると、紀元前七世紀頃から北アフリカのカルタゴ（現、チュニジア国）で勢力を持っていたフェニキア人は地中海に進出し、しばしばギリシャやローマ人と争っていたという[13]。前六世紀から前四世紀にかけて、シチリアの領有をめぐり、断続的に抗戦が続いていた。そして、前四〇八年にカルタゴ軍がシチリア西部のアクラガスの町を陥落した頃に、僭主ディオニュシオスがシチリア東部のシュラクサの町で頭角を現している。

ボリュアイノスの『戦術書』五巻の「ディオニュシオス」によると、カルタゴとの戦争でシュラクサが敗れた時、シュラクサの将軍の書記を務めていたディオニュシオスは、将軍たちを敗戦の責任から反逆罪で告訴し、将軍たちは死刑や追放刑に処された。その際、身の危険を感じたディオニュシオスは、ポリスの傭兵を自分の警護につけさせるなどして、ついには権勢を誇る僭主となった。僭主とは非合法の手段で政権を握り、独裁制を樹立した人物のことをいう。

紀元一、二世紀ごろ、ローマ帝国とパルティア（西アジアのイラン系遊牧民）との戦いが続いていた頃に、ローマのボリュアイノスによって『戦術書』が書かれる。戦争での戦術や指揮の取り方、軍隊の組織など、ギリシャ神話時代からの歴代の戦争の記録など人物ごとにまとめられたもので、その五巻にディオニュシオスの記事がある。姦計を用いて敵やあるいは味方を欺き、成功を遂げた二十二の事例から構成されている。その最後のエピソードがピュタゴラス派との葛藤の話である。逸話は次のように始まる。

イタリア各地には、ピュタゴラス教義を信奉するパリオイ人が住んでいた。シケリア（シチリア）の僭主ディオニュシオスがメタポンティオンをはじめとするイタリア各市に使者を送り、友好条約についての交渉を行ったとき、エウエペノスは、若い弟子たちやその親に、けっして僭主の話を信じないようにと、繰り返し忠告した。これに腹を立てたディオニュシオスは、メタポンティオンからレギオン向かうエウエペノスを、途中で捕える作戦に出た。逮捕したエウエペノスを議会に引き出し、僭主は告訴する。エウエペノスは罪を認めるが、自分の行動は正しいと主張するが、ディオニュシオスは死刑を宣告する。エウエペノスは騒がず、「判決には従おう。しかし私には妹がおり、彼女は未婚のままパリオンに住んでいる。そこで、処刑される前にパリオンに行き、妹を嫁がせようと思うのだ。そして妹の祝言が済んだらすぐにもどり、処刑されようではないか」と言った。この発言を多くの人は笑いながら聞くが、驚いた僭主は保証はあるのかと問うと、エウクリストスを呼んで人質を承知してもらう。半年後にエウエペノスがシケリアに戻って来た時に、ディオニュシオスは二人を釈放し、自分も友情の輪に入れてくれと頼む。二人は僭主の好意をありがたく思ったが、「自分たちの命を助ける気があるなら、これまで同様、若者たちと暮らしてゆくのを認めてほしい」と訴えた。ディオニュシオスそれを了解したが、それからというもの、この裁定によって、彼は多くのイタリア人から信頼されることとなった。

『戦術書』の内容は、他と比べると事件の背景が詳しい。また、ディオニュシオスの友好条約の締結に、反対の立場に立つピュタゴラス派の政治的姿勢が明確に示される。この点から見ると他の話と違い、僭主が理不尽にピュタゴラス派を排斥しているのではないことがわかる。『戦術書』はディオニュシオスの一連の戦術話を紹介することに主眼があり、決して僭主批判の立場に立っていない。したがって「この裁定によって、彼は多くのイタリア人から信頼されることとなった。」と好意的に結ぶのも、そうした流れに沿っているからであろう。一つの説話が取り上げるメディアによって内容や評価に違いが出てくることについては、改めて触れるまでもない。

ところで、この『戦術書』の話では、死刑猶予の理由が妹の結婚式のためというのが、これまでのピュタゴラス派の話と少し違いがある。また、この理由は『ギリシャ神話集』のモエロスの場合と一致している。両者には何らかの関係があるといえるが、ここではその指摘だけにとどめる。ヒュギヌスの『ギリシャ神話集』は、すでに述べたように「刎頚の交わりを結んだ者たち」の七話の中の一つである。その内容は、シラーの「人質」および太宰治の「走れメロス」と同様であることは、すでに述べた。

その冒頭、「シキリアでは、暴君ディオニュシオスがこの上もなく残虐であり、市民たちを責め殺したので、モエロスは暴君を殺そうとした」で始まり、武装しているモエロスは捕えられ、王が磔刑（たっけい）を命じると、妹の結婚のために三日間の猶予を求め、友人のセリーヌーンティオスを人質に差し出す。結婚式を終了させて戻るモエロスは、氾濫した川を泳ぎ渡り、約束の時間が過ぎた刑場に、磔柱（はりつけばしら）が引かれてくる所に、モエロスは声をあげて駆け込む。二人を前にした王は、自分も友にしてくれと懇請する。この「暴君ディオニュシオス」の話には、ピュタゴラス派は登場しない。代わりに妹の結婚式や障害となる川の氾濫、刑場での感動場面といった劇的構成が続く。これは概要の説明というより、聞き手を意識したドラマ的な展開になっていることに注意すべきかもしれない。

ギリシャ神話がホメーロスやヘシオドスの叙事詩の時代を経て、紀元前四、五世紀になるとアテネにおける豊穣の神ディオニュソスの祭礼で、多くギリシャ神話に基づく「ギリシャ悲劇」が上演される。そのギリシャ悲劇には同時代の事件まで取り上げられたというから、この僭主ディオニュシオスのドラマが悲劇として舞台に上がり、それがローマ時代になってギリシャ神話に紛れ込んだという可能性も考えられないことはない。というのはギリシャ神話などから抜粋した警句や名言を集めたストバイオスの『撰文集』[14]の友情の項に、「正義のために力を尽くし、邪悪な輩はいつでもどこでもこれを懲らしめる、これこそすぐれた男子の責務でありましょう。」とあるのは、『ギリシャ神話集』の「刎頚の交わりを結んだ者たち」の話のテーマに叶っているからである。しかし、これはあくまでも想像の域を越えるものでしかなく、確かな証拠があってのことではない。

三　アラブ世界の「猶予／人質」モチーフ

さて、続いて舞台を西アジアに転じよう。『千夜一夜物語』に載る話は後に話題にするとして、まずは、かつてイラク南部にあった古代アラビアの都市ヒーラでの王をめぐる話を取り上げたい。ところで、始めに断っておかなければならないのは、このヒーラの話はすべて杉田英明氏が論文で紹介した事例にもとづいている。というのも、杉田氏はアラビア語の原資料を随時紹介しているが、それらの邦訳があるのかどうかについても、管見にして知らないからである。

杉田氏によるとヒーラの話は、六世紀のラフム朝のムンズィルおよびその孫のヌウマーン王をめぐる話で、九、十世紀ごろにいろいろな書物に出てくるという。すべて同一のタイプの伝承である。六世紀のヒーラは、ローマのビザンツ帝国と対立していたササン朝ペルシャの衛星国として、政治経済的において支配下に置かれていたとされる。両帝国の間にあって、ビザンツ文化によるギリシャの科学や論理学の影響を強く受け、そうした文化をアラブ世界に伝える役割の都市であったという。

そのヒーラの町におけるムンズィルおよびヌウマーン王をめぐる話は、大きく三つに分けてとらえることができる。まずはムンズィル王の話、次にヌウマーン王の話、なおヌウマーン王の話は前置きに狩のエピソードが付くのと付かないのとに分けられる。それを次のような表Ⅱ「アラブにおける「猶予／人質」モチーフ比較表」に整理してみた。1はムンズィル王、2はヌウマーン王、3はヌウマーン王が狩の際に宿を借り、その謝礼に城に招くことから始まる。1のムンズィル王の二つの内容は基本的な構成に変わりはないが、1aの場合はムンズィル王が「不幸の日」の悪習を廃止することで終わるが、1bはハンザラになぜ戻ってきたのかと尋ねると、「私の宗教は裏切りを禁じているから」と答え、その宗教がキリスト教であったので、王および民もキリスト教に改宗したと結ぶ。

2は『美質とその対立物』以外に『美質と欠陥』『幸福と福祉』など、同時代の書物にも見られるといい、美談のように受け入れられていたのであろう。3aの『諺の書』に注釈を加えた『諺の書注解に関する究極の言葉』にも取り上げられており、日本でいう「箴言（しんげん）」に近い物語的な諺をもてなす享受の仕方といえる。なお、3bの『諺集成』は、3a『諺の書』の話を発展させた物語形式で、最初に保証人に指名されたシャリークは断るが、続いてクラードは自発的に引き受ける。また、戻ってきたハンザラにヌウマーン王は、「折角死から解放してやったというのに、そちは何故また戻ってきたのか」と、思わず本音を語ってしまう。いずれも劇的な効果をねらった再構成といえる。

以上は杉田氏の論文にもとづく内容紹介であるが、氏の研究は該博な知識と研鑽によるもので、多数の伝承資料の収集や、その歴史的地域的背景の分析、習俗等の解説にいたるまで周到を究めている。その内容に異論をはさむ余地はないが、ただ若干気になることといえば、アラブの伝承をギリシャとの連続性のもとで解釈しようとしている点である。「古典世界に広く流布したダモンとピンティアス、ないしはモエロスとセリヌンティオスの友情譚は、その後舞台設定や登場人物を変えてアラブ中東世界に継承されることになった」と述べて、この視点からアラブの伝承を意義づけていこうとする。

たとえば、1aにおいて約束の時間に姿を現すハンザラを、「刻限ぎりぎりにもどってきて王を驚かせ、処刑を免

表Ⅱ　アラブにおける「猶予／人質」モチーフ比較表

		不幸の日／狩の話	死刑宣告の基因	猶予の理由	人質の決定	事件の結末	出典
1	a	ムンズィル王が殺した友のため不幸の日を設ける	タイイ族のハンザラが不幸の日に王を訪ね死刑を宣告される	家事を片付けるため1年間の猶予を願う	シャイバーン族のシャリークに保証人を頼み受け入れられる	ハンザラは泣き女を伴い現る。王は二人を解放し悪習をやめる	歌謡書
	b	同右	同右	同右	同右	同右。ハンザラがキリスト教徒なのでヒーラの民も改宗する	地名辞典 諸国の遺跡
2		ヌウマーン王が「不幸の日」を設ける	タイイ族の牧人が訪ねて死刑を宣告される	牧人は用事を済ませるための期限を願う	ヌウマーン王の秘書に保証を頼み受け入れられる	王は二人を寛大だと褒めて解放し不幸の日を廃止する	美質とその対立物
3	a	不幸の日。ヌウマーン王は狩で宿を借り、謝礼を約す	タイイ族のアムルは不幸の日に訪ね死刑を告げられる	身辺整理のために暇を乞う	甥のシャリークを保証人に立てる	期限に戻ると王は寛大だと褒め、悪習をやめキリスト教に改宗する	諺の書
	b	不幸の日。ヌウマーン王が狩で宿を借り、報酬を約す	ハンザラは不幸の日に王を訪れ、死刑を命じられる	家事の整理のための猶予を願う	保証人をシャリークは拒み、別部族のクラードが引き受ける	逃がそうとしたハンザラが戻り、王はキリスト教に改宗する	諺集成

除されるという筋立ては、明らかに古典世界の伝承と共通である」と述べる。また、2において戻ってきたタイイ族の男とシャリークに対し、王が「わしは三人のうちで最も下劣な男とはなるまいぞ」と語るのを、ディオニューシオ

スが「友情の仲間に加えて欲しい」と懇請する部分に重ね、その影響ととらえるなどである。話のプロットや表現を軽視するつもりはないが、ただそのために、「不幸の日」の制度改変やキリスト教への改宗について、既成の事実として深く追究しない点に多少違和感を覚える。しかし、これは文学と説話伝承の理解の違いかもしれない。文学の様式にこだわり連続性の中でのオリジナリティーを追究する方法と、説話がその環境の中で果たす機能や影響を問題にする方法との違いかもしれない。そのことを踏まえて、ここでは「制度改変」や「キリスト教改宗」について見ていきたい。

ヒーラの町はペルシャ帝国の衛星国であったことは既述した。そのペルシャは、ヌウーマン王の五十年後の、六五一年にイスラーム教徒によって滅ぼされるが、そのペルシャはゾロアスター教を国教とする帝国で、世の初めに善と悪の神が対立し、この二神の争いがこの現世で、究極には善が勝利するという教えである。この二元論的発想が、「幸福の日」「不幸の日」という善悪を象徴的に喩えているとすれば、ペルシャが崩壊した頃にキリスト教に改宗するというのには無理がない。ムンズィル、ヌウーマン王の話が広まるのは、八世紀末ごろとされるから、七、八世紀頃に過去の王の出来事として、この話が形成されたと考えることもできる。ただ、これは根拠のあることではないが、しかし、それより悪習が撤廃され、理不尽な恐怖から解放されたとするこの説話は、現在の制度の始まりを説くという説話の機能に叶っている。過去の歴史をアレゴリーの形で伝えるところに説話の意義があるからである。

ところで、一神教のユダヤ教から生まれたキリスト教に対し、多神教を奉ずるローマ皇帝はたびたび禁圧を加えていたが、ついにコンスタンティヌス一世は「ミラノ勅令」によって、その自由を保証することになる。そしてついに、ローマ帝国はキリスト教を国教にしたことで、ヘレニズム文化のもとでキリスト教は急速に広まり、世界宗教へと発展していくことになる。しかし、当時のキリスト教内には、マリアを「神の母」と認めなかったネストリウス派がいて、ローマの正統派教会から四三一年に異端と見なされたために、その一派は圧迫を避けて多くペルシャに逃れたという。ペルシャがネストリウス派に寛容であったためで、ペルシャ内で広く信仰を広げていく。[15] ヒーラの町のキリスト教改宗は、歴史的に見るなら、このネストリウス派かもしれない。やがてその勢力は、中央アジアを経て中国の唐にも伝わり、「景教（けいきょう）」と呼ばれる。「不幸の日」にもとづく説話を、そうした時代背景においてとらえ直してみる必要がある。

四　『千夜一夜物語』とイスラーム世界

同じくアラブ世界の『千夜一夜物語』に載る説話は、父親を殺された兄弟が犯人をオマル教主のもとに引き連れ、父はシャイバーン族の美徳をそなえた人物であることの賛辞を添え、正当な裁きを求める。オマルは犯人の男に事実を確認すると、男は犯行を認めた上で次のように説明する。自分はアラブ中の生粋のアラブ族で、荒野に暮らす者であるが、飢饉に襲われたので家族やラクダを連れて町に出て来た。そこで、はぐれた一頭のラクダが果樹園の果実を食べているのを見た老人が、石を投げつけてラクダを殺したので、その石を老人に投げ返すと、その石が当たり老人も死んだのだという。

『千夜一夜物語』の翻訳者の大場正史はこの話の題目を「オマル・ビン・アル・ハッタブ教主と若いバダウィ人」と訳しており、男が遊牧民のベドウィンであることがわかる。アラビア半島を棲息地とする遊牧の民ベドウィンは基本的には定住することがなく、ラクダや山羊、羊を飼い草地を求めて広い砂漠を移動しながら生活している。オアシスのある町にやってきて、生産物と自らの生活物資とを交換して暮らしている。[16] 事件はそうした状況で起こったのである。

教主はイスラームの聖典である「コーラン」を引用しながら、報復の刑は免れないことを確認する。「コーラン」すなわちイスラーム法にのっとって処刑が告げられた。いうまでもなく『千夜一夜物語』はイスラームの世界の物語、毎夜シャーラザードという女性が語る「枠物語」の相手は、イスラームの第五代シャーリアール王がモデルとされている。

さて、教主に死刑を告げられた男は、幼い弟に父からの財産を継承する準備のために三日間の猶予を願う。教主はその間の保証人はいるのかと尋ねると、男は居合わせた人の顔を見回し、アブ・ザルを指さし、彼が保証人であると言う。それを受けてアブ・ザルも承知する。教主は戻ってこない場合は回教（イスラーム教）の掟に従って保証人を処刑すると告げてその場は終わる。まったくの見ず知らずの人を保証人に指名し、指された保証人も命を賭することを受諾する。いったい何が両者の間を結びつけているのであろうか。その直接の答えは、男が戻ってきたときの会話で示される。

群衆の一人が、「きみはなんという高潔な若者だろう、自分の体面と誓いにあくまで忠実だったのだ」と言うと、「みなさんは死というものが、一度姿をあらわせば、だれもそれをまぬかれることができないことを信じておいでではありませんか？　なるほど、わたくしは自分の約束を守りました。が、それは『信義が地をはらった』といわれたくないからです」と答えた。

続けてアブ・ザルが、見知らぬ若者から指名を受けた時に、「わたくしはその申し出に応じたとてなにも悪いことはありませんし、気持ちのうえからも相手を失望させたくなかったのです。それもこれも『慈悲はこの世より滅びたり』と世間の人々に言われたくなかったから」と述べる。さらに、これを聞いた兄弟は、「おお、忠良者の大君さま、この若者はうら悲しい気持ちを楽しい気持ちに変えてくれましたから、わたしどもは父の復讐を思いとどまりました。『人情はこの世から滅びた』といわれぬためです」と締めくくる。まるで出来レースか、あるいはどんでん返しの舞台劇を見ているようである。何がここで起こっているのか、当事者以外にはわかりにくい。そのためにはアラブ人社会の内実を探っていくしかないだろう。

アラブ世界の特殊性を「沙漠」という類型でとらえた古典的ともいえる名著に和辻哲郎の『風土』[17]がある。風土を「人間の自己了解の仕方」と規定する和辻は、アラビア半島の南端にある南イエメンのアデンを訪ねた時の自分が、いかに「沙漠ならざる人間」であったかを痛感し、その時の感慨を次のように記す。

……その晴れた空は、爽やかさを感じさせるあの空色のではなくして、あくまでも乾き徹った紺碧であり、しかも地平線に近づくに従ってその紺碧の色が薄らいで行くということすらも、ほとんどない、と言い得るほどに少ない。かかる空に覆われた大地もまた徹底的に乾き徹って、湿いを思わせるものは毛ほどもない。人工的に町なかに植えた少しばかりの樹木を除いては、世界はことごとく乾燥そのものである。この乾燥が陰惨な山となり、ものすごい砂原となり、巨大なるローマ人の貯水池となり、水を運ぶ駱駝となり、さらに遊牧となりコランとなる、……一言にして言えばアラビア的人間となるのである。

紺碧の空と乾燥、沙漠、遊牧民が、いわばコーランやアラビア的人間に重なっていくという。さらに和辻は、過酷な沙漠の自然が「服従的、戦闘的の二重の性格」を持った「沙漠的人間」をつくり、「同一の祖先から出た血族であるとのイデーによって結合している」部族社会を構成するのだという。

『千夜一夜物語』の説話で、オマル教主に兄弟が殺された父の部族における尊厳を讃(たた)え、また殺した男がアラブ中の生粋(きっすい)アラブ族であると部族を全面に出すのも、そうした環境に依拠するものであろう。アラブ社会における部族意識の強固さについては、井筒俊彦も次のように述べている。

太古以来、アラビアでは部族というものが社会構成のというより、人間存在そのものの基礎でありました。一人の共通の祖先の子孫であるという自覚、ある特定の部族の正式の一員であるという自覚があってこそ、人ははじめて一人前の人間である。部族からはぐれた人は文字どおり人でなしです。要するに人間的価値のすべてを部族が決定するのであります。……自分の部族が昔からよしとしてきたものが善、悪いとしてきたものが悪なのであり、そのほかに善悪の基準は全然ない。それが沙漠的人間の道徳的判断の唯一の基準であり、最高の原理です。[18]

この部族の価値体系を支えているのは、「濃密な血の連帯感、血縁関係の重み」と井筒はいう。しかし、実際に血縁関係のない者でも、誰々の子孫と出自を同じくすることもあり、「系譜意識というものは文化的な自己アイデンティティの側面を持って」[19]いるという見方もある。いずれにしてもアラブ社会の部族意識の強さには、その気候的環境が影響していることは間違いない。

こうした部族意識の強さが、現代においても西アジアにおけるさまざまな対立や戦闘の背景にあることは予想される。しかし、そうした現実を信仰の力で打開しようとしたのがムハンマド（以前はマホメットと表記されることが多かった）である。北アラビアのメッカの遊牧民クライシュ族に生まれたムハマンドは、神の啓示による「コーラン」を示し、アッラーへの絶対帰依（イスラーム）を説いたのである。先に上げた井筒の言葉を引くなら、

イスラームが宗教的共同体の理念をひっさげて、真正面から衝突していったのは、まさにこういう沙漠的人間精神だったのであります。すなわち、イスラームは血縁意識に基づく部族的連帯性という社会構成の原理を、完全に破棄しまして、血縁の絆による連帯性の無効性を堂々と宣言し、その代りに唯一なる神への共通の信仰を、新しい社会構成の原理として打ち出しました。

コーランの九章二十三節に「信徒らよ、たとい己れの親、兄弟だとて、もし信仰より無信仰を好むようならば、決して同士と思ってはならぬ。汝らの中で、そういう人々を同士とする者があれば、それこそまぎれもない不義の徒（やから）」であるという。アッラーの神の前ではみな等しい兄弟であるという教えは、キリスト教とも同じである。それは一神教に基く宗教理念であるからである。それはコーランの次の言葉に表われている。

お前たち（イスラーム教徒）の唱えの言葉、「われらは（唯一絶対なる）神を信じます。われらに啓示されたものを信じ、イブラーヒーム（アブラハム）とイスマーイールとヤアクーブ（ヤコブ）と、イスラエル十二支族に啓示されたものを信じ、ムーサー（モーセ）とイーサー（イエス）に与えられたものを、さらにまたすべての預言者たちの間に誰彼（たれかれ）の差別はいたしません。われらは神に帰依し奉ります」（二章一三〇節）

新旧聖書に出てくる名前からもわかるように、ノアの子セム（アラビア読みではセーム）の系統を引くユダヤ教（モーセ、ヤコブ）、キリスト教（イエス）、イスラーム（アブラハム）は同根の宗教なのである。このような関係性でとらえるなら、アラブのムンズィル、ヌウマーン王の話でのタイイ族ハンザラとシャイバーン族シャリークとの保証人の依頼と受諾、『千夜一夜物語』における牧人とアル・ザルの場合も、宗教を同じくする関係であるとすれば容易に了解できる。さらに父を殺された兄弟が、犯人を許すのもイスラームの間柄といえば納得がいく。

三者の信頼の言葉を聞いた教主が男の無罪赦免を言い渡し、アブ・ザルを賛嘆し、そして二人の兄弟に賛辞の詩とともに、父親の死に報いる賠償金を渡そうとすると、兄弟は拒み、「わたしどもは寛仁大度の、高貴な神アッラーを慕うてやまぬゆえに、この若者を許したのでございます」と述べたのも宗教心からで、この話はイスラームの教えを説くために構想されていることがわかる。

おわりに

「はじめに」で述べたように、本稿は単純な説話の伝播論の立場はとらない。先行研究によれば、「走れメロス」の淵源は遠くギリシャ、ローマ時代にあり、地中海のシチリア島を舞台に発生した話が、ローマ帝国のアジア遠征とともに、アラブの町ヒーラや『千夜一夜物語』の話となり、それが中世ヨーロッパに還流し、ドイツ古典主義詩人シラーの詩を経て、太宰治へとたどりつくという。

しかし、説話の記録史は大筋そうだとしても、この理解には何かしっくりこないものがある。そもそも現在の地点から、文学史を眺めるように過去の個別の説話に対して解釈を加えていくのには違和感がある。説話が生きて伝承されているとすれば、それは過去やこれからの類話とは無関係に享受されているはずである。そこで、極力説話が生きて伝えられている現在の時点で解釈するのが、説話の理解といえるのではないだろうか。本稿はそのような問題意識を持ってアプローチしてきた。

本稿が扱う類話は、死刑を宣告された者が人質を身代わりに、ある期間の猶予をもらい、期日までに戻ることを主要モチーフとして、これを「猶予／人質」モチーフと呼び、シチリア、アラブ、イスラームの三つの地域に伝わる同一モチーフの説話を取り上げる。シチリアの場合、掲載書によって僭主ディオニュシオスのピュタゴラス派排斥の態度には寛厳があり、それはディオニュシオスとの距離感にあることを指摘した。一方、ギリシャ神話集の話にピュタゴラス派が登場しないのは、歴史的背景より悲劇的構成を優先したからかもしれない。

アラブの場合は、ペルシャ帝国のヒーラの町の「不幸の日」をめぐる逸話となっており、登場人物に違いはあるが、同一の伝承である。人質を王の側近、あるいは甥とするものもあり、揺れがみえる。結末で悪習の制度の廃止とともに、キリスト教への改宗を述べるが、この改変の背景には当時のアラブ世界が置かれた歴史、社会状況が影響しているように見える。続く『千夜一夜物語』の話は、殺人犯が見知らぬ人を保証人に立て、約束を履行することで、すべてが許し合う。アラブ社会がイスラーム社会に移行した結果が、説話の変化から読みとれる。

本稿では説話の連続性からではなく、その時代の社会や地域環境から解釈する方法を取ってきた。その点から「人質」の問題を見ていくと、人質に友人を立てるギリシャと見知らぬ人を立てるアラブ・イスラームは対照的である。これを伝播説の解釈により友情から人情への変化ととらえることもできるが、それだけでは十分な背景の理解にはならない。ここには多神教にもとづくギリシャ社会が、友情という道徳的な信義を希求するのに対し、一神教のキリスト教やイスラーム教の社会が神の前での平等や信義を優先する社会であることの違いと理解することができよう。説話が社会的機能を果たしている証拠でもある。

注

[1] 杉田英明「〈走れメロス〉の伝承と地中海・中東世界」(『比較文学研究』69号　一九九六)
[2] 五之治昌比呂「『走れメロス』とディオニュシオス伝説」(『西洋古典論集』16号、一九九九)
[3] 『鈴木三重吉童話集』(岩波書店、一九九六)
[4] 前嶋深雪・井上明芳「太宰治「走れメロス」論―見覚えのない物語―」(『解釈』52巻1・2号、二〇〇六)
[5] シラー「人質」「新編シラー詩抄」(小栗孝則訳「新編シラー詩抄」、改造文庫、一九三七)
[6] ヒュギーヌス著　松田修・青山照男訳『ギリシャ神話集』(講談社学術文庫、二〇〇五)
[7] 注[6]に同じ

［8］佐藤義尚訳『叢書アレクサンドリア図書館　第四巻　ピュタゴラス伝』（国文社、二〇〇〇）
［9］注［1］に同じ
［10］大場正史『バートン版　千夜一夜物語』（ちくま文庫、二〇〇四）
［11］キケロ『義務について』（岩波書店、一九六一）
［12］戸部順一訳『叢書アレクサンドリア図書館　第六巻　戦術書』（国文社、一九九九）
［13］栗田伸子・佐藤育子『興亡の世界史　第三巻　通商国家カルタゴ』（講談社、二〇〇九）
［14］古川堅治『ギリシア神話―ギリシア悲劇を中心に―』（学文社、一九九八）
［15］J・M・ロバーツ著、月森左知訳『図説　世界の歴史④　ビザンツ帝国とイスラーム文明』（創元社、二〇〇三）
［16］木内信胤編著『西アジアの研究』（世界経済調査会、一九八一）
［17］和辻哲郎『風土　人間学的考察』（岩波書店、一九三五）
［18］井筒俊彦『イスラーム文化　その根柢にあるもの』（岩波文庫、一九九一）
［19］小杉泰『興亡の世界史　第六巻　イスラーム帝国のジハード』（講談社、二〇〇六）

「西行発心のおこり」の内と外

はじめに

西行の出家についての同時代的なリアクションとしては、たとえば、西行が出家してから二年後に逢った藤原頼長の日記（『台記』）に、次のような記事がある。

　抑西行は、本兵衛尉義清なり。左衛門大夫康清の子、重代の勇士なるを以て法皇に仕へたり。俗時より心を仏道に入れ、家富み年若く、心憂ひ無きも、遂に以て遁世せり。人これを歎美せるなり。

武人の家柄の西行は、出家以前から仏道修行に関心が深く、家は裕福で悩むべきこともないのに出家し、それを人々は歎美していると述べる。これを書く頼長には、少なくともその出家の理由は想像できないと懐疑的である、と読める。これから翻って考えるに、『源平盛衰記』のいう「さても西行発心のおこりを尋れば、源は恋故とぞ承る。申も恐ある上臈女房を思懸進たりける」とする身分の高い女性への「悲恋遁世説」は、あくまでも噂、伝説の域を越えるものではないといえるであろう。

ところで、恋故の出家の真偽そのものの追究については、本稿の関心からははずれるが、ただ出家の理由とされる「悲恋遁世説」が、どのようにして形成されていったのかについては深く関心を持っている。西行の出家を話題にする人々の間で、何をもとに、どのように悲恋遁世説が形象されていったのか。それがどのように民間に浸透し、内容の変貌を遂げているかなどの過程には興味を持っている。

そこで、ここではまず『源平盛衰記』後の民間における伝承の状況を跡づけ、続いて同類と思われる悲恋遁世譚の類話を、国の内から外へ向けて追跡していく。西行の発心譚の直接の影響関係を追うのではなく、高貴な女性への恋の行く末の内外の資料を比較することで、国や民族、時代を越えた悲恋譚の普遍性を追究しようとするものである。といって、脈略もなく世界との比較をしようとするものではない。実は西行の恋故の出家譚が、インドの「術婆(じゅつば)迦(か)説話」（羅什訳『大智度論』巻第十四）をもとに構想されている可能性が高いからである。そのことを早くに寺本直彦が指摘し[1]、その後、島内景二は術婆迦説話の注釈および物語展開を詳細に追跡した[2]。これらの先行研究をもとに、「術婆迦説話」の民間への伝承を探りながら、西行伝承に結実された姿をとらえていきたい。

さらには、「術婆迦説話」の類話をインド周辺の古典に探り、その特徴を取り上げていく。高貴な身分の女性への恋の顛末(てんまつ)を語るこの種の説話の特徴を、内外の比較を通しながらこのモチーフの文化的意義を明らかにしていきたい。

一　注釈と口承の「術婆迦説話」

島内景二は、中世における「術婆迦説話[3]」の注釈および解釈的な引用を、「中世的な文学の享受と創造」の問題として注目する。源氏物語の本文の「胸こがるる」に、異なる文脈の表現すなわち「術婆迦説話」の胸の炎に焼け死ぬの表現を対比することによって、そこから新たな物語が創造されていく過程を、実例をもって示す。注釈と引用が物語創造の契機となる関係を示す例として、『古今和歌集灌頂口伝』に載る「しぢのはしがき」を取り上げる。

恋の病の術婆迦が、天竺の后に榻(しぢ)の上での百夜(ももよ)の殿居(とのゐ)（不寝番）を求められ、その最後の夜に不覚にも熟睡してしまい、覚めて後に胸の炎に焦がれ死にすることになる。深草小将の小町への百夜通いを下敷きにした、術婆迦をわが国の王朝貴族の物語舞台に乗せた展開で、注釈が新たな創作へと変貌を遂げていく姿を示している。これを西行に仮託したのが『浄瑠璃十二段草子』である。后の宮の「百日まうで」の折、阿弥陀堂で待つべしとの謎言葉を受けた西行が、堂内で微睡(まどろむ)ところに后が訪れ、残念なことだと歌を詠むと、当意即妙の歌を返して、遂に恋を遂げたということになる。文明七年（一四七五）以前とされるこの『浄瑠璃十二段草子』が、引き続き御伽草子の「西行」へと展開していくことになる。

さて、術婆迦説話の注釈から創作物語への展開と、その受容の背景にある問題点等については、ぜひとも島内の論文を見ていただきたい。「注釈」が物語の創作に深く結びついていく契機を、文芸の営みとして確認するものである。ところで、文字を介しての「文芸」が、一方では声による口承世界で、さらなる展開を見せていく。文字と声との言葉におけるトータルな「文学」への道が開けていくことになる。島内が触れなかった西行の物語が、「口承の西行」において、どのように展開しているかを次に見ていきたい。

術婆迦説話を翻案したような民間伝承は、二つの系統に分けられる。一つは、術婆迦に相当する人物が主人公で、もう一つは西行の悲恋譚である。前者の「逢わぬ恋」を、まず取り上げよう。

　昔、漁師の息子がおった。ある時のこと、殿様のお姫様が菊見にでた美しい姿を見て、恋をした。毎日仕事もできず、寝てばかりいた。薬を飲ませてもきき目がないので、どうしたわけかと医者に聞きに行ったら、「これは恋の病気で、治らん」といわれた。

　親は、息子の恋をかなえてやりたい一心で、四十日もの間、毎日毎日珍しい魚をお姫様に献上した。お姫様も、これは何か願いごとがあるに違いないと思って、母親を御殿へ呼び出した。

お姫様は、漁師の息子が病気になったわけを聞くと、涙をこぼして心配し、「それでは一度逢ってやろう。わたしは十月の十日には、出雲の神様にお参りするから、その日でなければ、逢うことはできない。そこの御殿の鍵は、これだ」といって、鍵を渡した。

その日を待ちに待って、いい着物に匂いまでつけて、息子に着せて出してやった。そしてお宮の中にはいって寝ていると、お姫様は五百人も付き人をつれて来た。そうして、人払いをしてそばに来るが、男はごーごー眠っていて、どうしても起きない。

それで、仕方がなく、手紙を書いて、

「お前が起きないので、もうこの娑婆では逢えないから、あの世で逢うまいか」と書いて、振袖に巻いて、男の懐に押し込んで、帰って行った。

男は、それからずっと後になって目がさめた。身分不相応な恋なので、天の大福天の神が、男を眠らしてしまったのだそうだ。[4]

文中の「大福天」は「帝釈天」が正しいのであろう。姫に一目惚れした漁師の息子が、魚を献上して密会にこぎつけるが、「大福天の神」の横槍が入り「逢わぬ恋」に終るという。ストーリー展開を確認すると、『源氏物語』の注釈では欠かせない「焦がれ死に」がない一方、注釈では話題に出なかった息子の母が登場して、窮境(きゅうきょう)を打開しようとするなど、大きく異なっている。この話の情報源が「注釈」からの流れではなく、その大もとの『大智度論』からのものであることを予想させる。

なお、先取りして言うことになるが、『大智度論』は結末で「女人の心は貴賤を択ばず、唯欲に是れ従ふ」と王女を批判するが、空海の『三教指帰(さんごうしいき)』は術婆迦の好色の戒めを説く。その点、「逢わぬ恋」は『大智度論』そのものからというより、空海や日本仏教に近い立場からの翻案の可能性が高い。

もう一つ事例がある。先述の事例の伝承地は、岐阜県高山市であるが、こちらは栃木県芳賀郡茂木町の例である。棒手振り（行商人）が姫に焦がれて直接打ち明けると、神社を指定され、そこで待っているうちに眠ってしまう。姫は着ていた錦の打掛を掛けて帰ってしまい、目が覚めた棒手振りは悔しさの末に、錦まだらの蝮になる。だから山に行った際には、「この山に錦まだらの蛇いだら、やなたつ姫にとって告げる」と三遍唱えれば、蝮に食われないという[5]。棒手振りが突然に蝮になるという不自然さは残るが、これが、呪い歌の伝承であるとすれば無理もない説話構成といえる。そのことは、昔話「蕨の恩」では、茅の原で昼寝していた蛇が、茅よりも早く伸びてきた蕨に持ち上げられて救われた、ということから、類似の歌を唱えると蛇の難を逃れられるという話になる。書承といった視点からは思いもつかないような術婆迦説話の新展開といえるが、話が新たな機能を獲得し通用していくことを示す例といえる。

ところで、新たな記録資料の追加となるが、「御崇光院宸筆説話断簡」（石川一雄『書陵部紀要』17、一九六五）に天竺の術婆迦童子の話としてある。母に言われ鯉を釣り、后に献上すること三歳、密会を告げられ宝殿で待つに睡魔に襲われる。目が覚めて後、玉の簪が残されているのを知り、胸の炎に燃え失せ煙りとなる。「かの鯉をつりしによりて、こひといふ事はいひはしめたるなり」と、恋の由来説話の結びとなる。帝王学にも利用されていたことになる。

二　口承における「西行発心譚」

術婆迦系説話のうち、もう一つの西行が主人公のものとしては、長野県みなかみ町藤原の「西行ばなし㈠」は、箇素な語りである。

西行さんて人は、むかし朝廷に仕えていた坊さんだよ。でまぁ、今日は天気がいいから花見に行こうちゅうて、お妃(ひめ)様が女中を連れてたり、坊さんを連れてたりして花見に行って、そしたらちょうが三匹舞ったっちゅうて、そしたら一人のお女中さんが、

「あれ、ちょうがちった、ちょうじゃねぇはんだ。ちょう（丁）なら二つだけれども、三ついるはん（半）だ」

そしたらお妃様が、

〽一羽でも千鳥といえる鳥あれど
たとえ三つでもちょうはちょう

という、歌をよんだそうだよ。

そしたらその西行さんがお妃さんにほれて、文をやったけど、幾重(いくえ)もやってもなかなか返事がこねぇ。それでもやったらやっとお妃さんから文がきて、

〽会いたくば今宵天に花咲き地に実のなる頃
さいほう西の浄土にて待つべし

という、手紙が来たっちゅうて。

それでも西行さん、手紙の意味がわからなくなって、それで物知りのところへ行って、その文を見せて、

「これはどういう意味だ」

って。そうしたら、その人、

「天に花咲き」

ちゅうのは、天にお星さまがきらめいていること。

「地に実のなること」

っていうのは、地に草木に露のたまったことをいうだいね。

それでまぁ、その頃行ったらお妃様がいた。それで喜んで、

「今度会うときはいつ会ってくれる」

って聞いたら、あこぎな奴だっちゅうて……

それで今度はあこぎって意味がわからなくて、聞いたら馬方に出くわした。そしたら馬がぬかるみにはまって足をついたそうだい。すねを、馬が。そうしたら、

「このあこぎな奴め」

っちゅうて、しかったと。

そいで西行さん、

「あこぎっていうのはどういうことだ」

って聞いたら、

「こりゃ馬鹿だ」

ちゅうことだって。そういって聞かしてもらったって。それからずうっと歌をよんで歩いたって、そんなことを聞きました。[6]

賭博における丁（偶数）と半（奇数）をもじった無理問答や密会の場所を解く謎、また、歌語の意味の解釈など、言葉遊びが基調となっている西行話である。話の最後に「そんなことを聞きました」とあるので、口承によるものと

推測されるが、大もとになっているのは、仮名草子の「薄雪物語」であろう。人妻の薄雪と衛門とが、艶書のやり取りの末に結ばれる物語展開の一つに、佐藤憲清と后との右のエピソードが挿入されているからである。

同じく御伽草子「西行」の流れを引く西行伝承に、福島県伊達市梁川町の「西行の「あこぎ」行脚」[7]がある。宮中の歌会で西行に一目ぼれした官女が、短冊に謎言葉を書いてよこす。その意味を解釈し阿弥陀堂で待っていて寝てしまうが、顔に掛かった振り袖で覚めて契りを結ぶという展開である。さらに、次の約束を迫ると「あこぎ」と言われるが、意味がわからずに梁川まで旅を続けて来る。牛方が牛にあこぎだぞと言っているのを聞き、初めてその意味を悟るという結末である。

以上は、シンプルな西行話であるが、次に紹介する昭和十二年の『昔話研究』二―八に載った「難題聟」[8]は、昔話の「謎解聟」という話型であるが、多少内容が込み入っている。これを語った高橋梅吉（島根県邑智郡邑南町日貫）は、鉱石関係の仕事先で昔話を聞いたとされるが、当時この辺りでは「ダイコク」と呼ばれる乞食の巡遊芸人が、語り物などを語って歩いたという。そうした影響が、この昔話にはあるのかもしれない。

ある色粉屋（餅などを染める粉を売る店）の手代のもとを訪れた娘が、自分の居場所を謎言葉で告げる。手代は和尚の元へ将棋を指しに行き、娘が「草津の町のあめがた屋のお竹」であると聞き出す。手代は主人から暇をもらい、その地を訪ねて茶店の婆に、あめがた屋の娘への手紙の仲介を頼む。すると、お竹は逢引の場所を謎言葉で返してくる。その意味を婆から聞き、手代はお竹と逢って結婚の承諾を得る。ただ、お竹は人を介して父親の了解を取って欲しいという。

そこで、その手順に従い父親に逢うが、「一には西行法師、二には闇の夜のドージマ（履物のぽっくりの事）、三には花娘じょう」を買ってこいと言われる。手代は将棋指しの所に行き、それぞれの言葉を言って駒を打ち、西行は法螺貝、ドージマはローソク、花娘じようは麦饅頭のことと聞き出す。手代はその品を買い揃え、あめがた屋に向かう途中で座頭に遭って、それぞれの品物の口上を聞き、その通り述べて婿に収まったという。

三パターンに渡る謎言葉の応酬は、単純な昔話とは言えないセミプロ的な語りを感じさせる。一回目は居場所追求の謎で、昔話「播磨糸長」とも共通する。二回目は、いわゆる后から西行に掛けられる謎、三回目はいわゆる「判じ物」や「考え物」に近い謎で、願人坊主や謎解き坊主などがこれを得意にしたもので、この地域のダイコクの影響等が考えられるかもしれない。ただ、この話は西行が主人公ではないので、純然たる「西行話」とは言えない。后の逢引場所指定の謎言葉が、同一であることから取り上げたものであるが、こうした「謎解聟」の昔話は、御伽草子「西行」の民間への浸透抜きには考えられないので、その参考のためにも紹介した。

ところで、この話の中で、西行を法螺貝と解いている理由を「西行法師の持ち物」とする説明がある一方で、座頭が法螺貝の中身を食べてから殻だけを手代に渡す際に、「西行法師さんの處へ行った處が、あれは今日歌詠みに出て留守でした。何ぼ待っても戻れんで、あれの家を持って戻りました」と言えと、その口上を教える。これは法螺貝の中身の螺(にし)を西行と呼んでいる証拠といえるが、管見にして他の例を知らないが、これも謎言葉として通用したものであろうか。わが民間の西行は、さまざまな相貌を持って話題に登場するが、これもその一つといえる。

三 『大智度論』「術婆迦説話」の周辺

ここから外国の事例に移る。『大智度論』は経典の注釈書のスタイルをとりながらも、「大小乗にわたる仏教思想の一大宝庫であり、そこに示された定義や解釈は、後世の漢字文化圏に展開する仏教の性格に大きな影響を与えた」[9]とされる。龍樹の著を後秦の鳩摩羅什が漢訳したものしか現存しないという。その巻第十四に「術婆迦」の話が載る。
魚捕りの術婆迦が、道を歩いていて高楼にいる王女の姿を見てから、心奪われて食事も取らず衰弱する。母が理由を問うと、王女が忘れられないのでと答える。母は「汝は是れ小人なり、王女は尊貴なり、得べからざるなり」と諭すが聞き入れず、死んでも構わないという。母は息子のため宮中に魚を差し上げ、代価は受け取らない。王女が怪しんで尋ねると、母は王女に息子の実情を述べ憐憫を乞う。王女は「月の十五日に某甲の天祠の中に於て、天像の後に住せん」と告げる。

術婆迦は沐浴し新衣に替えて、天像の後ろで待つ。王女は父王に天祠に祈願するための許しを得て、「車五百乗を厳、出でて天祠に至」り、従者に門の前で待たせて独り内に入る。この時に、天神は「此の小人に王女を毀辱（はずかしめる）せしむべからず」として、術婆迦を眠らせる。王女は眠っているのを見て起こすが目を覚まさない。そこで瓔珞を残して去る。術婆迦は覚めてから瓔珞があるのを知って懊悩し、「淫火内り発し、自ら焼けて死せり」[10]といった結末になる。『大智度論』の解釈は、空海の『三教指帰』[11]と違い、術婆迦の身分違いの懸想や淫欲を責めるのではなく、逆に「女人の心は貴賤を択ばず、唯欲に是れ従ふ」ものであると、婦人の徳の問題とする。

総じて『大智度論』の話では、主人公とおぼしき術婆迦よりも、脇役であるはずの女性の存在が大きい。それは身分の低い男に身を任せようとする王女はもちろん、息子のために通常の倫理を越えた形で画策する母も同様である。こうした女の過剰なパワーを制御するのが、社会的制度の維持を心がける天神の役割のようで、それは仏教の論理とどこかで通底しているように見受けられる。

これと対照するなら、日本の西行話は、女人の手助けにも関わらず、西行自身の不徳ゆえに高貴な女性との交情は叶わない。問題は、『大智度論』の術婆迦説話から西行話への変容の過程を、日本社会の文化的土壌の問題として取り上げるのが妥当ではあるが、ここではもう少し術婆迦説話の周辺を探ることから、その背景にあるものを追究してみたい。この術婆迦説話と同様に、王妃を見初めて衰弱する息子に、王妃と逢瀬の場を設定するという話が、古代インドの説話集の『鸚鵡七十話』[12]にある。

枠物語の構成をとるこの物語は、その「序話」によるとハラダッタの子のマダナセーメが、妻との愛欲にふけるばかりで仕事をしないのを見兼ねて、天からヴィディヤーダナと鸚鵡が遣わされる。ヴィディヤーダナは、不甲斐(ふがい)ない子を悲観する父のハラダッタを慰める。一方、マダナセーメの家の籠(かご)におさまる鸚鵡は、主人に一つの物語を聞かせ、マダナセーメが金儲けの旅に出るようにうながす。改心したマダナセーメは父に報告して旅立つ。

一方、残された妻プラバーヴァティーに、王子が誘いを掛ける。妻が逢引きに出ようとすると鸚鵡が物語を語り、その解決策が答えられたら許可すると言うが、妻は答えられずにいつも外出できない。このようにして七十話の枠物語が始まる。

その「第二話」に、術婆迦説話の類話が出てくる。妻が外出を鸚鵡に伺うと、ヤショーダーのように策略ができるならと言って、マンダナプラの町のヤショーダーの息子の話をする。その息子が王妃に恋煩いし衰弱する。心配した母ヤショーダーが伜(せがれ)に尋ねるとすべてを打ち明ける。すると母は、「前額(ひたい)に三本線の標識をつけ、頸には数珠(じゅず)をかけ」た苦行者の恰好をして、壺と花籠と一疋の牝犬を連れて、王妃シャシプラバーの門へ行く。門番に、聖地の巡礼から戻ったばかりで疲れているから、今日ここに泊らせて欲しいと頼む。そして、その場で神像に燈明や供物を供え、牝犬に礼拝を捧げるので、傍らの人々は驚く。

その噂がシャシプラバーの耳にも入り見に来て、その振舞や牝犬のことを尋ねる。母はこっそりと王妃に、わたしとあなたとこの牝犬は、同じ腹の姉妹だったのだという。ただ私は恋に悩む男に愛の悦びを与え、あなたは特定の男にだけ愛の悦びを与えた。そして、妹は夫への貞節だけで終わった。そのため、「悩める者には布施を与うべし」の金言を守った私は、前世の記憶を維持する力を得る知識に達し、あなたは幸運に恵まれ妃にはなったが、前世を記憶するという知識に達しなかった。そして、妹は貞節の罪過によって牝犬となったのだという。

そしてヤショーダーは、王妃シャシプラバーが流転の世を乗り切る望みを持つならば、悩める男に喜悦(よろこび)をお与えになれば、自らの知識を得ることができると伝える。王妃はその言葉を信じ、愛の神の矢に触れ冷静さを失った男を連れてきてくれと言う。翌日、母は弱っていた息子を妃のもとに連れて行き、彼女はその来客に、敬意の情と慇懃の態度をもって振舞ったという。

王女（王妃）との逢引のシナリオが、「魚の代価の拒否」と「前世の因縁」といった違いはあるが、恋煩いの我が子を救うために奮起し、逢引きを実現させようとする母心は共通する。類話として比較することに問題はないと思うが、ただヤショーダーの話は、一夫一婦制を基本とする社会通念からは大きく逸脱する内容である。この話の背景にどのような事実が隠されているのであろうか。

息子が王妃との思いを遂げるのは、物語展開上の仕掛けとすれば、問題はそれを引き出すために母が、自分は姉妹の前世における所業の「記憶を維持する力を得る知識」を持っているが、現世における王妃の身分にはそれがない。その「知識」こそがここでは決定的な価値とされる。

インドの哲学、宗教の源流をなす古代インドの文献『ヴェーダ』（知識と訳される）では、宇宙の最高原理とされる存在の「根源的一者（ブラフマン）」と現象界の「自己（アートマン）」や諸事物との一体化が大きな問題とされる。これをめぐっては、ブッダも含めたさまざまな思想家による言説が残されているというが、赤松明彦によると、八世紀に登場するシャンカラの説が注目されるという。

「最高位のブラフマン、すなわち、真のブラフマンは、唯一で、永遠で、不変の実在でなければならない。一方、われわれが日常的に経験する世界は多様である」[13]という。その日常的な世界は「永遠不変のブラフマンを原因として生まれてくる」が、「日常的にこの世界に生きているわれわれは、無明によって本来の姿が覆われたものである」という。したがって、「ブラフマンだけが唯一の実在なのであり、多様な姿をとって現れている現象界はすべて虚妄なのである」とされる。

そして、この現象界に生きている個我（アートマン）とブラフマンとは切り離されたものではないことを、シャンカラは「多様な現象界のあり方と、それらとブラフマンとの本来的な同一性を説明する喩え」として、壺の中の空間を例に上げる。壺の中は外の空間とは別のもののように存在して見えるが、壺を壊せば区別がつかなくなるゆえに、本質的には同じものである。すなわち「無明（むみょう）」によって本来の姿を覆われているが、「経験的個我が本来的にブラフマンであること、最高位のブラフマンを本質とすることを教示する」ものであるという。したがって、無明を取り払い、アートマンの本性を直視することで、ブラフマンと合一することができるとし、この主張を「不二一元論（ふにいちげんろん）」と呼んだ。シャンカラは「真実の解脱は絶対知、即ち上知によって無明をほろぼし、絶対そのものを直覚することによって達せられる。そのためには道徳的・宗教的行為の実践が必要であると説いた」[14]と金蔵圓照（かなくらえんしょう）も述べる。これがブラフマンとの合一すなわち解脱（げだつ）のポイントとなる。

さて、難解で複雑な内容になったが、以上はインド哲学の問題であるが、これを現実の宗教世界にどのように同調し展開させていくかが次の関心事である。シャンカラの哲学を宗教的に展開させたのが、ヒンドゥー教の一大宗派であるヴィシュヌ教の信者で、十一世紀に登場するラーマーヌジャといわれる。彼はブラフマンを創造神のヴィシュヌ神と同一のものとし、神への「バクティ（親愛）」による救済（解脱）を説いた。「ただし、ラーマーヌジャが考えていた「バクティ」は、神へ帰依と言っても、個人の側の義務的行為の実践を伴うもの」で、ひたすら一方的、形式的に恩寵を求めるものではなかったという。

ところで、我が子を王妃シャシプラバーに目合わせたヤショーダーこそが、このヴィシュヌ教の教えを実践してみせたことになろう。「多様な姿をとって現れている現象界はすべて虚妄」であるという教えに基づきながら、神へのバクティを施すことと同様に、悩める者に悦びを与えることこそが、ヴィシュヌ神（ブラフマン）の救済すなわち解脱の道に達する「知識」を得ることであるという意義を説いたもので、一方的で世俗的な拡大解釈である。まさしく苦行者の恰好をして祭儀を執行する母は、宗教者のエージェントの役割を実行していたことになる。

とはいえ、信仰の教えを真に受けて、そのままに説話化したものではなく、ヤショーダーの説話は信仰を曲解し世知に長けた説話に変容させたものであることは容易に理解できる。次に、この説話がさらにどのような展開を見せていくのかに注目していきたい。

四　「枠物語」と説話の機能

『鸚鵡七十話』の第二話の類話が、体裁を変えて、十一世紀頃のインドのソーマデーヴァの『カター・サリット・サーガラ』に登場する。『ウダヤナ王行状記』五の「ヴァッァ王の逃亡」の中で、賢臣ヴァサンタカが語る「貞女デーヴァスミターの物語」[15]がそれである。梗概を示すと次のようになる。

商人グハセーナは、商用の旅を嫌がる新妻デーヴァスミターのため戒行すると、夢にシヴァ神が出て二人に赤い蓮華を授け、どちらかが操を捨てると、その一本が萎むと告げる。グハセーナの商用先の四人の商人は、グハセーナから蓮華の話を聞き出し、妻の貞操を試す悪だくみを練る。そして妻のいる町に来て、老いた尼僧を訪ね、新妻デーヴァスミターとの接近を頼む。尼僧は二度目に妻を訪ねた際、繋がれている犬に用意した胡椒を入れた肉片を与えると、犬の目から涙がこぼれる。それから妻のもとに行って泣き始める。訳を聞かれると、外で涙を流している犬は、前世において私の仲間で、同じく婆羅門の妻だった。私は「五大（肉体を形成する地、水、火、風、空の要素）と五感（眼、耳、鼻、下、身の五器官）」を享楽したので前世の思い出を持って生まれたが、しかし、彼女は無智のため貞操を守ったために牝犬に生まれた。今、私を見て前世を思い出して泣いているのだと説明した。

しかし、妻は尼僧の嘘を見抜き、騙されたふりをして四人の商人と次々に会い、強い酒を飲ませて酔わせ額に犬の足跡の印を押し、また尼僧とその弟子も鼻と耳を削（そ）いで外に放り出した。それから商用先の町の王の元に赴き、私の四人の奴隷がこの町に逃げ込んでいるので引き渡して欲しいと訴える。王は町衆を集めさせ、妻は頭に頭布（ターバン）を捲いた四人を特定する。四人にはそれぞれ額に犬の足跡印があり、妻はいきさつの一部始終を話したので、聴衆は笑い、王は奴隷と認めた。四人の商人は奴隷の境遇を免れるため、高額の財貨を払い赦してもらったという。

「五大五感」とはヒンズー教の信仰の構成要素であり、また尼僧が「前世の思い出」を知識として持つというのは、前掲のシャンカラの「不二一元論」の解釈とも共通する。ただ、ここでは祭儀を通じてバクティを捧げるという儀礼もなく、単に犬に細工をして信じ込ませようとする点から考えても、明らかに信仰を逸脱しており、説話的興味からの発想といえる。

ところで、このヴァツァ王の賢臣ヴァサンタカが語る「貞女デーヴァスミターの物語」は、ヴァツァ王の結婚の経緯を語る内容にエピソードとして挿入された説話である。これはたとえば、日本の『平家物語』の作品で、直接物語の進行に関連しない話を「付（つけたり）」として付け加えた余談のようなものである。『カター・サリット・サーガラ』は、このように説話をモザイクのように嵌め込み、作品全体を盛り上げる演出をしている。

当時の長編物語には、人口に膾炙し洗練した説話を作品に「枠物語」の形で多く散りばめ、物語構成を諮っており、説話はそのエピソード機能の役割を担っている。それがこの時代の説話の機能といえる。『千夜一夜物語』はその最たるものといえる。『千夜一夜物語』は八世紀末ごろの原形に話が追加され、十六世紀に集大成されたとされるが、そこには膨大な説話や伝説、実話風の話が収められている。先に上げた、無智ゆえに貞操を守り犬と化した話は、「亭主をだました女房の策略」[16]という題で出てくる。この話が載る「女の手管と恨み」には「王と王子と側女と七人の大臣の物語」のサブタイトルがあり、王子への処遇をめぐって王の正しい審判を求めるために、側女と大臣たちが互いに男女の性癖や言動を陳述する内容である。この一連の話は人気があった物語らしく、単独でヨーロッパ（『七賢人』）やペルシャ（『シンディバッド物語』）などでも出版されている。

『千夜一夜物語』（ちくま文庫、第七巻）の「亭主をだました女房の策略」を取り上げてみよう。

器量のいい人妻を見初めた色好みの男がいた。夫の留守に何度も手紙を送ったが、人妻は不倫に耳を貸さず返事も書かなかった。男は近所の老婆に洗いざらい話をして、仲介の役を頼む。老婆は人妻と交際を深め、一方で街中の犬に餌をやり手なづける。

ある日、胡椒をたっぷり入れたパンを犬に与え、涙を流している犬を人妻のもとに連れて行く。なぜ犬が泣いているのかと問われ、以前この犬は私の親しい若奥さまだったが、ある恋い焦がれた男を受け入れず、手紙の返事も書かない。病に伏した男が友だちに事情を話すと、その友だちは女に魔法をかけて犬に変えてしまった。この犬は私以外に頼りがないので、こうして世話をしているのだと話す。話を聞いて恐れた人妻は、実は若い男に言い寄られていることを告白し、助けてくれと頼む。老婆は男に身を任せるよう諭し、人妻が金を払うというので、男との逢引を設定

「術婆迦説話」比較表

	出典	男	相手	仲介者	動機	内因	結末
1	大智度論	術婆伽	王女	母	魚の献上	―	逢引き後に焦死
2	鸚鵡七十話	商人の子	王妃	母	祭祀と犬礼拝	前世は三姉妹	妃と逢引き
3	カター・サリット・サーガラ	四人の商人	貞女	老尼僧	犬の涙	犬の前世	商人、尼僧を処罰
4	千夜一夜物語	色好みの男	人妻	老婆	犬の涙	犬の前世	夫婦喧嘩

する。

ところが、約束の日に男は現われない。金目当ての老婆は、別の若者に女を紹介することにして、女の家に連れて行く。ところがその若者は、実は女の夫であった。咄嗟に人妻は策略を思いつき、夫に向かって誓いを破る裏切り者と激しくなじる。そして、あなたが旅から帰ってきたことを知ったので、心を試すためにわざと老婆と仕組んだことなのに、ぬけぬけと女郎買いをする浮気者と大声でわめきちらす。謝る夫を殴るのを、老婆が止めてやっとのことで二人は仲直りをするということになる。

以上、術婆迦説話の類話を紹介してきたが、その異同を再確認するために、前ページの「「術婆迦説話」比較表」を作成した。一番古いと思われる龍樹の1の『大智度論』では、術婆迦の母が無償の魚献上により息子との逢引を設定するが、天神の計らいで焦がれ死にする。2の『鸚鵡七十話』以下ではヒンドゥー教の影響を受け、前世の記憶を理由にして逢引きが成就する『鸚鵡七十話』に対し、他の二つは策略が失敗し、3の『カター・サリット・サーガラ』の商人四人は処罰され、4の『千夜一夜物語』の夫婦は大喧嘩するなど、可笑味を濃くした結末となっている。

この結末の違いは「相手」となる女性の人物形象との相関性はあるが、しかし、その大もとにある理由は、その説話を必要として載せた母体となる物語集の側にあるとみるべきであろう。説話の骨子は変わらないとしても、意味や価値づけの主導権は引用する側の物語集にある。裏返せば、説話は可塑性に富んだ物語素材を提供していることに意義があるといえる。

おわりに

歴史上の西行は十二世紀中ごろに出家するが、民間伝承の西行はそうした史実に頓着せず、出家の理由もおおよそ現実味に乏しく、身分違いの上臈との悲恋遁世説をもてはやす。本稿はその悲恋遁世説を取り上げ、それも海外までその淵源をたどり考察を加えた。伝承研究には歴史的事実へと収斂していく場合と、より普遍的な概念を志向していく場合とがあり、本稿は後者の国や民族を越えた普遍性を目ざして西行の出家の意味を考えることにした。

西行の「悲恋遁世」は『源平盛衰記』に示されるが、その方向は『大智度論』の「術婆迦説話」と軌を一にする。島内景二は中世および近世の注釈書や物語草子の文献をもとに、「術婆迦説話」の流れを詳述した。その中に「どこにも術婆迦という名前を出さないものの、明らかに術婆迦を意識したフィクション」の西行の出家譚があると指摘する。その「術婆迦説話」および西行出家譚の民間での口承の展開を素描した。それによると、民間伝承には民間の宗教者や口承の叙述に長けたセミプロ的な語り手の関与の動向と、その足跡が残されている。そこには西行や「あこぎ」などの文化的な関心以外にも、呪術や無理問答、謎言葉などといった言語遊戯を取り込み、新たな彩りを提供している。

続いて、「術婆迦説話」の淵源を外国にたどるなら、王妃が魚売りに凌辱されることは許されないとする『大智度論』の王権体制派の仏教者の見方がある。また、ヒンドゥー教の「知識（ヴェーダ）」にもとづく「不二一元論」に立脚する『鸚鵡七十話』は、「無明」の現象界の身体はそもそも虚妄であるとして、アナーキーにも王妃との関係を成就させる。とはいえ、これは信仰世界の解釈であり、それを説話に援用したものに過ぎず、現実のヒエラルキーを否定するものではない。その証拠に、『カター・サリット・サーガラ』や『千夜一夜物語』では、可笑味を加えた「枠物語」の中に収められている。説話を信仰レベルではなく、生活における歪み淀みの補正を説話に反映させ、清濁併せ呑む説話享受のあり方を示すものとして評価すべきであろう。

ところで、本稿では西行の出家説の説話モチーフを、国際比較の視点からより普遍的な解釈を目ざして出発したが、十分に意を尽くさずに予定の枚数を越えてしまった。ここからの見通しのようなものをいえば、政治・社会制度から疎外されている大衆の意識の根底にある西行／術婆迦モチーフを炙（あぶ）りだすことである。そして、国家や民族といった現実世界の論理を越えたところでの説話の同質性を明らかにすることを意図するものである。

注

［1］寺本直彦「古典注釈と説話文学」（『日本の説話　中世Ⅱ』東京書籍、一九七四）

［2］［3］島内景二「術婆伽説話にみる受容と創造」（『汲古』第一一号、一九八七）

［4］鈴木棠三編『しゃみしゃっきり』（未来社、一九七五）

［5］小堀修一編著『那珂川流域の昔話』三弥井書店、一九七五）

［6］渋谷勲『きつねのあくび　藤原の民話と民俗』（日本民話の会、一九八二）

［7］『梁川町史』第一二　巻、一九八四）

［8］鈴木棠三『邑智郡昔話』「昔話研究」二―八）

〔9〕『仏教入門事典』（大蔵経学術用語研究会、二〇〇一）

〔10〕『大智度論』巻第十四（龍樹造、後秦鳩摩羅什（くまらじゅう）訳、大正新脩大蔵経　第二十五巻釈経論部上）

〔11〕『三教指帰』（『日本の思想1　最澄・空海集』筑摩書房、一九六九）

〔12〕『鸚鵡七十話』「第二話」（田中於莵弥訳、平凡社、一九六三）

〔13〕赤松明彦『インド哲学10講』（岩波新書、二〇一八）。このあとの引用部分も同書による

〔14〕金倉圓照『インド哲学史』（平楽寺書店、一九六二）

〔15〕ソーマ＝デーヴァ『カター・サリット・サーガラ』（岩本裕訳、岩波文庫、一九五四）

〔16〕バートン版『千夜一夜物語』（大場正史訳、ちくま文庫、一九六七）

あとがき

本書の「はしがき」で、柳田國男の昔話観についていくぶん批判的に触れながら「国際比較」の意義を説いたが、誤解を招かないためにもう少し説明を加えておく。柳田の昔話観は「神話起源説」と呼ばれるように、神話をもとに信仰的なものが伝説に、娯楽的なものが昔話になったとするものである。神話から昔話になる際の「不変の要点」として、「尊き童児が信人する者」のもとに出現し「尊き事業」を完成させ、結婚して「名家の始祖」となるという「神話的昔話」が骨子にあるとする。これを「本格昔話」として、ここから一つの出来事や挙動など取り立てて話題にしたものが「派生昔話」であると、系統的に二分類する。そして、笑話、鳥獣草木譚（動物昔話）は「派生昔話」であると位置づけた（『桃太郎の誕生』「田螺の長者」など）。

長くこの柳田の昔話観を意識しながら昔話研究に関わってきたが、主人公の性格や行動、展開を「信仰」にウエイトをおく解釈やとらえ方に、多少窮屈さや不都合を覚えるようになっていた。その後、「イソップ寓話集」や外国の説話、昔話に触れるようになって、しだいに柳田の考えに疑問を持つようになった。イソップ寓話は分別、理性のない「物言わぬ動物たち」に、人間が物言わせる「社会的寓話」であるが、その圧倒的な社会性、民衆性の内容が、紀元前六、五世紀の頃からすでにあるとすると、「始めに神話ありき」とは言えないことになる。一例を上げる。

岩波文庫の『イソップ寓話集』の第三話「鷲とセンチコガネ」は、鷲に狙われた兎がセンチコガネ（センチコガネ科の甲虫）に助けを求める。センチコガネが鷲に兎を助けて上げるように言うと、鷲は相手が小さいのを侮（あなど）って目の前で兎を食べてしまう。センチコガネはこの恨みを忘れず、鷲が巣に卵を産むと飛んでいって卵を落としてしまう。

困った鷲がゼウスに救いを求めると、ゼウスが卵を抱いてやる。するとセンチコガネはそこへも飛んで行き、ゼウスの懐に糞団子を落とすと、ゼウスが振り払おうとして立ち上がり卵を落とし割ってしまう。それ以来、センチコガネが出てくる時期に鷲は巣を作らないという。

この話は紀元一、二世紀に作られたとされる「イソップ伝」にもある。イソップがギリシャのデルフォイス人によって崖から突き落とされる際に喩えに話したとされ、古くから伝えられていた話である。「踏みつけにされて仇うちができないほど無力な者はない、ということを考えれば、一寸の虫を侮るべきではないことを、この話は教えてくれる。」と教訓が添えられる。最高神のゼウスを引き合いに出して神をも否定するというこの寓話の衝迫力は強い。どのような現実が、このような話を生み出すものだろうか。

さて、柳田の「神話起源説」に話を戻すと、柳田のいう神話や信仰に結びつける昔話と、社会矛盾を説くイソップ寓話とを、どのように整合性をつけてとらえればいいのだろうか。いったい昔話とは何かといった疑問がますます深まってくる。ここでは問題の端緒を示すだけにすぎないが、昔話を広い視野から見ることの必要性を強調しておきたい。

ところで、本書をなすきっかけの表向きの理由はそれとして、卑近な例についても触れておきたい。二十年近い前に、学位論文提出した際の口頭試問で、主査の野村純一先生からこのあと何を研究するつもりかと訊ねられ、窮迫しながら「国際比較をやりたい」と言った。副査の先生の席の方からえっといった声のような空気が流れた気がした。おそらく出任せのように言った良心の呵責がそう思わせたのであろう。そのことが鮮明に残っていた。しかし、今になるとそのお陰で本書が完成したことになるので有難いことである。それよりも野村先生との約束を果たせたことが嬉しい。ただ「君、これはね……」と、言ってもらえないことが寂しい。

この三月で國學院大學の教員生活にピリオドを打ち、東京生活とも別れを告げることになった。「帰りなんいざ……」というわけで、妻の実家の方へ林住期（アーシュラマ）の旅に出ることにした。本書がその後押しに一役買ってくれたことは間違いないが、しかし、これからの旅で長年の罪や汚れを少しでも落とせればと考えている。

さて、これまで実入りの少ない出版を、何度か手がけてくれた三弥井書店および編集部の吉田智恵さんには感謝の言葉しかない。最後かもしれないこの小著が、世にどのように受け入れられるか心配顔の智恵さんと、静かに見守っていきたい。

最後に、索引を担当してくれた教え子の谷口（西座）理恵さん、三田加奈さんには深くお礼申し上げる。二人とも課程博士の学位を修得し、新しい旅立ちを迎えたことと本書が重なったことの縁（えにし）を大事にしていきたい。

初出一覧

桃太郎の内と外

「桃太郎」の発生
『草莽の口承文芸』六号、國學院大學口承文芸研究会編、二〇二〇年三月

「鬼ヶ島」の形成
新稿

「桃太郎」の素性
『國學院雜誌』一一三巻第五号、二〇一二年五月。原題「「桃太郎」の素性―アジアの「猿蟹合戦」との比較から―」

「桃太郎」、世界へ行く
『昔話伝説研究』第二十九号、昔話伝説研究会編、二〇〇九年十二月

「桃太郎」から見る昔話研究史
『昔話―研究と資料―』三十九号、日本昔話学会編、二〇一一年三月

異類婚姻譚の国際比較

「蛇聟入」の国際比較
『語りの講座　昔話を知る』花部英雄・松本孝三編、三弥井書店、二〇一一年十一月。原題「昔話「蛇聟入」

の比較」

異類婚姻譚における殻・皮・衣とはなにか

『昔話伝説研究』第四十号、昔話伝説研究会編、二〇二一年三月

「一寸法師」と「田螺息子」

『日本文学論究』第八十冊、國學院大學國文學会編、二〇二一年三月。原題「「一寸法師」の周辺」を大幅に改稿

「嫁の輿に牛」の風土性

『國學院雑誌』一二〇巻第三号、二〇一九年三月。原題「昔話「嫁の輿に牛」の研究—古典および世界との比較—」

昔話、説話モチーフの国際比較

「藁しべ長者」の主題と形式

『昔話伝説研究』第三十九号、昔話伝説研究会編、二〇二〇年三月。原題「昔話「藁しべ長者」の主題と形式」

アジアの「猿地蔵」

『草莽の口承文芸』三号、國學院大學口承文芸研究会編、二〇一七年三月

イソップ寓話と「鳥獣合戦」

新稿

「走れメロス」の説話世界

『昔話伝説研究』第三十七号、昔話伝説研究会編、二〇一八年三月。原題「「走れメロス」の説話世界—『ピュ

タラゴラス伝』から『千夜一夜物語』まで—」
「西行発心のおこり」の内と外
『西行学』第九号、西行学会編、二〇一八年十月

索　引

【あ行】

アールネ＝トンプソン……………………86, 88
アウグスターナ稿本…………242, 245, 247, 256
アエソピカ ………………………………242, 243
赤本………8, 21, 25, 26, 29, 48, 50, 51, 93, 98, 99
仇討ち（仇討）……………………58, 61–63, 162
アファナーシエフ……………………………88
奄美…………65, 68, 136, 141, 161, 180, 202, 215
天稚彦草子 ……….111, 112, 117, 118, 124, 125, 140–142
アンティ・アールネ……………24, 54, 101, 231
石田梅岩……………………………………94
異常誕生譚…………………………………68
『イソップ寓話集』………239–241, 242, 244, 245, 247, 248, 250, 251, 254, 256
『伊曾保物語』（天草版）……………242, 247, 248
『伊曾保物語』（仮名草子）…………242, 244, 247
一寸法師……33, 36, 37, 39, 40, 42, 44, 100, 130, 134, 154, 157–159, 161–164, 167, 168, 169, 172–175
一寸法師・鬼征伐型………34, 47, 158, 167, 175
一寸法師・聟入型 ……………47, 158, 173, 175
伊藤清司 ………………………50, 68, 73, 101
稲田浩二………………………63, 64, 101, 103
異類婚姻譚……43, 123, 125, 128, 131, 132, 134–139, 142, 149, 173, 174, 176
岩倉市郎……………………………………65
巌谷小波…………………15, 27, 57, 95, 96, 99
ヴィシュヌ神（教）…………………294, 295
ヴェトナム ……………………118, 185, 187
『宇治拾遺物語』……………36, 44, 46, 199, 207
打出の小槌 …………33, 34, 41, 44, 45, 156, 172
姥皮……………………………124, 125, 141, 142
浦島太郎……………………………3, 40, 42
ウラジーミル・プロップ（プロップ）………77, 102, 137, 138
瓜子姫……………………………………100, 162
エディプス・コンプレックス（エディプス）
……………………………………………102, 126
『燕石雑誌』…………………………………48, 94
オイコタイプ（日本的亜種、亜型）………65, 72
『鸚鵡七十話』……………………292, 295, 298, 300
小沢俊夫（小澤俊夫）……86, 101, 103, 117, 128, 130–132, 190
『御伽草子』………4, 16, 22, 24, 25, 33, 34, 36, 38–40, 42, 111, 140, 154–157, 161, 169, 172, 174, 175, 178, 201, 207, 239, 284, 289, 290
鬼ヶ島（鬼が島）………8, 20, 24, 26–29, 32–35, 38, 40–47, 48, 50, 51, 55, 59, 74, 75, 76, 95, 99, 100, 103, 168
鬼退治……7, 8, 16, 20, 22, 23, 28, 29, 37, 53, 56, 59, 62–64, 76, 77, 99, 154, 156, 157, 161, 168, 169, 172, 174–176
鬼の牙 ……………………………7, 52, 54, 72–74, 89
鬼の子小綱 ……4, 5, 16, 17, 20, 21, 22, 25, 28, 29, 33–35, 37, 43, 47
斧原孝守……………………………………64, 101
親指小僧／親指太郎……47, 154, 155, 158, 161–164, 166–168, 172, 174, 175
御曹司島渡（御曹子島渡り）…5, 36, 37, 39, 40, 42, 45, 48

【か行】

蛙息子…………………129, 130, 134, 143, 148, 149
柿争い………………………………………63, 65, 68
『カター・サリット・サーガラ』………179, 188, 189, 213, 295, 296, 298, 300
勧進聖…………………………201, 203, 207, 208, 214
『含餳紀事』………………………………20, 21, 37
『聴耳草紙』………………………………221, 236
キケロ ……………………………………265–267
きじの子太郎………………………………75
黄表紙……………………………………24, 48, 93
『郷土研究』………………………………57, 97
清水寺 ……………………………178, 179, 199, 207
キリシタン ………………………………39, 41, 242
ギリシャ…72, 240–242, 259–262, 266, 267, 269–271, 279, 280
『ギリシャ神話』（集）……4, 259, 261, 262, 267, 269, 270, 279
キリスト教……131, 179, 271, 273, 274, 278, 280

草双紙……………………………………48, 73, 93
口塗り …………………………………161, 169, 173
『グビドとプシケ』(グビドーとプシケー)
……………………………111-116, 118, 125, 126
鳩摩羅什 ………………………………………291
供養…………………137, 220, 231, 235, 236, 263
『グリム童話』……50, 72, 80, 84-86, 88, 89, 143, 149, 154, 163, 164, 167, 168, 203, 244
久留島武彦…………………………57, 95, 96, 99
形態論、形態学(構造学)…62, 76, 77, 102, 130
形態論的研究法………………………3, 101, 169
元寇 ………………………………36, 38, 39, 41
検定教科書 …………………4, 8, 25, 26, 29, 54, 55
考証学………………………………48, 71, 93-96
『小男の草子』……………………………156, 157
『コーラン』………………………265, 275-278
『国際昔話話型カタログ』……16, 167, 200, 217, 218, 244
国民国家(論)……………………27, 29, 40, 46
『古本説話集』……………………………199, 207
小松和彦…………………………102, 142, 143
『今昔物語集』(『今昔物語』)…36, 38, 199, 203, 207, 214

【さ行】

西行…………………282-284, 286-291, 299-300
齋藤君子 ………………………………………203
ささやき竹………………178, 180, 191, 192, 194
佐竹昭広……………………………109, 201, 221
サブタイプ……17, 126, 158, 159, 161, 175, 200, 203, 204, 212, 217
猿蟹合戦 …16, 20, 21, 23, 26, 52, 57, 58, 61-65, 68, 99, 101
猿が島…………………………………26, 57, 58
猿退治…………………………………26, 62, 65
三人兄弟 ………………………78, 85, 87, 88, 118
三人娘……………………113, 124, 169, 172, 173
島津久基…………………………………48, 99, 100
ジャータカ …………………63, 203, 213, 214, 218
『沙石集』…………………………………178, 179
シャンカラ ………………………293, 294, 296
祝儀(物)………………………………………7, 199
『鷲林拾葉集』……………………178, 179, 192
呪術 ……………………77, 130, 147, 199, 207, 299
『シュタインヘーヴェル本』………240, 242, 244, 247, 256
『述異記』………………………………………49, 94
術婆迦説話(術婆迦、術婆迦系)……283, 284, 286, 291, 292, 298, 299
酒呑童子 ……4, 16, 22, 24, 25, 26, 28, 29, 34, 37, 47, 53
狩猟民………………………………137, 147, 238
食物争い………………………………………63-65
シラー ……………………259, 260, 261, 269, 279
『紫波郡昔話』…………………………5, 6, 100
心学(石門心学)………26, 32, 48, 71, 93, 94, 96
『心学道話』…………………………………………94
『新旧聖書』(旧約聖書)…………………168, 278
神人通婚……………………………………49, 72
侵犯………………………………114, 124, 137, 138
『新百物語』………………………………179, 191
『新・桃太郎の誕生』……………5, 28, 50, 73, 74
心理学 ……98, 99, 101, 102, 111, 112, 125, 126, 149, 150, 193
神話起源説……………………………………28, 162
少名彦那命 ………………………………………162
鈴木棠三 …………………………………………163
鈴木三重吉………………………………260, 261
雀の仇討(ち)……………………………62, 162
『すねこ・たんぱこ』………………………78, 79
住吉明神(住吉)…………22, 155, 156, 157, 172
『世界の民話』………86, 117, 118, 130, 131, 190
『世界話型インデックス』………………178, 195
関敬吾 ……6, 17, 50, 51, 72-74, 79, 89, 97, 100, 101, 109, 128-132, 140, 158, 163, 175, 195, 200, 231, 243, 244
『千夜一夜物語』……39, 45, 259, 263, 270, 274-276, 278, 279, 280, 297, 298, 300
『雑談集』……………179, 191, 199, 221, 231, 236
空飛ぶ船……………………………………………88

【た行】

『台記』……………………………………………282
ダイコク ……………………………………289, 290
大黒舞………………………199, 201, 204, 207
『大智度論』…………283, 285, 290, 291, 298, 299
高木敏雄 ……………………………57, 97, 98, 100
太宰治………………………………259, 260, 269, 279
田螺息子(田螺の長者)……47, 129, 130, 134, 142, 145, 149, 154, 161, 162, 164, 168, 169, 172, 173, 174, 175, 176
タブー(禁忌)……114, 124, 128, 129, 137, 138

為朝（源為朝）……………………40, 42, 48, 95
小さ子 ………………4, 49, 50, 71, 72, 73, 100, 162
力太郎（ちから太郎）…7, 50, 71, 72, 73, 74, 78, 79, 84, 86
致富（致富譚）……129, 200, 202, 204, 207, 209, 217
チベット………101, 185, 187, 188, 191, 193–195
鳥獣合戦 ………239, 240, 243, 244, 245, 246, 247, 248, 250, 256, 257
『通俗伊蘇普物語』……………………242, 244, 247, 251
常光徹…………………………………74, 169
妻もとめ………………………………5, 71, 100
ディオニュシオス伝説 ………260–262, 266, 267, 268, 269, 279
天道さんの金の鎖……………………………68
天人女房 ……………………138–141, 146, 149
伝播論 ………………193, 194, 259, 260, 279
ドイツ古典主義……………………………279
同時発生論…………………………………193
『道二翁童話続編』…………………………26, 32
逃竄譚……………………………………16
討伐モチーフ……………………………64, 65, 68
童話の研究 ……………………71, 93, 95, 97, 99
渡島 ………………8, 15, 22, 26, 33, 34, 46, 48
トン族（侗族）……………………89, 143, 232

【な行】

永井義憲……………………………178, 201, 207
中澤道二……………………………26, 32, 46
儺の祭（追儺）…………………………36, 38
『日本伝説集』………………………………100
『日本童話史』………………………………93
『日本昔話集成』………89, 109, 128, 158, 162, 175
『日本昔話大成』………16, 17, 62, 79, 128, 132, 141, 158, 159, 163, 169, 175, 178, 200, 204, 243
『日本昔話通観』…………………62, 161, 178, 200
『日本昔話名彙』………………109, 158, 163, 200
沼神の手紙……………………………………44
覗き見 ……………………………………134, 149
野村純一（野村）…3, 5–8, 16, 28, 50, 51, 73, 74, 101, 163

【は行】

馬琴（滝沢馬琴）………42, 48, 49, 71, 94, 95, 98
『走れメロス』…………………259–261, 269, 279
花咲爺 ……………………………7, 20, 21, 233
播磨糸長……………………………………290
ハンス・ホンティ……………………………76
悲恋遁世説………………………282, 283, 299
ピュタゴラス伝………………261, 262, 265, 266
ヒンドゥー教（ヒンズー）………294, 298, 300
フィリピン ……………………63, 64, 215, 218
笛吹聟…………………………138, 140, 141
福田晃……101, 110, 112, 124, 125, 142, 202, 208
仏教…94, 147, 188, 191, 192, 194, 195, 202, 208, 214, 286, 290, 291, 300
フロイト ……………………98, 99, 102, 126, 222
別役実…………………………………………44
蛇婿（聟）入・苧環型（苧環モチーフ）…109–112, 123, 124, 150, 173
蛇婿（聟）入・水乞型 ……109–111, 123, 124, 141, 142, 169
ペルシャ帝国……………………………273, 279
『保元物語』………………………37, 40, 42, 95

【ま行】

馬子の仇討……………………………………62
松本孝三……………………………………74, 85
豆こ話 ………………………………………7
豆本（豆雛本、豆小本）…………24, 29, 48, 93
南方熊楠……………………………………179
ミャオ族（苗族）………………………50, 68, 73
三輪山神話（神婚説話）…………109, 110, 112
『昔話採集手帖』……………………………6
『昔話の形態学』……………………………77
『昔話の魔力』…………………………102, 126
『昔話の歴史』……………………128, 131, 140
昔話分類……………………………158, 200
ムハンマド……………………………………277
申し子 …………45, 118, 134, 145, 156, 164, 192
モチーフ ……3, 8, 23–26, 49, 50, 62–65, 68, 72, 77, 78, 99, 101, 102, 110, 117, 122, 123, 124, 126, 130, 131, 132, 137, 138, 141, 142, 143, 149, 156, 158, 159, 161, 163, 167–169, 172, 175, 178, 179, 180, 184, 185, 187, 189, 190, 192, 194, 195, 201, 214, 216, 217, 218, 220, 235, 259, 260, 261, 263, 265, 271, 279, 283, 300
モチーフ素………………………………77, 102
ものぐさ太郎…………………………………52
桃争い ……………………………………65, 68

桃太郎・回春型……………………21, 50, 51, 53
桃太郎・果生型…………………………50, 51, 53
「桃太郎の郷土」………………………………72
『桃太郎の誕生』……4, 6, 49, 52, 71, 72, 98, 100, 162, 238
桃太郎・山行き型 ……………7, 23, 73, 78, 168
モンゴル ………118, 185, 187, 188, 191, 193–195

【や行】

遊牧民……………………212, 267, 274, 276, 277
酉陽雑俎 ……………………………………179, 187
幽霊女房 ………………………………………148
ユダヤ教 …………………………………273, 278
夢見小僧 ……………………33–35, 37, 41, 44, 47
百合若大臣………………………………36, 39, 42
ユング（心理学）…98, 102, 111, 112, 125, 149, 150
義経（源義経）……………………39, 40, 42, 43
四人義兄弟……………………………………89
黄泉国訪問譚 ………………………………16, 43
嫁獲得（娘獲得）…145, 154, 161, 169, 172, 173, 175, 194

【ら行】

頼光（源頼光）………………………………22, 53
竜宮童子…………………………………………44
累積昔話（累積譚）……190, 200, 203, 204, 217, 218
歴史地理学的方法（——研究法）………24, 101
ローマ ……260, 261, 267, 269, 270, 273, 274, 276, 279
六人組世界歩き ………50, 72, 79, 80, 84, 85, 86
六人家来………………………………85, 86, 89
ロバート・J・アダムス（アダムス）…63, 64, 68

【わ行】

枠物語…………………………275, 292, 297, 300
話型 ……3, 5, 7, 8, 23, 25, 50, 61–63, 68, 72, 76, 79, 86, 88, 89, 109, 111, 126, 131, 132, 141–144, 158, 161–164, 172, 175, 178, 200, 214, 216, 233, 243, 289
和辻哲郎………………………………………276
藁しべ長者…………199–204, 207–210, 212–218
蕨の恩 …………………………………………286

著者略歴

花部英雄（はなべ・ひでお）

國學院大學教授。1950年生まれ。専門は口承文芸。
1975年國學院大學文学部文学科卒。文学博士。
おもな著書
『西行伝承の世界』（岩田書院、1996）
『呪歌と説話―歌・呪い・憑き物の世界―』（三弥井書店、1998）
『今に語りつぐ日本民話集』全45巻（共編、作品社、2001－2003）
『漂泊する神と人』（三弥井書店、2004）
『昔話と呪歌』（三弥井書店、2005）
『まじないの文化誌』（三弥井書店、20014）
『雪国の女語り　佐藤ミヨキの昔話世界』（三弥井書店、20014）
『西行はどのように作られたのか―伝承から探る大衆文化』（笠間書院、2016）
『ジオパークと伝説』（編著、三弥井書店、2018）
『47都道府県・民話百科』（共編、丸善出版、2019）

桃太郎の発生

2021（令和３）年３月31日　初版発行

定価はカバーに表示してあります。

発行者　　吉田敬弥
発行所　　株式会社 三弥井書店
〒108－0073東京都港区三田3－2－39
電話03－3452－8069
振替00190－8－21125

ISBN978-4-8382-3382-3　C0039　　印刷　亜細亜印刷